LA RECHERCHE DES FEUX

EN BOURGOGNE

AUX XIVe ET XVe SIÈCLES

PARTIE SEPTENTRIONALE DU DUCHÉ

Par Joseph GARNIER

ARCHIVISTE DE LA CÔTE-D'OR

DIJON
LAMARCHE, LIBRAIRE, PLACE SAINT-ÉTIENNE

1876

LA RECHERCHE

DES

FEUX EN BOURGOGNE

AUX XIVᵉ ET XVᵉ SIÈCLES

Il existe aux archives de la Côte-d'Or, parmi les papiers de l'ancienne Chambre des comptes de Dijon, une série de régistres des XIIIᵉ, XIVᵉ, XVᵉ et XVIᵉ siècles, qui renferment sur les communes de Bourgogne, des renseignements précieux, au point de vue historique et statistique. Ce sont les procès-verbaux, ou comme on disait alors, les *cerches* des feux du Duché ; Collection malheureusement incomplète, puisque les 89 volumes dont elle se compose, ne sont, pour ainsi dire, qu'un résidu de ce qui existait jadis.

Les témoignages les plus authentiques établissent qu'en Bourgogne, dès les premiers temps de la monarchie, *focus* feu, fut employé comme synonyme de *domus* (maison) et de *familia* (famille). Ducange cite à ce propos le titre 38, § 1, 9, de la loi burgunde, ainsi que deux passages de chartes également du pays ; l'une datée de 1279 et l'autre de 1291, qui tous ne laissent aucun doute à cet égard.

On est moins affirmatif en ce qui concerne le nombre des individus dont se composait chaque feu. Certains auteurs l'évaluent à 4 1/2, 4 3/4 ; les autres à 3, d'autres à 7 et même plus. Néanmoins, dans la comparaison que j'ai pu faire de ces différents systèmes, il m'a paru que celui suivi par M. Dureau de la Malle, dans son mémoire sur la population de la France au xiv° siècle (1), devait avoir la préférence, et comme lui, je compterai 5 habitants par feu.

Les « cerches » dont il s'agit ici, étaient prescrites par les élus des Etats de Bourgogne, pour la répartition de ce que l'on appelait les fouages au xiv° siècle, les aides au xv°, l'octroi ou le don gratuit aux suivants, c'est à dire des impôts consentis au souverain.

On sait, en effet, que par un privilége tout spécial et qui n'était pas la moindre des anciennes franchises du pays, les représentants du clergé, de la noblesse et des bonnes villes, étaient en possession de débattre la quotité de l'impôt demandé par le duc, et ce chiffre arrêté, de le répartir par des élus choisis dans leur sein ; de le percevoir par des receveurs nommés par eux, comme aussi de connaitre de toutes les causes qui en naissaient.

Voté dans ces conditions par les trois ordres qui, soit pour leurs sujets (clergé et noblesse), soit pour elles-mêmes (les communes), avaient un intérêt égal à ce que la somme fut équitablement répartie, les Elus, et ce sera leur perpétuel honneur, s'entourèrent constamment pour cette délicate opération, de tous les renseignements qu'ils pouvaient se procurer dans des temps où n'existaient ni cadastre, ni recensements exacts de la population imposée ; ni aucun de ces documents, qui permettent aujourd'hui, d'asseoir l'impôt, d'une façon pour ainsi dire mathématique. Leur seul et unique moyen de contrôle était de procéder à la recherche des feux des paroisses, dans chacun des grands bailliages, qui étaient alors une circonscription tout à la fois administrative, judiciaire, militaire et financière.

Voici donc comment on procédait. Immédiatement après le vote de l'aide par les Etats, les élus déléguaient à des commissaires le soin de se rendre successivement et en personne dans les paroisses de la circonscription qui leur était indiquée. Ils devaient y accomplir leur mission sans autre intermédiaire entre eux et les contribuables que les échevins, là, où il y avait une administration municipale et ailleurs des prudhommes, parmi lesquels figurait souvent le curé du lieu.

On mentionnait immédiatement après le nom de la localité, celui du seigneur dont elle dépendait, les avantages dont

---

(1) *Mémoires de l'Académie des Inscriptions et Belles-Lettres*, t. xiv.

elle jouissait (château, foires, marchés), les tailles, corvées et autres charges qui pesaient sur les habitants. Puis on dressait le rôle nominatif de ces derniers par feu « ou chef d'ostel », en l'accompagnant de la mention, de la condition sociale de chacun d'eux : franc, abonné, tailliable haut et bas ou serf. Ces distinctions étaient indispensables pour guider les Elus dans leur travail de répartition, par la raison que la cote d'impôt, afférente à chacun des imposés, variait suivant sa condition sociale.

Ainsi il résulte de l'ensemble de ces documents, que si par exemple, les feux des bonnes villes étaient taillés à 13 gros ; ceux des villes marchandes ayant foires et marchés l'étaient à 10; ceux des villes du plat pays à 6 et les feux serfs à 1 seulement.

De plus, et quelque fut la condition des feux, les commissaires devaient consigner à la suite de chaque nom, la situation de fortune, qui comprenait deux catégories, les solvables et les misérables.

Enfin, ce rôle ne devait comprendrre ni les personnes engagées dans les ordres religieux ou attachées à leur service, ni les nobles « vivant noblement », ni les officiers ou commensaux du Duc.

La *cerche* terminée, les commissaires l'apportaient aux Elus, qui sur ces données, fixaient le contingent attribué à chacune des paroisses, puis la *cerche* était remise au receveur de l'impôt qui la joignait comme pièce justificative au compte qu'il présentait à la Chambre des comptes.

Le contingent affecté à chaque paroisse, lui était notifié par *billet* des Elus, et la répartition commise aux magistrats des localités ou à des « *asséeurs* » élus par les contribuables, de même que le collecteur qui percevait l'impôt et le versait dans la caisse du receveur du bailliage.

Ces procès-verbaux d'un grand intérêt pour l'histoire de la contribution, ne sont pas moins curieux, si on les examine au triple point de vue de la population, des familles du pays et des institutions politiques. Il y a là matière à plus d'une longue dissertation, dont le défaut d'espace ne nous permet de donner ici que les traits principaux.

Ainsi, sous le rapport de la population, bien qu'à raison du nombre considérable de privilégiés qui, dans les villes surtout, échappaient à l'impôt, il soit impossible de connaître le chiffre exact de la population totale de la région; ces rôles permettent cependant d'apprécier quel fut le mouvement qui s'opéra parmi celle imposable d'une même localité à différentes époques ; et comme, en définitive, cette classe de la société était la plus nombreuse, les oscillations qu'elle subit alors, durent nécessairement réagir sur les privilégiés ou exempts.

D'un autre côté, si ces procès-verbaux nous fussent tous parvenus complets, il nous eut été facile de dresser un tableau synoptique, présentant le résumé total de cette population imposable. Par malheur, tantôt des cahiers manquent dans une « cerche, » tantôt les commissaires pressés par le temps, ou par crainte des gens d'armes, comme cela leur arriva en 1431, négligèrent d'y inscrire certaines localités, de telle sorte qu'il est rare que deux « cerches » du même bailliage produisent identiquement les mêmes localités.

Les sept rôles que je publie cette année par extrait, concernent tous le grand bailliage de Dijon, dont dépendaient les sièges de Beaune et de Nuits. Ils ont été choisis de préférence au commencement, au milieu et à la fin de la série des « cerches » de cette circonscription.

Les deux premiers (1375 et 1376), ont été établis en vue de l'aide accordé au duc Philippe le Hardi, pour lui donner les moyens de nettoyer la Bourgogne des bandes de Tard-Venus, qui longtemps après la retraite des Grandes Compagnies, continuaient à désoler le pays. La *cerche* de 1311 fut motivée par le fouage de 30.000 francs, octroyés au duc « pour lui aider à supporter les frais des guerres » alors toutes extérieures. Celles de 1431 sont relatives à l'aide de 26.300 francs, demandé par le duc Philippe le Bon, alors engagé avec les Anglais, dans une lutte acharnée contre la France.

Quant aux deux dernières (1469-1470), contemporaines des premières années de Charles le Téméraire, les causes de l'impôt qui les motiva, sont restées ignorées ; mais on peut supposer qu'elles eurent pour objet, l'argent nécessaire au duc, pour résister au roi Louis XI, avec lequel les trèves allaient expirer.

A défaut du tableau synoptique, dont j'ai parlé tout à l'heure, le rapprochement de ces différents rôles entre eux, permet sur un point d'en tirer des indications favorables à cette opinion de tous les auteurs qui ont étudié la question de la population de la France à diverses époques, à savoir que cette population des plus florissantes, à la fin du XIII° siècle, alla sans cesse en décroissant à partir de la guerre des Anglais (1336-1452), qu'elle se releva peu à peu pour s'affaiblir durant les guerres de religion, puis sous le règne de Louis XIV, et qu'elle ne reprit sa marche ascendante qu'à dater de la Régence (1)

Bien qu'en général la Bourgogne eut eu moins à souffrir de la Guerre de Cent ans, que bien d'autres contrées de la France (2), cependant les rôles des feux témoignent qu'elle fut loin d'en être désintéressée. Car sous l'influence des événements qui se produisirent, la population décrût dans des proportions considérables. Ainsi, Dijon, la capitale du duché, qui comptait 2353 feux imposables en 1376, soit en multipliant chacun d'eux par cinq, 11,765 habitants, ne compte plus que 771 (3555) en 1431. Il est vrai que cette date coïncide avec l'année la plus calamiteuse de la guerre des Anglais ; à cette époque funeste, marquée par le supplice de la Pucelle et le couronnement de Henri d'Angleterre à Paris. Mais à partir de la paix d'Arras)1435), ou plutôt de 1440, date définitive de l'expulsion des Ecorcheurs, sa population favorisée par la longue paix qui signala la fin du règne de Philippe le Bon, se releva bientôt à 2614 feux, soit 13,070 habitants, c'est à dire supérieur de 361 à celui de 1376 (3).

La ville de Beaune présente le même phénomène, cependant moins accentué qu'à Dijon, qui était plus rapproché de la frontière française. La « cerche » de 1391, postérieure de 13 ans à celle de 1376, donne à Beaune 565 feux (2,825) habitants, réduits à 474 (2360) en 1431, pour monter à 626 feux (3,130 habitants) en 1470 (4).

Nuits, situé entre ces deux villes, suit les mêmes oscillations. 108 feux (540 habitants) en 1391 80 (490) en 1431, et 142 (710) en 1470 (5).

Si maintenant on prend le total des feux des dix premières paroisses qui, inscrites dans la *cerche* du bailliage de Dijon en l'année 1375, sont reproduites dans celles de 1431 et 1469,

---

(1) M. Dureau de la Malle, ouvrage cité.
(2) Le duché et le comté de Bourgogne restèrent étrangers à la querelle franco-anglaise jusqu'en 1358. Seulement, ils avaient avant, beaucoup souffert de la lutte entre le duc Eudes IV et les barons comtois. L'accession des deux pays à l'alliance du roi Jean, attira sur la Bourgogne l'invasion anglo-navarraise, celles des Grandes Compagnies et des Tard-Venus, puis quand après le meurtre de Jean-sans-Peur le duc Philippe-le-Bon s'allia aux Anglais, le duché et le comté eurent fort à se défendre contre les incursions des Armagnacs.
(3) Le dénombrement officiel de 1786 donne à Dijon une population de 22,890 habitants.
(4) La population était de 8,674 en 1786.
(5) La population était de 2,728 en 1786.

situées les unes dans la banlieue de cette ville, les autres sur la limite du bailliage. On trouve, à peu de chose près, la même proportion. L'ensemble de ces feux de ces dix paroisses qui sont : Beire-le-Chatel, Trochères, Orville partie bourguignonne), les deux Véronnes, Arc-sur-Tille, St Seine-sur-Vingeanne, Beaumont-sur Vingeanne, Dampierre-sur-Vingeanne, Velars, Brochon, Corcelles-les-Monts, Flavignerot, Fixey, Fénay et Saulon la-Rue, donne 751 feux, soit 3.755 habitants, réduits à 516 (2,580) en 1431, pour remonter à 889 (4,445) en 1469.

Les *cerches* des sièges de Beaune et de Nuits présentent aussi le même résultat, avec cette différence que celle de 1431 mentionne la présence, dans ces pays moins exposés que les autres aux incursions ennemies, d'un grand nombre de réfugiés français et allemands qui, chassés et ruinés par la guerre, étaient venus chercher en Bourgogne un asile que leur propre pays ne pouvait plus leur fournir

Ce n'est pas tout. En parcourant cette longue série de feux francs ou taillables, on observera que les commissaires des Elus qui, en 1375, 1376, 1391, 1469 et 1470, avaient admis seulement deux classes dans leurs listes, les solvables et les misérables, furent forcés en 1431, par la calamité du temps, d'en introduire une troisième, celle des *mendians et quérans leur pain*, inscrite comme non valeur et seulement pour donner le tableau complet de la population du lieu. La proportion qu'elle atteignit fut vraiment effrayante. A Dijon, sur 771 feux, 492 appartenaient à cette classe ; 126 sur 474 à Beaune, et 24 sur 80 à Nuits. Dans le plat pays, beaucoup plus éprouvé que les grands centres, ce chiffre dépasse de plus de la moitié celui des deux autres classes réunies.

Pour bien comprendre une pareille misère, il faut se rappeler qu'à cette époque de guerre implacable et sans merci, où l'on combattait l'épée et la torche à la main, les relations de ville à ville, violemment interrompues, n'étaient plus possibles qu'à de longs intervalles, et que partant le commerce et l'industrie avaient cessé. Eviter les surprises était la préoccupation suprême des habitants des lieux fortifiés, dont la pouulation valide veillait sans exception à la garde des murs.

A la campagne, le tableau était encore plus triste. Les fermes, les hameaux par trop isolés, avaient été abandonnés. Leurs habitants s'étaient retirés là où il existait un château ou seulement une église fortifiée, dans laquelle ils entassaient leurs meubles et leurs bestiaux C'est à peine si ces malheureux osaient s'aventurer entre deux alertes à cultiver les champs les plus voisins de leur refuge. Car, durant de longs siècles, les pauvres paysans, considérés par la soldatesque comme une proie livrée à sa merci, eurent à se défendre autant des amis que des ennemis. Ces « cerches » l'établissent, et tous les écrits contemporains le prouvent surabondamment ; sauf le meurtre et l'incendie, les mercenaires du duc de Bourgogne n'avaient rien à reprocher aux Ecorcheurs du roi de France. Ils exerçaient envers tout ce qui n'était ni noble, ni gent d'église, les mêmes violences et commettaient les mêmes excès que s'ils eussent été sur le territoire ennemi. Aussi peut-on dire, avec quelque raison, que cette longue nomenclature de feux misérables et mendiants de localités plus des trois quarts dépeuplées, et dont beaucoup disparurent, en disent plus sur cette effroyable époque, que les récits les plus éloquents.

Maintenant, à un autre point de vue, ces listes d'habitants, qu'il nous a été impossible de reproduire, présentent un certain intérêt philologique sous le rapport de la formation des noms propres. D'autre part, la persistance du même nom, dans une même région durant un long temps, permettrait, à plus d'une famille roturière, d'établir une filiation certainement plus ancienne que celles de beaucoup de familles nobles, et par contre plus d'une de celles-ci, seraient bien étonnées si on leur montrait le chef du nom, comme l'on dit, figurant parmi les taillables à merci de la paroisse originelle.

Enfin, sous le rapport politique, ces rôles d'apparence si modeste, créés dans l'origine par la féodalité même, dans un but exclusivement financier, furent encore un moyen dont les ducs, et après eux les rois de France, se servirent pour étendre leurs prérogatives concurremment avec la justice, et disloquer le corps formidable qui gênait leur essor vers le pouvoir absolu. C'était un axiôme du droit féodal que le suzerain ne pouvait exercer d'action directe sur l'homme du vassal ; mais, quand par l'institutions des « cerches, » la noblesse et le clergé consentirent à cette dérogation, au bénéfice d'une institution qui leur était propre ; ils oublièrent que le duc avait un représentant direct dans la Chambre des élus, outre ceux qu'y envoyait la Chambre des comptes, c'est à dire le conseil ducal ; et qu'enfin les commissaires des élus, étant le plus souvent attachés au service ducal, leur intérêt véritable était de favoriser les occasions (et la question d'impôt en faisait naitre de nombreuses), de multiplier les causes d'intervention de la justice souveraine entre les seigneurs et leurs vassaux Ainsi, par exemple, l'octroi fait au duc étant privilégié, c'est à dire devant être perçu avant toute autre redevance et toujours exigible à bref délai ; si la réclamation qu'une communauté adressait aux Elus, pour obtenir une diminution ou une décharge de sa cote, était rejetée, elle ne manquait jamais, si les charges seigneuriales qui pesaient sur elle la mettaient dans l'impuissance d'y faire face, de recourir à la justice souveraine toujours disposée à accueillir de semblables réclamations Or, comme ces impôts allèrent toujours en croissant, les seigneurs, sous peine d'abandon de leurs terres, furent contraints de réduire les redevances féodales et notamment de convertir la taille à merci en taille abonnée. Ce fut pour ceux de leurs hommes encore mainmortables, un premier pas vers la liberté, en même temps qu'un avantage pour le souverain, dont ils augmentaient ainsi la matière imposable.

Au XVIe siècle, sous l'influence du Parlement et de la Chambre des élus, où l'influence royale prédominait de plus en plus, les rapports directs du gouvernement avec les communes bornées dans le principe à l'impôt, s'étendirent bientôt, la juridiction aidant, à toute l'administration locale. Le Parlement rendit en toutes ces matières des arrêts de règlement, obligatoires pour tout son ressort, et dont l'exécution était commise aux officiers royaux. Aussi, quand parurent les intendants, la voie était toute frayée, et sous l'action de ces redoutables agents du pouvoir, l'autorité réelle des seigneurs dans leurs domaines se trouva singulièrement amoindrie, et sauf la justice, circonscrite de plus en plus, réduite à un simple droit de propriété.

1.

Rôle des feux du bailliage de Dijon en 1375. (B. 11570).

C'est le papier des noms et surnons des habitans des villes et perroiches du siége et bailliage de Dijon, excepté les siéges de Nuiz et de Beaune, des nons desquels habitants a esté faite la cerche tant des feux frans et sers, comme de misérables par moy Pierre Juliot et par mes commis en ce deputez et commis de par Messeigneurs les Esleuz sur l'octroy faite à Monseigneur le duc de Bourgoingne par les gens d'église et nobles d'icellui païs, pour acomplir le paiement de V mille et VI cent frans darrierement octroyés audit Monseigneur le duc par les dites gens d'église et nobles d'icelli païs, comme dit est ci-dessus, pour aidier à supporter les frais et dépens faiz par ledit Monseigneur le duc à widier et mettre hors dudit païs les gens d'armes bretons et gens de compagnie, qui ou mois d'aoust cccLxxv et environ estoient audit païs ; laquelle cerche a esté faite par la manière qui s'ensuit :

Et premièrement sensuit la prevosté de Dijon, la parroiche de Bere (Beire-le-Châtel) rapporté par M. Pierre vicaire dudit lieu, etc., par leurs sairemens. — Somme, 44 feux sers, 2 feux abonnez et 14 feux misérables sers, 59.

Vavrotes en la parroiche de Bere, 13 feux sers

La parroiche de Traucheres, 8 feux sers, 1 feu franc. 9.

Sauran (Saurois) en la parroiche de Traucheres, 4 feux sers.

Orville ce qui est au duché de Bourgogne, 10 feux sers, 1 feu franc, 11.

Varonnes, ce qui est au duché, 28 feux abonnés et 13 feux sers, 41.

Arc sur Tille :

La seigneurie de Mlle Guiote d'Arc, 47 feux abonnés, }
La justice du Loup de Vantoux, 21 feux abonnés, } 74
La justice de messire Philippe de la Chaume, 6 idem. }

St Seigne soubs Vigenne, 18 feux frans, 82 feux sers, comptés misérables, 100.

Beaulmont soubs Vigenne, 2 feux frans, 25 feux abonnés, 13 feux sers (parmi lesquels celui résidant à « Baissey » et 4 feux misérables, 44

Dompierre soubs Vigenne, 4 feux abonnés, 12 feux sers et 1 misérable, 17.

St Ligier, 32 feux abonnés, 11 feux misérables, 43.

Tryé, en ladite parroiche, 17 feux sers, 5 misérables. 22.

Maranduel, id 17 feux sers, 8 misérables, 25.

La parroiche de Tasnay :

La justice Thery d'Avenne, 6 feux sers
La justice Guillaume de Dole, 2 feux sers
La justice Guillauma de Gan, 5 feux sers.
La justice Jehan d'Angoulevant, 3 feux sers.
La justice M. Jehan de Vaudin, chevalier, 3 feux sers
Total 16, plus 6 feux misérables, 25.

Pombleres (Plombières), 8 feux frans, 35 sers et 20 misérables, 63
Villars (Velars), 4 feux frans, 28 sers et 17 misérables, 49.
Broichons, 5 feux frans, 37 sers et 2 misérables, 39.
Barges, 14 feux abonnés, 2 sers et 2 misérables, 18.
Courcelles ou Mont, 3 feux abonnés, 14 sers et 1 misér. 15.
Flavignerot, 7 feux abonnés, 7 sers et 1 misérable : 15.
Saint-Appolomer (Appolinaire), 1 feu franc, 7 sers Seulley, 9 feux sers. Total, 1 feu franc, 15 feux sers et 3 misér.
Fixey, 22 feux abonnés, et 6 feux sers, 28.
Faanay, 19 feux sers et 2 misérables, 21.
Saulon la Rue, 24 feux sers, 6 frans et 6 misérables, 36.
Parrigny, 20 feux sers et 6 misérables, 26.
Courtarnoul, 22 feux frans, 2 sers et 3 misérables, 27.
Chagnot, 8 feux abonnés. Varoies, 9 feux abonnés, 2 misérables, 19
Crimoloiz, 5 feux sers, 6 misérables, 11.
Mirande, 5 feux frans et 1 sers, 6.
Chenoves, 60 feux abonnés et 15 misérables, 75.
Estevaulx, 4 feux frans, 17 sers et 6 misérables, 27.
Mestroul (Mitreuil), 2 feux frans, 10 sers et 4 misér. 16.
Binges, 16 feux sers
Sirey, 15 feux sers, 1 misérable, 16.
La parroiche de Belleneufve, 15 feux sers, 4 misérables, 19.
Savole en ladite parroiche, 12 feux sers.
Arçons, en ladite parroiche. 9 feux sers, 2 misérables, 11.
Maingny St Meard, 17 feux sers et 3 misérables, 20.
Sepoy, 15 feux abonnés.
Curtils (S. Seine), 29 feux abonnés et 3 misérables, 32.
Saucis, 11 faux sers et 7 misérables, 18
Flacey, 10 feux sers.
Savigney le Sol, 33 feux sers.
Norges, 16 feux sers et 2 misérables, 18.

La parroiche de Saint-Julien :
Bretigny, 22 feux sers et 7 misérables, 29.
Oigny, 8 feux abonnés et 11 misérables, 19.
Clenay, 1 feu abonné, 26 feux sers et 9 misérables, 36.
St Julien, 1 feu franc, 61 feux sers et 14 misérables, 76.

La parroiche d'Eschirey, 9 feux sers.
Roilley, 37 feux sers.
Bellefonz, 20 feux sers.
Epaingny, 10 feux sers.
Marcennay ou bois, 32 feux abonnés.

Lux, 5 feux frans, 4 abonnés, 19 sers et 10 misérables, 38.
Ouges, 29 feux sers et 12 misérables, 41.
Chaignai. 6 feux abonnés, 25 sers et 6 misérables, 37.
Marcennai en montaigne, 52 feux abonnés.
Fleurey sur Oiche et la parroiche, 85 feux frans et 5 misérables, 91.
Acceaul (Arceau). 30 feux sers.
Fouchanges en la par. d'Acceaul, 14 feux sers
Broignon et Villennes Saint Julien, 11 feux sers et 11 misérables, 22
Ahuit, 38 feux sers et 15 misérables 53.
Asneres, 13 feux sers et 5 misérables, 18.
Regnaves (Renève), 13 feux frans et 18 sers. 31.
Oscilley, 17 feux sers et 1 misérable, 18.
Blaingney, 17 feux abonnés et 3 misérables, 20.
Ville soubs Gevrey (St Philibert), 15 feux sers et 6 misérables, 21
Champaingne, 25 feux abonnés et 9 misérables, 34
Vantoux, 13 feux sers et 4 misérables, 17.
Le Val de Suison. 12 feux francs et 4 misérables, 16.
Estaubles et Daroiz, 24 feux sers.
Prenois, 1 feu franc, 16 sers et 13 misérables, 30
Mirebel, 52 feux francs et 9 misérables, 61.
Cutigny, 27 feux sers.
Senecey, 5 feux sers.
Selongey. 55 feux sers 36 misérables, 91.
Boucenois, 12 feux sers et 7 misérables, 19.
Foncegrive, 10 feux sers et 7 misérables, 17.
Vernoy, 5 feux sers et 3 misérables, 8.
Ys (Is sur Tille), 4 feux francs et abonnés. 22 sers et 27 misérables, 90.
Orgeulz, 19 feux sers et 4 misérables, 23.
Messigny, 3 feux frans, 79 sers et 26 misérables 108.
Noiron (sous Beze), 1 feu franc, 14 sers et 6 misérables, 24
Fontaines (les Dijon), 37 feux sers et 4 misérables, 41.
Lonvy, 10 feux frans et 10 misérables, 20
Trimolois (entre Chenoves et Dijon), 3 feux sers, 3
Auteville. 17 feux sers, et 3 misérables, 22.
Charmorron (Champmoron), 3 feux sers, 3
Gemeaulx. 8 feux frans, 37 sers, 45.
Dex, 16 feux abonnés.

Coichey, 23 feux frans, 17 sers et 3 misérables, 43.
Urcis, 24 feux abonnés et 3 sers. 27.
Cuserey, 1 feu franc, 22 sers et 5 misérables, 28.

La prevosté de S¹ Juhan de Loone.

S¹ Jehan, 113 feux frans, 30 misérables, 143.
S¹ Usaige, 18 feux frans, 16 sers et 20 misérables, 54.
Eschenon, 94 feux frans, 10 sers et 39 misérables, 133.
Villey sur Saone (Bonnencontre), 5 feux frans, 50 sers et 12 misérables, 67.
Baissey, 16 feux sers, 10 misérables, 26.
Mon'ot, 6 feux frans et 24 sers, 30.
Trouhans 36 feux sers, 5 frans et 22 misérables, 63.
Charey, 3 feux frans, 21 sers et 12 misérables, 36.
Maison Dieu et Chaugey, 27 feux frans, 51 sers et 7 misérables, 85
Loone la Ville, 13 feux frans et 5 misérables, 18.
Arconcey (Esbarres), 7 feux sers, 26 abonnés et 41 misérables, 127.
La parroiche d'Aubigni, 4 feux frans, 13 sers et 4 misérables, 21.
Le Maigny, 4 feux frans, 20 sers et 3 misérables, 27.

Les feux des villes du Bâtis d'Auxonne.

La parroiche de Mailley :

La justice de M. Girart de Longchamp, 11 feux sers, 4 abonnés et 7 misérables
La justice de Guillaume de Susey, 18 feux sers.
La justice de Henry Petit Jehan, 9 feux sers et 6 misérables, Mailley :
La justice de Richard de Mailley, 5 feux frans, 7 sers et 2 misérables.
A Champagne, paroisse dudit Mailley, 3 feux sers et 1 misérable.
A Mailley le Port, 4 feux frans et 1 misérable
A Mailley la Ville, 2 feux sers.
La juridiction de MM. de la Chapelle de Monseigneur le duc à Dijon, 4 feux abonnés, 26 sers et 6 misérables.
La parroiche de Tilennai et premierement Chandostre, 9 feux frans et 20 sers, 29.

— 13 —

Treclin, 2 feux frans et 10 sers, 12.
Pont, 2 feux frans et 1 sers, 3.
Tillenay, 1 feu franc, 7 sers et 12 misérables dans la parroiche, 20.
La terre de Longeaul appartenant à M. le duc et à Jehan de Monstereul.
Plovod, Plovel, 8 feux frans, 22 sers et 6 misérables, 48.
Il appartient à Heury Petit Jehan, escuier, 1 feu abonné et 11 sers.
Premeres, 2 feux.
Colonges en la terre de Longeaul, appartenant à Jehan de Braissey, 1 feu franc et 5 sers.
Les hommes de Guillaume de Thoisey à Plovod, 1 feu abonné, 7 sers et 1 misérable, 15.
Lonchamp, 3 feux frans et 24 sers, 27.
La Marche et Marcey, 29 feux abonnés et 17 misérables, 27.
Montello (Montarlot), 4 feux sers, 2 misérables, 6.
Le Maigni, en la paroisse d'Atez, 15 feux sers et 3 misérables, 18.
Athées, 5 feux abonnés 11 sers et 11 misérables, 27.
Poncey, 24 feux sers et 12 misérables, 36.

Bere, en la prevostey d'Auxonne :

Justice de St Benigne, 7 feux sers.
Justice de M Jehan de Montrambert, 3 feux sers.
Justice de M. de Maigny, 4 feux abonnés et 5 sers, 19.
Foufrans, 10 feux abonnés et 4 sers, 14.
Villers les Pos, 34 feux sers, 22 misérables, 56.
La ville et chastellerie de Braisey, 57 feux frans, 132 sers et 44 misérables, 231.
Aiserey, 9 feux frans, 31 sers et 4 misérables, 44.
Pontaigey, 12 feux sers, 12.

La chastellenie et prevosté de Pontailler :

La parroiche St Maurice, 42 feux abonnés, 9 misérables
La parroiche St Jehan, 22 feux abonnés, 9 misérables, 76.
Vonges, en ladite parroiche, 35 feux abonnés, 2 sers et 3 misérables, 40.
Chanlort, 6 feux sers
Perrigni, 4 feux frans, 80 sers et 17 misérables, 101.
Saissons, 4 feux frans, 56 sers et 11 misérables, 71.
Viez Verges, 42 feux frans, 36 sers et 5 misérables, 83.
Montmanson, 9 feux abonnés, 20 sers et 3 misérables, 32.
Huilley, 10 feux frans, 45 sers et 3 misérables, 58.

Marcilley (Maxilly), 7 feux frans, 17 sers et 9 misérab. 33
Jancigny, 8 feux abonnés, 12 sers et 12 misérables, 32.
S¹ Sauveur, 1 feu franc et 5 sers, 8.
Dambron, 7 feux sers et 1 misérable, 8.

    La prévosté de Lantannai :

Lantannai, 50 feux abonnés, 6 frans et 9 misérables, 65
Pasques, 19 feux abonnés et 1 misérable, 20.
Ancey, 1 feu franc et 31 sers, 32.

    La prévosté de Rouvres :

Rouvres, 113 feux frans
Vuchey, 26 feux sers.
Janley, 6 feux francs et 50 sers, 56.
Sepvouges (Savouges), 8 feux sers et 7 misérables, 15
Noiron (les Citeaux), 29 feux abonnés, 2 sers et 11 misérables, 42.
Espernai, 13 feux sers et 11 misérables, 24.
Broidon, 10 feux sers et 8 misérables, 18.
Saulon la Chapelle, 11 feux abonnés, 11 sers et 12 misérables, 34.
Layé, 7 feux sers.
S¹ Foule (Bretenière), 4 feux frans et 17 sers, 21.
Thoirrey, 21 feux sers.
Ysoire (Iseure), 11 feux sers et 7 misérables, 18.
Longecourt, 14 feux frans abonnés et 17 misérables, 31.
Tart le Chastel, 24 feux sers et 11 misérables, 35
Tar la Ville, 1 feu franc, 24 sers et 13 misérables, 38.
Varanges, 13 feux sers et 4 misérables, 17.
Eschigey, 12 feux sers et 2 misérables, 14.
Marliens, 8 feux frans, 13 sers et 4 misérables, 25.
Maigni, en la parroiche de Fauverney, 3 feux frans et 32 ers, 26.
Fauverney, 7 feux frans, 46 sers et 28 misérables, 81.
Courcelles au Bois, 13 feux sers et 19 misérables, 32.
Jamberes (Chambeire), 2 feux frans, 11 sers, 13.
Talecey, 9 feux sers
La parroiche de Sacey (Cessey sur Tille), 15 feux frans, 15 ers et 5 misérables, 35.
Ysier, en ladite parroiche, 1 feu franc, 30 sers et 4 misérables, 35.
Labergement (id.), 2 feux frans et 17 sers, 19.
Remilley, 2 feux frans et 17 sers, 19.
Vaux, 10 feux sers.

— 15 —

La ville de Saux, 32 feux frans, 18 sers et 9 misérab. 59.
Poinseul, 9 feux frans, 3 sers et 2 misérables, 14.
Bousseroiz (Luxerois), 10 feux sers et 7 misérables, 17.
Courtyvront, 35 feux sers et 27 misérables, 62.
Tarsu, 8 feux sers et 2 misérables, 10.
La seigneurie de Perrenot les Fontaines, 5 feux sers
Le Mes, 7 feux frans, 9 sers et 3 misérables, 19.
Brecey (sur Tille), en la prevosté de Rouvres, 1 feu franc, 7 sers et 3 misérables.
La juridiction de Tarsuy appartenant à Robinet de Florigny et à M⁻ᵉ d'Ormois, 6 feux frans, 12 sers et 9 misérables, 38.
Mairey (sur Tille), 6 feux frans, 34 sers 23 misérables, 63.
Avoul (Avot), 31 feux frans, 6 sers et 11 misérables, 48.

Total des feux de la « cerche » ; 6,277.

II

C'est le papier des feux de la ville de Dijon de l'an MCCCLXXVI.
(B. 11371.)

PREMIÈREMENT LA PAROISSE SAINT NICOLAS.

Porte Fermerot, 65 feux.
En la rue au Conte, 42.
Au Marchié du Bled, 6.
En la Vannerie, 29.
Au forbours Saint Nicolas, 39.
Rue es Ormes, 40.

Rue es Coquins, 143.
Au Four de Bèze, 8.
Rue du Four, 8.
La rue es Favres, 58.
Rue es Quartaux, 31.

LA PAROISSE NOTRE DAME.

Près Clairvaux, 65 feux.
Ou champ Damahe, 42.
En la Verrerie, 30.
En la Poissonnerie, 43.
A la Maison Ronde, 12.

Es Changes, 11.
Aux Forges, 65.
En l'Archerie, 22.
Au Quarron de la Voirrerie, 10.
Champiaux, 21.

LA PAROISSE SAINT MICHIEL.

Vers les Halles, 17 feux.
Au Marchié du Blef, 23.
En la Vannerie, 36.

En la Roulote es Nonnains de Thart, 29,
Retourné en la Vannerie, 19.

En la rue es Ribotez, 65.
Rue es Foulx, 19.
En la rue Saint Michel, 16.
Retourné en la Tonnellerie, 25.
Rue es Belioz, 46.
Rue Neuve, 65.
Au Pautez, 39.

Au faurbourg Saint Michiel. Es Offrois, 44
En la rue es Noiroz, 4.
Rue Croix Aisanne, 9.
Au Dessus de la rue es Noiroz, 12.
Rue Saint Anthoine, 10.

LA PAROISSE SAINT JEHAN.

Es Forges, 28.
En la Tournelle, 19.
Au Quarron de la Tournelle, 9
Rue des Grands Champs, 116.
Au Mirour, 28.
A la porte Guillaume, 29

En la rue Saint Jehan, 27.
En la Juerie, 46.
En la Petite Juerie, 17.
Rue des Craix, 89.
A Morimont, 63.

LA PAROISSE SAINT PHILIBERT.

A la porte Fondoire, 19.
Rue au Prévost Guillaume, 47
En rue Gaulche, 18.
Retourné en la rue du Saichot, 18.
En la rue de Clugny, 18.

Derrière la maison au Chevaul, 2.
En Cloistre, 98.
En four bourt S. Philibert, 35.
En la Corvée, 24.
En la rue de Cisteaulx, 16

LA PAROISSE SAINT MART (MÉDARD).

Point de noms de rues, 62 feux.

Retourné au Quarron devant la prison, 46.

LA PAROISSE SAINT PÈRE

Commencé à la Maison au Singe, 52 feux.
Retourné au Pautez, 44.
Retourné en la rue des Cordeliers, 30.

Au four bourt Saint Pere.
A la Colombière, 2.
En la rue des Molins, 23.
Retourné à la porte Saint-Père, 51.

Total des feux : 2853

III

C'est le papier de la cerche des feux des sièges de Beaune et de Nuiz, faite en l'an MCCCIIII.xx et xr. — (B. 11528)

Cest la cerche des feux estans es villes des sièges de Beaune et de Nuis, tant en bonnes villes fermes, où il a foirez et marchiez; villes merchandes, où il a forteresses et marchiez, comme autres villes du Plat pays, où yl a forteresses et ne y ait foire ne marchié. Laquelle cerche desdiz feux tant frans, abonné, sers, solvaubles et miserables ay esté faite par Oudot Ragonot bourgeois de Beaune et Guichard d'Ouges bourgeois de Nuiz, commis ad ce de très honourables, discretes personnes et saiges, mes très chiers seigneurs, messieurs les Esleus ou païs de Bourgoingne, par l'ordonnance et autorité de M. le duc, sur les subsides ordonnés à lever en son païs de Bourgogne, pour accomplir l'ayde de XXX mille frans, donné à Notre dit seigneur au mois de fevrier 1390, darrement passey, pour luy aidier à supporter les frais des guerres: C'est assavoir pour chacun feu franc estant esdites bonnes villes fermes, où il a foires et marché, XIII gros viez deux tiers; pour les feux frans estant es villes merchandes, où il a foires et marchiés, X gros viez à chascun paiement; pour chascun feu franc estant es autres villes du Plait pays, soit qu'il li ait forteresse ou non, pour chascun paiement VI gros deux tiers; pour chascun feu serf à chascun paiement XX deniers tournois, le fort portant le floible. Le premier paiement en cest mois de may prochain 1391, le second paiement ou mois de novembre ensuigant, le tiers paiement ou mois de décembre, le quart paiement ou mois d'avril suigant; le cinquième paiement ou mois de décembre après ensuigant Et au cas où lesdits fouaiges ne pourront monter jusqu'à ladite somme de XXX mille francs pour les diz cinq paiemens, lesdits MM. les Eslhuz de leur autorité et puissance puent croistre et mettre telle charge comme il leur plaira, jusqu'à accomplissement dudit octroy, fait par les gens dudit païs audit M. le Duc. Laquelle cerche a esté faite par lesdits commis en la maniere qui sensuit:

Cest la cerche des feux de la ville de Beaune bonne ville ferme, faite par les commis de MM les Esleuz, appellez avec eux Jehan Baudubin, mayeur dudit lieu, Jehan de Rully clerc de la ville, Girard Coitier, procureur d'icelle ville, Estienne

— 18 —

Grenot clerc, Jehan Le Niquet sergent dudit mayeur. Laquelle cerche a ésté commencée le lundi et mardi avant le jour de Pasques Charnels 1391. Et est assavoir que là où il a M escripte en teste, les diz de Beaune les tiennent pour miséraubles.

BEAUNE, BONNE VILLE FERME OU IL Y A FOIRES ET MARCHIEF.

Porte du Bourneuf, 38.
Porte Digenoise, 29.
Porte St-Martin, 129.
Porte Batailie, 109.
Porte Guie Putain, 61.
Porte de Lescheley, 58.
Porte Breteniere, 133.
Gigney, 8.
    Total, 565.

C'est la cerche des feux de la ville de Nuiz, faite par les commis de MM. les Elus. Appellez avec eux Demoingeot Joly Hugues Gilot, Jehan Boichart, Guillaume Girardot Michiel Le Goux, Perrenot Le Barrot escheviz dudit Nuiz, le mercredi après la St George 1391 et es jours ensuigant.

NUIZ, BONNE VILLE FERME CU IL A FOIRE ET MARCHIEFS.

Rue de Nuiz (Amont), 19.
Rue des Blefs, 8.
Le Port dudit Nuiz, 51.
Rue de Quencey, 9.
Rue de Beaune, 10.
Rue de Chaulx, 11.
Solvables, 60; misérables, 48 ; 108.
Cuissey (le chatel). Feux sers solv., 30; misérables, 1 ; 31.
Chasilley dessus. Feux sers solv., 13 ; misérables, 1 : 14.
Longecourt (lez Culêtre). Feux sers solvables, 23 ; misérables, 3 : 26.
Plomboing et Nuais (Painblanc et Nuas). Feux sers solvables, 9; misérables, 4 ; 11.
Plomboing la Ville Feux sers solv., 11; misérables, 5 : 16.
Pasquier Feux sers solvables, 5; misérables, 3 : 8.
Yevey (Veuvey) Solvables, 23; misérables, 4 : 27.
Antheu Solvables 23; misérables, 4 : 27.
Bescoul. Feux frans solvables, 7; misérables, 4 ; 11.
Aubaingne Feux frans solvables, 2; misérables 4 : 6.

Crugey. Feux sers solvables. 21; misérables, 4 : 25.
Laihée (Lée les Culêtre). Feux sers solvables, 7.
Culestre. Feux sers solvables, 9
Bise. Feux sers solvables, 6.
Chaudenay la Ville. Feux sers solvables, 5.
Colombex. Feux sers solvables, 8; misérables, 3 : 11.
Aucent et le Champy Feux frans solvables, 3; misérables, 3 : 6
Turey (Thorey s.-O) Feux sers solv , 29; misérables, 2 ; 31.
Le Boissons. Feux sers solvables, 5; misérables, 3 : 8.
Montceaux. Feux sers solvables, 28; misérables, 5 : 33.
Grammont. Feux sers solvables, 13; misérables, 5 : 18.
Saulcey. Feux sers solvables, 16; misérables, 9 : 25
Escutigney. Feux sers solvables, 12; misérables. 3 : 15
Belingney sur Oiche, où il y a forteresse, foires et marchiefs. Feux frans, 20; misérables, 19 : 39.
Vis. Feux frans solvables, 5.
Vouchey. Feux frans solvables, 3; misérables, 5 : 8.
Oicherotes. Feux frans solvables, 3; misérables, 5 : 8.
Vibernot. Feux frans solvables, 2; misérables. 3 : 5.
La Roichote. Feux frans solvables, 2; misérables, 2 : 4.
Lusingney (Lusigny). Feux sers solvables, 4.
Baissey (la Cour). Feux sers solv, 18; misérables, 9 : 27.
Veley (Veilly). Feux sers solvables, 10; misérables, 2 : 12.
La Coinche Feux sers solvables, 8; misérables, 4 : 12
Serve. Feux sers solvables. 4; misérables, 2 : 6.
Taulmirey (Thomirey). Feux sers solvables, 11; misérables, 5 : 16
Anthigney le Chastel. Feux sers solvables , 7; misérables, 6 : 13.
Anthigny la Ville. Feux sers solvables, 11; misér., 5 : 16.
Charmois. Feux sers solvables, 5; misérables, 2 : 7.
Foissey. Feux sers solvables, 8; misérables, 8 : 16.
Chasoiges (Sasoges). Feux sers solvables, 4; misérables, 2 : 6.
Melignot (Molinot), où il a forteresse, foires et marchiefs. Feux frans solvables, 22; misérables, 20 : 42.
Vernicourt. Feux frans solvables, 3; misérables, 4 : 7.
Les Hées. Feux frans solvables, 3; misérables, 4 : 7.
Santhosse. Feux frans solvables, 12; misérables, 9 : 21.
Vernouce (Vernusse). Feux sers solvables, 13.
Aubigney. Feux frans solvables, 9; misérables, 10 : 19.
Le Vaul d'Aubigney. Feux frans solv., 2 misérables, 1 : 3.

— 20 —

La Chassaingne d'Aubigney. Feux sers solvables, 5.

Yvrey. Feux frans solvables, 4; misérables, 2; sers solvables, 13 : 19

Courcelles sonbs Melenot. Feux sers solvables, 10.

Rouvroy. Feux sers solvables, 8.

Josaint Vaul. Feux sers solvables, 7.

Cuisey la Colonne. Feux sers solvables, 17.

Champaingnoles Feux sers solv., 19; misérable, 1 : 20.

Coifans. Feux frans solvables, 1.

Moloisey. Feux frans solvables, 4; misérables 1; sers solvables 43; misérables, 6 : 44.

St Romain Feux frans solvables, 9 misérables, 3; sers solvables, 56 : 68.

Baubigney Feux frans solvables, 3; misérables, 1; sers solvables, 5 : 9.

Droché et les Vilotes (Evelles) Feux frans solvables, 3; sers solvables, 48 : 51.

Orches. Feux sers solvables, 31; misérables, 2 : 33

Molins sur Oche (Melin). Feux frans solvables, 19; misérables, 2, sers solvables 2; misérables, 2 : 25.

La Roiche de Noulay (La Roche Pot) Feux frans solvables, 20; misérables, 7; sers, 1 : 28.

Flaingney Feux frans solvables, 3; misérables, 2 : 5.

Maviley. Feux sers solvables, 15.

Mandeloul. Feux sers solvables, 10; misérables, 4 : 14.

Meursault dessoubs Feux frans solvables, 20; misérables, 16 : 36

Meursault dessus Feux francs, 20; misérables, 14 : 34.

Voulenay. Feux frans solv., 7; misérables, 3 sers, 65 : 75.

Pommart. Feux frans solvables, 2; sers, 218 : 220

Aucey le Grand Feux frans sol., 19; misérables, 6 : 25.

Aucey le Petit. Feux frans solvables, 5; misérable, 1 : 6.

Pleugney (Puligny), Feux frans solvables, 9; sers, 24 : 33.

Esbatis de Mipont (Ebaty). Feu franc, 1.

Chassaingnes les Grans. Feux frans solvables, 19; misérables, 7; sers, 2 : 28.

Chassaingnes les Petites. Feux frans solvables, 18; misérables, 3 : 25.

Marcey Feux sers, 3.

Cropeaulx (Corpeau). Feux frans solvables, 16; misérables, 6 : 22.

Oroulx (St-Aubin). Feux frans solvables, 11; misérables, 7; sers, 25 : 43.

Gamey. Feux frans sol. 3; misérables, 3; sers, 10 : 16.
Escharnant. Feux sers, 6.
Nanthoul. Feux sers solvables, 21; misérable; 1 : 22.
St Jehan de Naroce. Feux frans solvables, 5; misérables, 3; sers, 10 : 18.
Naroce. Feux frans solvables, 6; misérables, 2; sers solvables, 10; mis., 1 : 18.
La Craye. Feux frans solvables, 12; misérables, 5; sers, 9 : 26.
Santhenay. Feux frans solvables, 24 ; misérables, 3; sers, 18 : 43.
Noulay (Nolay). où il y a forteresse, foire et marchiefs. Feux frans solvables, 39; misérables, 10 : 49.
Vaulchinon. Feux frans solvables, 3; misérables, 3 : 6.
Cormoul le Petit. Feux frans solvables, 2; feu serf solvable, 1; misér., 1 : 4
Cormoul le Grand. Feux frans solvables, 3; feu sers, 1 : 4.
Cirey. Feux frans solvables, 4; misérables, 3; sers, 8 : 15.
Marchiseul. Feux frans solvables, 2; feu sers, 1 : 3.
Saigey Feux sers, 3.
Paris l'Opitaul Feux frans solvables, 12; feux sers, 4 ; 16.
Bouse Feu franc solvable, 1; feux sers, 48 : 49.
La Grange de Crepées (Crepcy). Feux frans, 2.
Ste Marie la Blanche. Feux sers solvables, 27; misérables, 4 : 31
Combertaul. Feux frans solvables, 13; misérables, 9 : 22.
Montaigney Feux frans solvables, 3; misérables, 3 : 6.
Le Poy Feux frans solvables, 3; misérables, 6; sers, 2 : 9.
La Borde es Bureaulx. Feux frans solvables, 3; misérables, 2 : 5.
Aigney. Feux sers. 6.
Plevex (Pleuvey). Feux sers, 6.
Bourgoignon. Feu franc, 1; sers solv., 16; misérable, 1 : 18.
Meresoinges (Mursanges). Feux frans solvables, 7; misérables, 3; sers, 6 : 16.
Chastel Regnard. Néant
Ruillées. Feu franc, 1; sers, 8 ; 9.
Brethenay. Feux frans solvables, 11; misérables, 3 : 14.
Marcenl. Feux frans solvables, 5; misérable, 1; sers, 2 : 8.
Syssy (Cissey. Feux frans solvables, 10; misérables, 4 : 14.
Mourteux (Morteuil). Feux frans, 2; sers, 13 : 15.
Vernoy (Le). Feux frans solvables, 23; misérables, 10 : 33.
Gyoinges (Géanges). Feux frans solv, 13, misérables, 6: 19.

Tailley. Feux sers solvables, 17; misérables, 2 : 19.
Vinoles. Feux sers, 9.
Chevignerot. Feux frans 3; sers, 5 : 8.
Varoiles Feux sers, 5.
Travaisey. Feux sers, 13
Chorrey Feux frans, 2; sers solv , 14; misérable, 1 : 17.
Cultis (Curtil-Bligny). Feux frans solv., 5; misérables, 4 : 9.
Roiffey (Ruffey-les-Beaune). Feux frans solvables, 7; misérable, 1; feux sers, 3 : 11.
Grantchamp. Feu franc solvable, 1; sers 5 ; 6.
Varoingnes (Varennes). Feu franc solvable, 1; sers, 8 ; 9.
Belinguey soubs Beaune. Feux frans, 18; misér., 10 ; 28.
Boillant. Feu franc, 1; misérable, 12 ; 13.
Becey (Bessey-en-Chaume). Feux sers, 6.
Clavoillon. Feux sers, 9.
Lautherot. Feu serf, 1.
Pornant (Pernand). Feux frans solv., 2; mis., 2; sers, 44 : 48.
Savigney. Feux frans solv., 11; misérables, 6; sers, 49 : 66.
Fucey. Feux sers. 6
Eschevroingnes Feux frans solv, 10 ; misérables, 16 : 26.
Changey. Feux frans solv , 7; misérables, 16; sers, 1 . 24.
Alouce. Feux frans solvables, 7; misérables, 4 : 11.
La Doix de Sarigney. Feux frans solvables, 14; misérables, 7 : 21.
Sarigney Feux frans solvables, 14; misérables, 9 : 23.
Boissons. Feux sers, 13.
Courcelles soubs Muressaul (les Arrs). Feux frans solv., 11.
Maisses. Feux frans solvables, 3
Mimandes. Feux frans solvables, 8; misérables, 2 : 10.
Disise. Feux frans solv., 22; misérables, 14; sers, 1 : 37.
Changes. Feux frans solvables, 5; misérables, 6 : 11.
Neufvale (Neuvelle-sous-Serrigny). Feux frans solvables, 2; misérables, 2 : 4
Courcelles soubs Serrigny. Feux frans solvables, 3; misérable, 1 : 4.

C'est la cerche des feux des siége de Nuiz, chastelleries de Vergey, d'Argilley et prevostez estant en icelles, faite par les dits commis.

Augiencourt (Agencourt) Feux frans solv , 4; misérable, 1; sers, 3 ; 8.
Boncourt le Bois. Feux sers solv., 11; misérables, 2 : 13.
Courgoolain. Feux francs solvables, 9; misérables, 8 : 17.

Comblanchien. Feux frans solv , 12; misérables, 12 : 24.
Premeaulx. Feux frans solv., 7; misérables, 8; ser, 1 : 17.
Prissey Feux sers, 10.

CHASTELLENIE DE VERGEY.

Bourc de Vergey. Feux frans, 3
Chastel de Vergey Deux portiers exempts commes gardes et sergens des prisons.
St Vivent de Vergey. Feux frans solvables, 3; misérables, 2; sers, 1 : 6.
Cultis soubs Vergey Feux franc solv., 6; misérables, 2 : 6.
L'Estang soubs Vergey Feu franc solvable, 1
Segrois. Feux frans solvables, 4; misérables, 1; sers, 3 : 8.
Culley (Curley) Feu franc solvable, 1; sers, 4 : 5.
Ruelles. Feux frans solvables, 3; misérables, 2; serf solv , 1; misérables, 2 ; 8.
Colonges (C. Bevy) Feux sers, 9.
Deviz. Feux sers solvables, 12; misérables, 2 : 14.
Bruant. Feux sers, 4.
Messanges. Feux sers, 14.
Moulin de Nohot Néant.
Chevanne. Feux sers, 27.
Chevrey. Feux sers, 7.
Tarnant. Feux sers, 21.
Semesanges. Feux sers, 22.
La Craye Feux sers, 3.
Chevigny (Rente de) Feu serf, 1.
Rolles. Feux sers, 8.
Clamencey. Feux sers, 15.
Chambeuf. Feux sers, 6.
Buefs (St-Jean-de-Beuf). Feux sers, 8.
Quemigney. Feux sers, 29.
Poiseul (Poiset). Feux sers, 2.
Arcey. Feux sers, 6.
Arcenans. Feux frans solv , 10; misérables, 6; sers, 17 : 33.
Marey. Feux sers, 11.
Muiley (Meuilley). Feux frans solvables, 3; misérable, 1 sers, 20 ; 24.
Villers soubs Vergey (Villars-Fontaines). Feux frans, 4; sers, 16 : 20.
Maigney. Feux frans, 2; sers, 22 : 24.
Villers la Faye. Feu fran, 1; sers, 17 ; 18.

Chaulx. Feu franc, 1; sers, 11 : 12.
Destain Feux sers, 2.
Chasan Néant.

LA PRÉVOSTÉ DE VOONE.

Voone. Feux frans, 12; misérables, 11 : 23.
Flaigey. Feux frans, 23.
Morrey Feux frans, 22; misérables, 14 : 36.
Chambolle. Feux frans, 19; misérables, 13; ser, 1 : 33.
Gilley. Feux frans, 34; misérables, 30 : 64.
Voigeot. Feux frans, 11; misérables, 6 : 17.
Poncey (Village disparu). Feux sers, 4.
Conqueux. Feux sers, 19.
Corboien. Feux frans, 2; misérables, 2 : 4.

PRÉVOSTÉ D'ARGILLEY.

Villebichot. Feux frans, 14; misérables, 11 : 25.
La grange au maistre portier de Citeaux. Feu serf, 1.
La Borde au maistre Foirestier Feu franc, 1.
Broing. Feux frans, 9; misérables, 9 : 18
La Grange Huot. Feux sers, 2.
Baignoul (Bagnot) et les Granges. Feux frans, 23; misérables, 18; sers, 8 : 49
Auvilliers (Auvillars) Feux sers, 19; misérables, 1 : 20.
Glangnon. Feux frans, 3; misér., 1; sers, 10; misér , 1 : 15.
Poilley (Pouilly sur-Saône). Feu franc, 1; misérable, 1; sers, 21 : 23.
Monmoien (Montmain). Feux sers, 10.
Preforgeul (hameau disparu). Feux frans, 2.
La Franchise (hameau disparu) Feu franc. 1.
Chivres. Feux frans. 3; misérables, 62 : 65.
Escouelles. Feux sers, 19.
Mouloise (Molaise). Feux sers, 4
Prondevaulx. Feux sers, 5.
Braigny. Feu franc, 1; sers, 50 : 51.
Paleaul. Feux sers, 29.
Maiserotes. Feux frans, 2; misérable, 1; sers, 11 : 14.
Grosbois. Feux sers. 8; misérable, 1 : 9.
Parrie. Feux sers, 13; misérable, 1 : 15.
Courgengoul Feux frans, 2; misérables, 2; sers, 13 : 17.
Courberon. Feux sers, 22; misérables, 3 : 25.
Marrigney. Feux frans, 4; sers, 6 : 10

Villey le Moustier. Feux sers, 33.
Villey le Brullet. Feux frans, 3; sers, 19 : 22.
Argilley. Feux frans, 44; misérables, 43; sers 3 : 90.
Antilley. Feux sers, 34; misérable, 1 : 35.
Lonvay. Feux sers, 6.
Balon. Feux frans, 7; misérables, 7; sers, 4 : 18.
Vorneal (lieu disparu). Feux sers, 3.
Gillans (Gerland). Feux frans, 4; misér., 2; sers, 25 : 31.
Quincey. Feux frans, 17; misérables, 14 : 31.
Cusigney. Feux frans, 7; misérables, 7 : 14.
Montot. Feu franc, 1; misérable, 1 : 2.
Moux. Feux sers, 12.
Boncourt la Ronce. Feux frans, 3; misérables, 3 : 6.
Boncourt la Fontaigne. Feux frans, 2.
Labergement le Duc. Feux frans 72; misérables, 45 : 117.

Total des Feux, 3,608.

IV

Cerche des feux du bailliage de Dijon, excepté les sièges de Beaune et de Nuits. 1431. (B. 11584.)

C'est le papier de la cerche et inventoire des feux estans du bailliaige de Dijon, excepté les villes des siéges de Beaune et de Nuys, faicte par nous Guillaume Chevilley et Jehan Coutier, commissaires en ceste partie de messires les Esleuz ou Duchié de Bourgongne, par l'ordonnance et auctorité de notre dit seigneur sur l'ayde de XXVI^m V^c florins, octroyés à notre dit seigneur au moys de juillet derrenièrement passé, par les gens des trois Estats de son duchié de Bourgongne, et laquelle cerche et inventaire desdiz feux nous commençasmes le Ve jour de novembre l'an mil quatre cens trante et ung et fut faite et assovye ycelle cerche, le 29e jour de Janvier l'an dessus dit Et sont escrips lesdiz feux : C'est assavoir, les frans solvables d'une part, les feux frans insolvables d'autre part, et les mendians et vesves d'autre. Et les feux abonnés semblablement et les feux sers par la manière que dit est et le tout selon le contenu en notre commission dont la teneur s'en suit :

Les Eleuz sur l'ayde de 26-500^c florins derrenièrement octroyés à monseigneur le Duc par les gens des trois Estats de son Duchié de Bourgongne au moys de juillet derrenièrement passé à Guillaume Chevilly et Jehan Coutier, salut.

Comme pour asseoir l'impost du derrenier terme et payement dudit ayde qui eschiera à la Chandeleur prochain venant, il soit chose nécessaire de premier, faire cerche et inventaire des feux et mesnaiges de tous les habitans frans, abonnez, sers et taillables de toutes les villes et villaiges et lieux dudit Duchié, où il aura gens tenant feux et mesnaige et savoir les facultés d'iceulx, par gens ayans à ce congnoissance, et considéré mesmement le fait de la guerre et la diminution et destruction du peuple pour le fait d'icelle guerre et les autres accidans et inconvéniens survenus depuis les derrenières cerches faites en tel cas. Savoir vous faisons que nous, voulans ledit impost asseoir bien et loyalement et le plus justement et raisonnablement que faire se pourra, confians applain de vos sens, prudommies et bonnes diligences, vous avons commis et ordonnez, commectons et ordonnons par ces présentes à faire ladicte cerche et inventoire des diz feux en et par toutes les bonnes villes, villaiges et autres places et lieux du plat pays du bailliaige de Dijon hors les siéges de Beaune et de Nuys, en déclarant à part les feux d'une cha-cune bonne ville en trois manières : C'est assavoir les solvables d'une part, les misérables d'autre part et les mandians d'autre ; et aussy des villes où il a forteresse et marchié, appert pareillement les habitans des villes du plat pays frans d'autre part et les habitans sers desdites villes dudit plat pays à part semblablement, et tout par la manière que des feux desdictes bonnes villes. Si vous mandons que incontinent cestes par vous receues, vous vacqués et entendés diligemment et continuellement à faire ladite serche jusques à la perfection d'icelle, tellement que ycelle faite et accomplie, signée et expédiée souffisant, nous randés ou aportés ou envoyés féablement close à Dijon, dedens le 10ᵉ jour de janvier prouchain venant au plus tart et en ycelle cerche escripsviez les noms et surnoms de tous les habitans frans, sers, abonnés, solvables, misérables et mandians, femmes vesves et autres, tenant feu et mesnaige esdittes villes, villaiges et lieux dudit bailliaige, sans nulz en délaissier, espargnier ne déporter par faveur ou autrement, excepté les gens d'église servans à Dieu et les nobles : suyvans et fréquentans les armes et vivans comme nobles : appelés avec vous de chascune ville ou parroiche, le curé ou son vicaire et autres gens notables et cognoissans en tel nombre que verrés estre expédient, lesquels vous interrogierez sur ce par serment et ainsi que juré et promis l'avez en noz mains sans faveur ou obmission quelconques. De ce faire et les choses y appartenant vous donnons povoir auctorité et mandement spécial Mandons et commandons à tous les justiciers, officiers et subgiez de notre dit seigneur, prions et requérons tous autres que à vous en ce faist obéissent et entendent diligemment, pour laquelle chose faire nous vous tauxerons gaiges raisonnables qui vous seront payés par le receveur dudit ayde qu'il appartiendra. Es parmy ce vous ne pourrez ne devez prendre ou recevoir aucuns dons ou autres bienfaiz souspects du peuple, sur peine d'estre amendables arbitrairement envers notre dit Seigneur.

Donné à Dijon soubz noz siguez, le troisiesme jour de décembre l'an mil quatre cent trante et ung. Ainsi signé : L. du Crest.

LA VILLE DE DIJON

LA PARROICHE NOTRE DAME.

Les officiers de Monseigneur, les nobles, les commensaulx, les monnoyers, 9 feux ; feux solvables, 55 ; misérables, 171 ; povres et pain quérant, 49 : 244.

LA PARROICHE SAINT JEHAN.

Les officiers, nobles et commensaulx, 11 feux ; feux solvables, 57 ; misérables, 105 ; povres et pain quérant, 88 : 357.

LA PARROICHE SAINT PERE.

Les officiers, nobles, commensaulx, 4 feux ; feux solvables, 12 ; misérables, 105 ; povres et pain quérant, 38 : 159.

LA PARROICHE SAINT MÉDARD

Les officiers, nobles, commensaulx, 4 feux ; feux solvables, 21 ; misérables, 47 ; povres et pain quérant, 30 ; 102

LA PARROICHE SAINT MICHIEL.

Les officiers, nobles, commensaulx, 5 feux ; feux solvables, 28 ; misérables, 200 ; povres et pain quérant, 89 : 324.

LA PARROICHE SAINT NICOLAS.

Les officiers, nobles et commensaulx, 9 feux ; feux solvables, 19 ; misérables, 208 ; povres et pain quérant, 99 : 335,

LA PARROICHE SAINT PHILEBERT.

Les officiers, nobles et commensaulx, 1 feu ; feux solvables, 13 ; misérables, 137 ; povres et pain quérant, 99 : 250.

Total : 771 feux.

S'ensuigvent les villes du plat pays, excepté les siéges de Beaune et de Nuys.

Et premièrement :

Plombières. Taillables haut et bas deux fois l'an à M. de Saint Bénigne en argent et en oultre doyvent chacun an, 18 emynes avoine. Rapporté par Jehan Brenot, Huguenin Boissière et Perrenot le Perrellet, Jehan Dufay, Régnaut Gaultherin, tous dudit Plombières. Feax solvables, 11 ; misérables, 17 ; povres et pain quérant, 27 : 54.

Auteville Taillables à volonté une fois l'an aux abbés de Saint-Seigne et de Saint-Estienne et doit chacun feu, corvée et géline. Rapporté par, etc. Feux solvables, 5 ; misérables, 7 ; povres et pain quérant, 14 : 26.

Villers-sur Ouche Taillables hault et bas deux foiz l'an à l'abbé de Saint-Bénigne de Dijon. Feux solvables, 4 ; misérables, 4 ; povres mandians, 8 : 16.

Talent. Bonne ville, où il n'a foire ne marché et sont chargiez de présent chacun feu, faire guet par nuyt 3 fois par sepmaine, sans la charge qu'ils ont soustenue et soustiennent chacun jour tant de leurs barrières, comme de leurs fortifications ; et est assavoir que la serche a esté faicte de huys en huys en la manière qui cy après s'en suit : Les officiers de Monseigneur, 2 feux ; feux solvables, 16 ; misérables, 43 ; povres et mandians, 47 : 108.

Darrois. Taillables hault et bas à Messieurs de la Chappelle de Dijon et doit chacun feu corvée et géline. Feux solvables, 4 ; misérables, 4 ; povres et mandians, 5 : 13.

Etaules. Taillables à volonté à Messieurs de la Chappelle et doyvent corvée et géline. Feux solvables, 4 ; misérables, 4 ; povres et mandans, 5 : 13.

Dez Abonnez à notre Seigneur le Duc de Bourgogne en payant chacun an au jour de Saint Remy, 32 livres forte monnoie, et à karesme prenant 13 livres dicte monnoie et 5 quartaulx avoyne, mesure de Dijon, chacun feu deux corvées et géline. Feux solvables, 4 ; misérables, 5 ; povres et mendians, 9 : 18.

Fontaines. Abonnez aux seigneurs et y a forteresse. Feux solvables, 7 ; misérables, 13; povres et mendians, 28 : 48

Prenois. Taillables hault et bas 2 fois l'an à l'abbé de Saint Bénigne, et en oultre doyvent chacun an le jour de Saint Martin d'iver, 7 florins demi, 12 émines avoine, 4 corvées de chacune charrue, gélines et dismes de 6 gerbes l'une. Feux solvables, 4 ; misérables, 5 ; povres et mendians, 4 : 13.

Lanthenay. Abonnés à monseigneur le Duc, ou il a forteresse, et doyvent chacun an a mon dit seigneur cent vingt livres forte monnoie, vingt émines de blé, chacune charrue vingt un sol, et chacun feu corvée et géline. Feux solvables, 3 ; misérables, 24 ; povres et mendians, 19 : 46.

Pasques. Abonnés à monseigneur le Duc, en payant chacun an 80 livres à la saint Barthélemy et à karesme prenant, 20 émines de blé par moitié et chacune charrue, quatre sols tournois, géline et corvée. Feux solvables, 2 ; misérables, 4 : 6.

Fleurey. Ville, place, et y a marché qui rien ne vault; abonnés à Monseigneur le duc et au prieur de S. Marceaul en payant chacun an à Monseigneur le duc qui ne leur en fait grace 128 florins, et au prieur 50 livres monnoie courant ; chacune charrue 6 corvées l'an; solvables 7, misérables 8, povres et mendians 16 : 31.

La Grange de Rosiers, Taillables à Monsieur de Cisteaulx, et néant parce qu'il ny demoure nulz.

Ancey. Taillables hault et bas deux fois l'an au seigneur de Mirebel, et doit chacun feu 7 corvées, gélines et dime de 13 gerbes deux, et au prieur de S. Marcel le jour de la Toussaint chacun feu 6 deniers fort monnoie, rapporté par Jehan Blainchard maire dudit lieu; feux solvables 5, misérables 6, mendiants 11 : 22.

Urcis. Taillables au prieur de S. Marcel et doyvent chacun feu l'an 7 corvées de charrue, dismes de 13 gerbes deux, et avec ce doyvent an chastel de Vergy 66 sols forte monnoie; feux solvables 2, misérables 5, mendians 4 : 11.

Colonges. Au prieur de S. Marcel et sont de la condicion de ceulx de Fleurey; feu solvable 1, misérable 1, mendiant 1 : 3.

Courcelles ou mont. Taillables hault et bas à M. de St Bénigne de Dijon deux fois l'an; feux solvables 3, misérables 2, mendians 6 : 11.

Flavignerot. Taillables une fois l'an à Messieurs de la Chapelle de Monseigneur le duc à Dijon; feux solvables 3, misérables 2, povres et mendiants 2 : 7.

La Grange du Prey, Néant cy, car il ny demoure à présent nulz

Marcenay en Montagne. Dont les aucuns sont taillables et les autres frans, est assavoir à M. de St Bénigne les taillables doyvent chacun feu 30 sols forte monnoie et avec ce doivent chacun an 16 muys de vin, 12 émines avoyne et corvée; et les autres francs qui ne doyvent les uns que 5 sols et les autres 10 sols au seigneur de St Jehan de Jerusalem et à plusieurs autres. Les taillables à M. de St Bénigne; feux solvables 4, misérables 9, mendiants 18 : 31.

Les frans dudit Marsannay; feux solvables 3, misérables 5, mendians 7 : 14.

Parrigney Taillables hault et bas au seigneur de Parrigny et mainmortables; feux solvables 3, misérables 2, mendians 8 : 13.

Fixé. Abonnés à plusieurs seigneurs; feux solvables 4, misérables 3, mendians 16 : 23.

Broichons Les aucuns abonnés et les autres taillables à M. de Pesmes et es Chartreux de Dijon, et aucuns autres frans; feux solvables frans 2, taillables solvables 6, misérables 5, mendians 13 : 26

Couchey. A M. Pierre de Boffremont et à maistre Jehan Bouffeaul, dont les aucuns sont abonnés et les autres taillables; feux frans solvables 6, misérables 8, mendians 17 ; taillables solvables 4, misérables 6, mendiants 5 : 46.

Chenoves. Frans à chappitre d'Ostun et à St Bénigne; feux solvables 5, misérables 17, povres et mendiants 25 : 47.

Longry et Longvyot. Taiilables à M. de St Bégnine et doyvent chacun an à Monseigneur le duc, le jour de l'Ascencion, 6 livres 6 sols tournois; feux solvables 3, misérables 3, mendiants 5 ; 11.

La Grange de la Noue. Feu solvable 1.

Ouges. Taillables hault et bas aux religieux de Cisteaulx et doit chacun feu deux corvées de charrue et deux gélines; feux solvables 4, misérables 9, povres et mendians 19 ; 32.

Chevigney. Ce qui est en la duchié taillables hault et bas à monseigneur de Toux, à Messieurs de la Chappelle de Dijon et à messire Guy de Pontoiller; feu solvable 1, misérable 1, mendians 2 ; 4.

Faanay. Taillables à plusieurs seigneurs; feux misérables 2, mendians 4 : 6.

Saullon la Rue. Taillables hault et bas deux fois l'an à messire Guy de Pontoiller et à Jehan de Tretedan, et doyvent chacun, outre ladite taille, chacun an douze émines avoynes, mesure de Dijon et ny a aucuns feux abonnés; feux solvables 4, misérables 3, povres et mendians 6 : 13.

Saulon la Chapelle. Appartient à Jehan de Gand et à l'Ausmonnier de St Bénigne, et sont les aucuns abonnés les autres taillables. Abonnés à l'Ausmonnier; feu solv. 1, misérables 3 Taillables à Jehan de Gand; feux solvables 4, misérables 4, povres et mendiants 12 : 12.

Broindon. Taillables hault et bas à plusieurs seigneurs et doit chacun feu l'an trois corvées de bras l'an; feux solvables 5, misérables 3, mendians 3 : 9.

Layer. Taillables hault et bas une fois l'an à Antoine de Villers; feu solvable 1, misérable 2, mendians 4 : 7.

La Grange du Boy. Feu misérable 1.

Courcelles ou Bois. Taillables hault et bas aux religieux de Cistaulx; feux solvables 2, misérables 3, mendians 9 : 14.

Esparnay. Taillables hault et bas deux fois l'an à Messieurs de la Chappelle de Dijon et à Bernard de Fontaines, à cause de sa femme, fille de feu maistre Jehan Perron ; feux solvables 4, misérables 3, mendians 6 ; 13.

Savouges. Taillables hault et bas à plusieurs seigneurs, et doyvent chacun feu quatre corvées et deux gélines, et pour chacun journal de terre soit emblié ou nom, douze deniers tournois et une quarteroinche avoyne; feux solvables 3, misérables 3, mendians 5 : 11.

Noiron. Taillables hault et bas à messieurs de Chappitre de

Langres de cinq ans en cinq ans et doyvent chascune charrue six corvées et leur doyvent fener, charryer et entasser dix soytures de prey, et doit chacun journal cinq deniers tournois et chacune faulx de prey sept deniers tournois et en outre doyvent chacun an à monseigneur de Cisteaulx, rendre audit Cisteaulx, vint émines auoyne et ausdiz de chappitre seize florins et seize émines avoyne; feux solvables 3, misérables 4, mendiants 3

La Grange de l'Evpay. Appartenant à S¹ Etienne de Dijon; feu misérable 1.

Bretonières. Taillables hault et bas une fois l'an à Jehan de Grey escuier; feu solvable 1, mendians 2, feu qui se dit estre franc, solvable 1 : 4.

Ville soubs Gevrey. Abonnés à l'abbé de S¹ Etienne, en payant chacun an 50 francs et 16 émines avoyne, mesure de Dijon; feux solvables 2, misérables 2, mendians 4 : 8.

Thorey. Dont les aucuns sont abonnés et les autres taillables à Monseigneur le Duc; feu abonné solvable 1 ; taillables solvables 2, misérables 2, mendians 4 : 9.

Faverney Abonnes à Monseigneur le Duc, aux Templiers et aux Chartreux; feux solvables 9, misérables 14. povres et mendians 31 : 54.

Senecey. Taillables hault et bas es seigneurs de Maigney ; feux solvable 1, misérable 1 mendiant 1 : 3.

Rouvre. En laquelle a forteresse et marché et sont les aucuns frans abonnés et les autres taillables à monseigneur le Duc, et doyvent chacun an en oultre leur abonnement mille émines de bled, par moitié froment et avene mesure S¹ Loys et 30 émines de bled de coustume, et se dient entre moult dommaigiez tant à cause de la rivière rompue à Favernay qui leur gaste et noye chacun an leur finaige, commes des gens d'armes. Rapporté par Thibault Belot, dit des Barres mayeur, Jehan Roisent, Guienot le maréchal et Philippe Moreau, eschevins, etc., dudit lieu de Rouvres; feux, les officiers de Monseigneur, nobles et commensaulx 13, abonnés solvables 12, misérables 23, povres et mendians 35 : 83.

Crimolois. Abonnés à S¹ Jehan de Jerushalem en payant chacun an 34 (francs) fort monnoie; feux solvables 2, misérables 2, povres et mendians 8 : 12.

Chevigney S¹ Sauveur. Taillables hault et bas à Mᵐᵉ de

Rolland deux fois l'an et doyvent corvée et géline; feux solvables 3, misérables 6, povres et mendians 7 : 16.

Courcelles en Mauvaulx. Taillables hault et bas à Madame de Roland; feux solvables et misérables 2, mendians 4 : 6.

Saint-Foule. Abonnés à monseigneur le Duc; feux solvables 2, mendians 3 : 5.

Veuranges. Taillables hault et bas une fois l'an aux seigneurs de Vantoux et à Jehan de Chissey, et se doyvent chacun an à monseigneur le Duc 4 émines d'aveyne, mesure de Dijon; feux solvables 5, misérables 6, povres et mendians 13 : 24.

Nulley. Taillables hault et bas aux seigneurs de Mavoilly et au Prieur du Quartier deux fois l'an; feux solvables 3, misérables 4, mendians 7 : 14.

La Grange de Bray. Appartenant à Jehan Perrot et à Antoine Laboqué; 2 feux.

Potangey. Abonnés à Monseigneur le Duc en payant chacun an 10 francs et 10 émines de bled par moitié froment et avene et chacun feu 4 corvées de charrue et de bras; feux solvables 3, misérables 4, mendians 6 : 13.

Maigney sur Tille. Taillables hault et bas une fois l'an au seigneur du lieu, et doyvent chacun feu ses corvées et géline; feux solvables 7, misérables 9, povres et mendians 14 : 30.

Tart le Chasteau. Abonnés à messire Guy de Pontoiller et au seigneur de Vantoux; feux solvables 4, misérables 4, mendiants 5 : 13.

Marliens. Abonnés à messire Guy de Pontoiller et à Guillaume de Best; et nous ont rapporté les dessus dits que par l'eave qui eschappe à Favernay qui court par tous les hostelz et en la plus grant partie de leur finaige les habitans s'en sont alez autre part et encoires s'en veulent aler ceux qui y sont du présent se remède n'y est mis briesvement; feux solvables 2, misérables 2, mendians 1 : 5.

La Grange de Marliens. Appartenant à S' Estienne de Dijon; feu misérable 1.

La Grange de Bauvais. Appartenant à l'abbesse de Tart; 1 feu misérable.

Longecourt. Abonnés à Monseigneur le Duc par payant chacun an 80 florins et 40 émines de bled par moitié de froment et avene mesure de Dijon, 4 corvées, 1 géline. Et avec ce leur fault faire leur rivière qui leur coustera moult cher; feux solvables 8, misérables 13, mendians 29 : 50.

Baissey. Taillables hault et bas à messire Guy de Baissey et à Anthoine de Villers, et doyvent chacun feu 3 corvées et géline; feux solvables 6, misérables 3, mendians 6 ; 15.

Aubigney Taillables hault et bas à plusieurs seigneurs une fois l'an et doyvent corvée et géline ; feux solvables 3, misérables 5, mendians 7 : 15.

Izeurre. Taillables hault et bas une fois l'an es Chartreux et es religieux de Cisteaulx, à messire Claude de Baissey et aux hoirs de feu maistre André Pasté Et doyvent corvée et géline. Rapporté que depuis ung an ença le feu a esté en la dite ville et il y a eu ars 9 frestres de maisons, par quoy laditte ville et les héritaiges sont diminuez des deux pars.

Feux solvables appartenant es Chartreux 4, misérables 3, mendiants 3.

Feux taillables au religieux de Cisteaux, misérable 1.
Feux taillables au seigneur de Baissey, solvables 2, misérable 1, mendiant 1.

Feux taillables à monseigneur André de Pasté, solvable 1, misérable 1; mendiant 1 : 18.

La Grange de Tarsul. Appartenant aux religieux de Cisteaulx, et ceulx qui y demeurent taillables au seigneur de Baissey; 2 feux.

Eschigey. Taillables hauts et bas une fois l'an à messire Jacques de Villers et y a ung abonné; feu abonné à Monseigneur le Duc, misérable 1; taillables : solvables 3, misérables 3, mendians 2 : 9.

Tart la Ville. Abonnez à Monseigneur le Duc en payant de chascune beste trayant cinq solz le jour de saint Remy et pour chacun feu 5 solz tournois et le jour de Toussains à peine d'amende 40 émines avoyne, mesure de Dijon, chacun feu 6 corvées l'an en mars, et chacun meix 32 deniers tournois et disme de 13 gerbes deux; feux solvables 4, misérables 8, mendians 7 : 19.

La Grange d'Aval Appartenant à l'abbesse de Tar; 2 feux.

Aiserey. Dont les aucuns abonnez et les autres taillables à Monseigneur le Duc et au seigneur de Janley.

Feux abonnez à Monseigneur le Duc : solvables 2, misérable 1 mendiant 1.

Feu abonnez à monseigneur de Janley : solvables 2, misérable 1, mendiant 1.

Feux taillables à Monseigneur le Duc et à monseigneur de Janley : solvables 4 misérables 5, povres et pain quérans 11 : 30.

Charrey. Mainmortables et taillables hault et bas deux fois l'an à messieurs de la Chappelle de Dijon, et doit chacun journal de terre, 2 boisseaux aveyne et 4 gros, chacun feu 1 corvée et 3 gélines: feux solvables 4, misérables 3, mendians 9 : 16.

Les Barres d'Orsans. Es oirs de feu Richard de Chissey, taillables hault et bas deux fois l'an, et doyvent corvée et géline; officiers et commensaulx de Monseigneur et de Ma Dame; feux solvables 7, misérables 9, povres et mendiants 22 : 45.

Arconcey. Taillables à plusieurs personnes et en y a ung abonnez; feux abonnez, mendiant 1; taillables, solvables 14, misérables 10. mendians 12 : 26.

Fangey. Il souloit avoir aucuns feux abonnez, mais du présent n'en y a nulz et sont les mez et maisons en ruynes. Taillables au seigneur du lieu ; feux solvables 3, misérables 4, mendians 10 : 17.

Bonne-Encontre. Taillables hault et bas deux fois l'an à monseigneur de S¹ Bris et doit chacun charrue 2 corvées et chacun feu 3 gélines et ung oison; feux solvables 4, misérables 7, mendians 8 : 19.

Villers, en la parroiche d'Arconcey, et en souloit avoir d'abonnez à l'abbé de Cisteaulx, lesquelx s'en sont alez autre part, et les autres taillables; ; feux solvables 4, misérables 7, mendians 8 : 19.

Mailley le Chastel. Taillables hault et bas deux fois l'an à Madame la duchesse, à Guiart de Mailley et à plusieure autres seigneurs dudit lieu, et doit chacun feu corvée et géline. Il est assavoir que ceulx qui sont hommes de Madame, dient qu'ils ne payeront quelque chose que ce soit avec les autres feux du dit lieu et que le chastellain de la Perrière leur a deffendu.

Feux à Madame : solvable 1, misérables 3, mendiant 1.

Feux à Guiard de Mailley et autres : solvables 3, misérables 1, mendians 2 : 11.

Mailley le Port. Taillables à plusieurs seigneurs; feux solvable 1, misérables 2, mendiant 1 : 4.

Mailley Curtilz. Taillables hault et bas deux fois l'an à Madame la duchesse, à ceulx de la S¹ᵉ Chapelle et à plusieurs autres; feux solvables 2, misérables 4, mendians 4 : 10.

Mailley la Ville. Taillables comme cy dessus est escript ; feux solvables 2, misérables 3, mendians 3 : 8.

Eschenon. Ville plate, à Monseigneur le Duc et au Prieur de Losne et n'en y a plus des abonnés que ung et les autres tous taillables hault et bas; feux, abonné 1; taillables, solvables 14, misérables 25, povres et mendians 60 : 100.

Trouans. De mainmorte, taillables hault et bas deux fois l'an au seigneur dudit lieu, et doit chacun feu 2 corvées et gélines; rapporté par messire Nicolas Jehan, curé dudit lieu, etc.; feux solvables 18, misérables 13, povres et mendiants 18 Total 41.

Saint Usaige. A Monseigneur le Duc, les aucuns sont abonet les autres taillables. Feux abonnés : solvables 2, misérables 4, mendians 7; taillables : solvables 3, misérable 1, mendians 5 : 23.

Saint Jehan de Losne. Ville plate, et y a foire et marché, abonnez à Monseigneur le Duc en payant chacun an pour chacun pié de front de maison et de mez 6 deniers forte monnoie, qui peuvent monter par an environ 120 florins, et sy doyvent tous marchans d'icelle ville l'estaulaige, et avec ce doyvent et ont charge grande, de maintenir les pons et passages d'icelle ville et environ, et si ont esté moult grevez depuis l'autre cerche, des gens d'armes qui les ont pilliez et rançonnez de plus de 500 florins. Rapporté par Jacot Lescuier, Etienne Katherine, Jacot de Losne et Guienot Roland, eschevins; feux solvables 12, miserables 46, mendians 84 ; 143.

Brasey. Abonnez à Monseigneur le Duc, les aucuns en payant chacun an le jour de la my-août avec ceulx du pont Emery 40 livres estevenans, 25 émines aveyne, mesure du grenier dudit lieu, 25 livres estevenans de cense en plusieurs parties le jour de Toussains et de la Chandeleur, et doit chacun mez, géline, et les autres sont taillables deux fois l'an; feux abonnez : solvables 6, misérables 10, povres et mendians 16; taillables : solvables 13, misérables 22, povres et mendians 54 : 121.

Pont Emery. Abonnez à Monseigneur le Duc, en payant chacun an avec ceulx de Brasey, leur porcion de 40 livres estevenans, 25 émines avoyne, mesure du grenier dudit Brasey le jour de Toussains et de la Chandeleur et en plusieurs parties 20 livres estevenans de cense et doit chacun mez. géline; feux solvables 3, misérables 9, povres et mendiants 17 ; 29.

Bère le Fort. Taillables à Monseigneur le Duc, à monseigneur de S¹ Bénigne et à Hugues de Choisey; feux solvables 2, misérables 4, povres et mendians 4 : 7.

Longeaul. Taillables deux fois l'an à Monseigneur le Duc et à Hugues de Choisey; feux solv. 1, misér. 2, mendiant 1 : 4.

Colonges les Longeaul. Dont les aucuns sont abonnez à Monseigneur le Duc. et les autres taillables; feux abonnez : solvable 1, misérable 1, mendians 3 : taillables : solvables 2, misérable 1, povres et mendians 2 : 10.

Le Moulin de Loichère. Il n'y demoure nulz longtemps a, néant.

Plouvot. Appartenant à Monseigneur le Duc et à Hugues de Choisey, et en y a des abonnez et les autres sont taillables deux fois l'an et doyvent corvée et géline; feux abonnez : solvable 1, misérable 1; taillables : solvables 3, misérables 5, povres et mendians 6 : 16.

Plouvet. A Monseigneur le Duc et à monseigneur de Talemer, et en y souloit avoir des abonnez, mais il n'y en a plus nulz, mais sont tous taillables; feux solvables 3, misérable 3, povres et mendians 8 : 14.

Foufrans. Appartenant au seigneur de Montereu'l et sont les aucuns taillables et les autres abonnez, et doyvent chacun feu quatorze corvées l'an. Feux abonnés : solvabl. 1; misérables, 2; mendians, 2. Taillables : solvable, 1; misérables, 3; povres et mendians, 3 ; 12.

Traclin. Taillables hault et bas deux foiz l'an au doyen et chappitre d'Ostun. Feux solvables, 2; misérables, 4; povres et mendians, 5 : 11.

Tillenay. Taillables hault et bas deux foiz l'an à chappitre d'Ostun. Feux solv, 2; misér., 2; povres et mendians, 3 ; 7.

Pons. A chappitre d'Ostun, taillables hault et bas deux foiz l'an. Feux solvables. 2; misérables, 2; mendiaus, 3 : 7.

Champaigne. Taillables à Girard de Mailley. Un feu

Champdostre. A messieurs doyen et chappitre d'Ostun, dont les aucuns sont abonnez et les autres taillables et doyvent corvée, mesure de Dijon et dismes de six gerbes l'une. Feux, abonnez : solvables, 3; misérables, 3; povres et mendians, 4. Taillables : solv., 2; misér , 3; povres et mendians, 4 : 21.

Le Maigny près d'Estées. De mainmorte, taillables hault et bas deux foiz l'an à Henry de St Aubin, et doit chacun feu deux corvées et géline; et si ont ceste présente année esté tempestés, tellement qu'ilz n'ont eu nulz blef. Feux solvables, 6; misérables, 5; povres et mendians 10 : 21.

Montoillot (Montarlot) Abonnez à monseigneur de Pesmes. Feux solvables, 2; misérables, 2; mendians, 2 : 6.

Villers-les-Pots. Taillables deux foiz l'an à monseigneur de Mirebel et doyvent chacun feu trois corvées et géline. Feux solvables, 6; misérables, 7; povres et mendians, 10 : 23

Estées. Taillables à volonté deux foiz l'an à messieurs de la Chappelle de Dijon; à Henry de Saint Aubin et Jehan de Trotedan escuiers; et doyvent chacun feu, quatre corvées et géline. Feux solvables, 4; misérables, 6; povres et mendians, 11 : 21.

Poncey. Taillables à volonté deux foiz l'an, a messieurs de la Chappelle de Dijon, et en oultre doyvent dix huit émines par moitié, avec ce doyvent à monseigneur de Pesmes une foiz l'an, trente livres tournois, corvées et gélines et oisons dudit lieu. Feux solvables, 7; misérables, 7; povres et mendians, 14 : 28.

La Ma che. Ville plate et y a forteresse et ny a foire ne marché, abonnez à monseigneur de Pesmes pour dix gros, une géline et deux courvées l'an chacun feu; et avec ce doyvent charroyer ses vins de Broichons et ses gerbes; et se leur fault sont tenus de refaire présentement leur pont, qui leur coustera plus de deux cents florins; rapporté par Thibaut Davrigny prévost, Jehannot Armelot maire, Perrenot et Jehan Juret eschevins dudit lieu. Feux solvables, 12; misérables, 15; povres et mendians, 41 : 68.

Dambron. De mainmorte, taillables hault et bas au seigneur de Charmes et à Guillaume de Maxilley, et doyvent chacun feu trois corvées et gélines. Feux solvables, 3; misérables, 2; mendians, 3 : 8.

Huil'ey Taillables hault et bas à Monseigneur le Duc, à monseigneur de Talemer et au prieur de St Sauveur et doit chacun feu, corvée et géline; et ont esté tempestez en ceste présente année, tant qu'ilz n'ont euz nulz blef, mais leur convient chacun jour, acheter blef pour leur vivre Feux solvables, 8; misérables, 17; povres et mendians, 17 : 42.

Montmenson. De mainmorte, taillables hault et bas au prieur de St Sauveur et à monseigneur de Talemer et doit chacun feu trois corvées et géline et ont esté tempestez ceste présente année, tellement que chacun jour leur convient acheter blef. Feux solvables, 4; misérables, 4; povres et mendians, 7 ; 15.

Rue St Jehan de Pontailler (1). Abonnez à Monseigneur le Duc Feux solv., 2; misérables, 3; povres et mendians, 7 : 12.

Le Molin-au Duc. Alias le *Grand Molin*, en la parroiche dudit St Jehan de Pontailler, abonnez à Monseigneur le Duc Feu solv., 1; misérable, 1; povres et mendians, 2 : 4.

Vonges. Abonnez à messire Jehan de Champnite seigneur dudit lieu et ont esté en ceste présente année tempestez, tellement qu'il leur convient acheter blef. Feux solvables, 3; misérables, 7; povres et mendians, 17 : 27.

St Sauveur. De mainmorte, taillables hault et bas au prieur du lieu une foiz l'an, et doit chacun feu cinq sols tournois, et le jour de Karesmeprenant, oultre la dite taille, treize sols quatorze deniers tournois, six corvées l'an et deux gélines et six pintes de vin. Feux solvables, 3; misérables, 4; povres et mendians, 5 ; 13.

Marcilley (Maxilly) Ou il a ung feu abonné et tous les autres taillables hault et bas à Monseigneur le Duc ; et a esté tout leur finaige tempesté en ceste présente année, tellement que chacun jour leur convient acheter blef. Feux abonnez : misérable, 1. Taillables : solvables, 9; misérables, 7; povres et mendians, 23 : 40.

Chamfort. Taillables à messire Estienne de Saint Seingne. Feux mendians, 2.

Baleneufre. Taillables hault et bas une foiz l'an au prieur de St Ligier Feux solvables, 3; misérables, 3; povres et mendians, 7 : 13

Metreuil De mainmorte, taillables hault et bas deux foiz l'an au prieur de St Ligier, et doit chacun feu quatre corvées de charrue et quatre de bras. Feux solvables, 2; misérables, 2; povres et mendians, 4 : 8.

Binges. Taillables hault et bas deux foiz l'an au prieur de St Ligier et doit chacune charrue six corvées, trois au seigneur

---

(1) L'autre partie de Pontailler, dite la paroisse de Saint-Maurice, dépendait du comté d'Auxonne.

et trois au curé et disme de treize gerbes, deux. Feux solvables, 2; misérables, 3; povres et mendians, 3 : 8.

Troichières. Taillables hault et bas deux foiz l'an et doit chacun feu cinq corvées l'an et géline. Feux solvables, 3; misérables, 2; povres et mendians, 2 : 7.

Servole (Savolles). Taillables à volonté une foiz l'an au prieur de St Ligier. Feux solvables, 1; misérables, 2; povres et mendians, 2 : 5

Maigny Saint Marc. Taillables hault et bas au prieur de St Ligier et doit chacune charrue trois corvées, et au sire de Mirebel pour giste vingt deux florins huit gros. Feux solvables, 4; misérables, 4; mendians, 4 : 12.

Sarrans (Saurois, rente de) De mainmorte, taillables hault et bas au prieur de St Ligier. Feu solvable, 1; misérable, 1; povres et mendians, 3 : 5.

Estevaulx. Dont les aucuns sont abonnez et les autres taillables hault et bas deux foiz l'an au prieur de St Ligier et doit chacun feu deux corvées l'an. Feux solvables : abonnez 2; misérables abonnez, 2; mendians abonnez, 2. Taillables, 2; misérables, 2; mendians, 2 : 12.

Cuserey De mainmorte, taillables hault et bas deux foiz l'an au prieur de St Ligier. Feux solvables, 5; misérables, 6; povres et mendians, 8 : 19.

Saint Ligier. De mainmorte, abonnez au prieur du dit lieu, en payant chacun feu et mez six sols forte monnoie, trois corvées et géline, chascune beste trayant, douze deniers et disme de treize gerbes deux. Feux solvables, 3; misérables, 4; povres et mendians, 10 : 17.

Triey. De mainmorte, abonnez au prieur de St Ligier, par la manière que ceux de St Ligier cy dessus nommey. Feux solvables, 3; misérables, 5; povres et mendians, 8 : 16.

Marandeul. De mainmorte, abonnez au prieur de St Ligier. Feux solvables, 4; misérables, 5; povres et mendians, 8 : 17.

La Grange de Lamblay (Lemblin) Taillables à l'abbesse de Tart. Feu solvable, 1

Chambères. Taillables hault et bas à St Bénigne deux foiz l'an, et doyvent corvée de chevaux et de bras et chacun feu géline et disme de treize gerbes deux. Feux solvables, 2; misérables, 2; povres et mendians, 3 : 7.

La Grange de Rançonnay. Il ny demoure nulz passé à longtemps et pour ce néant.

Cssey (sur Tille). Taillables hault et bas à l'abbé de St Bénigne et doit chacun feu trois corvée de charrue et de bras et géline et disme de treize gerbes deux et doyvent d'orchier trois corvées, et de fumer trois et chascune charrue trois corvées. Feux solv, 5; misér., 4, povres et mendians, 6 : 15.

Tallecey. Taillables comme ceux de Chambères. Feu solvable, 1; misérable, 1; mendiant, 1 : 3.

Ysier. Taillables hault et bas à messieurs de St Bénigne, et doyvent chacun feu deux corvées de bras, chascune charrue trois corvées et au curé trois corvées. Feux solvables, 4; misérables, 3; povres et mendians, 2 : 9.

Vaulx (sur Crosne). Taillables hault et bas deux foiz l'an à l'abbé de St Bénigne comme ceux de Remilly Feux misérable, 1; povres et mendians, 3 : 4.

Remilley. Taillables hault et bas deux foiz l'an à St Bénigne et doit chacun feu ung bichot de blef, mesure de Dijon et douze deniers forte monnoie, chascune charrue trois corvées, géline et disme de treize gerbes deux Feux solvables, 5; misérables, 3; povres et mendians, 6 : 14.

Cirey. De mainmorte, taillables hault et bas deux foix l'an au prieur de St Ligier, et doit chascune charrue deux corvées et disme de treize gerbes deux. Feux solvables, 2; misérables, 2; povres et mendians, 2.

Brecey. Taillables hault et bas deux foiz l'an à Jehan de Toussenay, à Jehanne de Buxières et ses enfans de Vaudrey. Feux solvables, 2; misérables, 2; povres et mendians, 4 : 8.

Forest (Rente de) Taillables deux foiz l'an à Alexandre le Guespect. Feux, trois habitante pour un demi feu, mis à un feu.

Longchamp. Dont les aucuns sont abonnez et les autres taillables aux Chartreux de Dijon et doyvent corvée et géline. Il en y souloit avoir des abonnez, mais il n'en y a plus nulz. Feu solvables, 4; misérables, 3, povres et mendians, 5 : 12.

Coustarnoul. Dont les aucuns sont abonnez à Monseigneur de St Bénigne, en payant chacun an chacun feu ung bichot de blef, trois corvées de bras, trois sols, ung grant pain, chas une charrue trois corvées et disme de treize gerbes deux; et les autres taillables hault et bas une foiz l'an, qui doyvent géline et semblables dismes. Feux abonnez : solvables, 6; misérables, 7; povres et mendians, 7. Taillables : solvable, 1; misérable, 1; mendians, 2 ; 24.

Le Molin du Boys. Il demoure aprésent nulz, pour ce néant.

Labergement près de Cessey. Taillables hault et bas deux foiz l'an à St Bénigne et doyvent corvée et géline, et disme de treize gerbes deux. Feux solvables, 4; misérables, 3; povres et mendians, 6 13.

Janlay. Où il en y a ung abonné et tous les autres sont taillables au seigneur dudit lieu deux foiz l'an et doyvent corvées et gélines. Feu abonnez : solvable, 1. Taillables : solvables, 10; misérables, 13; povres et mendians, 27 : 50

Vuchey Taillables au seigneur de Janley une foiz l'an, le plus riche de cinq francs et demi et le plus povre de ung franc en montant et dessendant. et doit chacun feu par an quatre corvées et trois gélines. Feux solvables, 6; misérables, 6; povres et mendians, 7 : 19

Acceaulx (Arceau). De mainmorte, taillables hault et bas deux fois l'an à Estienne de Mailley, et doit chacun mex trois corvées et gélines. Feux solvables, 7 ; misérables, 14 ; povres et mendians, 9 : 30.

Fouchanges. Taillables hault et bas deux fois l'an à Monseigneur le Duc et à messire Jean de Salins, et doyvent corvée et géline. Feux solvables, 4 ; misérables, 4 ; povres et mendians, 7 : 15.

Viez vignes. Taillables hault et bas deux fois l'an à l'abbé de Bèze et doyvent disme de huit gerbes l'une, et n'y a plus nulz abonnez. Feux solvables, 4 ; misérables, 3 ; povres et mendians, 5 : 12.

Vevrotes. Taillables hault et bas aux hoirs de feu Philippe Sauvegrain. Feux solvables, 4 ; misérables, 3 ; povres et mendians, 6 : 13.

Beres-le-Chastel Taillables hault et bas deux fois l'an, à Nicolas de Baudoncourt et à Jehan de Charmes. Feux solvables, 20 ; misérables, 14 ; povres et mendians, 15 : 49.

Tasnay. De mainmorte, taillables hault et bas à plusieurs seigneurs et doit chacun feux trois corvées de bras Feux solvables, 8 ; misérables, 4 ; povres et mendians, 8 : 20.

Mirebel. Bonne ville ferme et y a foire et marché, et sont tous les habitans frans, en payant chacun feu dix gros tournois au seigneur du lieu ; rapporté par Jehannon Caillaul, lieutenant du bailli dudit lieu, etc. Feux solvables, 8 ; misérables, 29 ; povres et mendians, 37 : 75.

Besnote. Taillables hault et bas deux fois l'an à Humbert de Chaigny et à Symon de Charmes, escuyers, et doit chacun feu corvée et géline. Feux solvables, 4 ; misérables, 2 ; mendians, 3 : 9.

Arc-sur-Tille. Abonne à Jehan de Gand et à messire Guillaume de Saux et à Alexandre le Guespet, en payant chacun an pour chacun journal de terre deux sols forte monnoie, chacune charrue six corvées et gélines cent vingt livres de cire et vingt livres tournois de cense chacun an le jour de saint Barthélémy et disme de treize gerbes deux. Feux solvables, 14 ; misérables, 17 ; povres et mendians, 25 : 56

Oisilley De mainmorte, dont les aucuns sont abonnez et les autres taillables hault et bas deux fois l'an à l'abbé de Bèze, à Jehan de Masilles et au seigneur de Montrereuil. Feux solvables abonnez, 1 ; mendians abonnez, 1 ; feux taillables solvables, 3 ; misérable, 1 ; povres et mendians, 7 : 13.

Charmes Dont les aucuns sont abonnez, taillables et mainmortables à Guillaume de Charmes, Hugues du Pont, Perrin de Laporte, Guillaume Senaille, Jehan de Montot et à l'abbé de Saint Etienne de Dijon, les taillables hault et bas deux foiz l'an, et doyvent corvée et géline Feux abonnez solvables, 1 ; mendians, 4 ; taillables solvables, 10 ; misérables, 11 ; povres et mendians, 18 : 44.

Champaigne sur Vigenne Abonnez au seigneur de Villers-Cessey, en payant chacun an deux gros, deux deniers, forte monnoye, et doit chacun feux deux corvées de charrue et deux de bras. Auquel lieu nous n'avons osé aler, ne aussi à Beaumont, et à St-Soigne-sur-Vigenne, pour les gens que le sire de Valembon y tient, qui sont gens tous nuz et bien prests de mal faire, ains y avons envoyé Jacot le Bordet et Gauthier Pasticier, sergens de Monseigneur, pour faire venir par devers nous, à Mirebel les deux ou les trois plus notables et souffisament de chascunes d'icelles villes, pour nous rapporter par serment tous les feux d'icelles villes, lesquels n'y sont voulu venir, et pour ce de rechief y envoyasmes lesdiz Jacot et Gauthier ; mais ils furent chaciez par lesdites gens du sire de Valambon pour les vouloir tuer, et avons demouré audit lieu de Mirebel deux jours pour atendre que lesditz de Beaumont, de Champaigne et de Saint-Seigne venissent devers nous ainsi que souffisamment leur avyons fait savoir par lesdiz sergens, lesquelx n'y sont voulu venir. Et pour ce, en leur absence et contumace, les avons ci après escripts et mis selon la cerche faite darenièrement ou vous pourrez, en regard à leurs charges, ordonner à vos bons plaisirs. Feux solvables, 7 ; misérables, 10 ; povres et mandians, 5 : 22.

Taniot De mainmorte, et en y a ung abonné à Hugues de Marey Feu abonné solvable, 1 ; feux taillables solvables, 2 ; misérables, 2 ; povres et mendians, 6 : 10.

Arçont. De mainmorte, taillables hault et bas deux fois l'an à l'abbé de Bèze et doyvent chacun feu trois corvées de charrue et deux de bras, géline et disme de treize gerbes deux. Feux solvables, 2 ; misérable, 1 ; mendians, 3 : 6.

Reuaves. De mainmorte, taillables hault et bas deux fois l'an, au seigneur de Villecessey, Guillaume de Maillerencourt, à l'enfermier de Bèze et à Guillaume d'Anglenant, et doit chacun feu l'an, deux corvées et géline, et y a Monseigneur le Duc des feux abonnez. Feux abonnez, 5 ; misérables 10 ; povres et mendians, 10 ; taillables aux seigneurs, solvables, 8 ; misérables, 7 ; povres et mendians, 14 : 51.

Cheuges. De mainmorte, taillables à Jehan de Chassey et à autres, et doivent trois corvées de charrue et trois de bras et géline. Feux solvables, 5 ; misérables, 6 ; povres et mandians, 10 : 21.

Jancigny. Dont les aucuns sont abonnez à l'abbé de Bèze et au prieur de Saint-Ligier et les autres taillables hault et bas une foiz l'an. Feux abonnez solvables, 2 ; misérables, 3 ; povres et mendians, 4 ; feux taillables solvables, 2 ; misérables, 2 ; povres et mendians, 5 : 18.

Dompierre (Dampierre sur Vingeanne). Taillables hault et bas à messire Guillaume de Saulx. Feux solvables, 3 ; misérables, 4 ; povres et mendians, 5 : 12.

Saint-Soigne-sur-Vigenne En laquelle a forteresse et marché, lequel marché ne se tient plus et est ladite ville à plusieurs seigneurs ; c'est assavoir à Monseigneur le Duc, à Jehan de Montaigney et aux hoirs de feu messire Guichart et sont les aucuns taillables hault et bas et les autres sont abonnez, lesquels ne sont voulus venir à Mirebel devers nous, si nous n'y sommes ost aler pour les causes cy dessus contenues sur Champaigne ; et pour ce les avons cy mis et escrips, ainsi que les avons trouvez à la cerche précédente où vous plaist pouveoir à voz plaisirs, en regart aux charges qu'ilz ont.

Feux abonnez à monseigneur le duc :
Solvables, 7 ; misérables, 18 ; povres et mendians, 11 : 36.

Feux abonnez au seigneur :
Solvables, 7 ; misérables, 9 ; povres et mendians, 7 : 23.

Feux taillables au seigneur :
Solvables, 8 ; misérables, 2 ; povres et mendians, 2 : 12.

Feux taillables et hoirs :
Solvables, 5 ; misérables, 2 ; povres et mendians, 1 : 8.

Total : 79.

Baissey-les Beaumont s. Vigenne. Il n'y demeure homme ne femme.

La Grange de Plantenoy. Semblablement il n'y demeure nulz, et pour ce néant.

Noiron-sur-Bèse. Taillables hault et bas à volonté deux fois l'an à l'abbé de Bèze et au seigneur de Bauffremont, et doit chascun feu trois corvées de charrue et trois de bras et géline et disme de treize gerbes deux. Feux solvables, 3 ; misérables, 3 ; povres et mendians, 2 : 8.

Blaigney. Abonnez à monseigneur de Villecessey en payant chacun an trente livres forte monnoie, et doit chacun feu corvée et géline. Feux solvables, 4 ; misérables, 7 ; povres et abonnez, 8 : 19.

Beaumont-sur Vigenne. Ou il a forteresse, et n'y a foire ne marché. Taillables au seigneur de Villecessey, et doit chacun feu corvée et géline et y en y a ung abonné. Abonné, 1 ; feux taillables solvables, 6 ; misérables, 6 ; povres et mendians, 11 : 24.

Varennes (Véronnes). Ce qui est en la duchié, dont les aucuns sont abonnez à monseigneur le Duc, à messire Jehan de Rye, et à plusieurs autres seigneurs ; et les autres taillables hault et bas une fois l'an et doit chacun feu trois corvées de charrue et géline ; rapporté par Jacot Richart, maire dudit lieu, pour monseigneur le Duc, etc. Feux abonnez solvables, 3 ; misérables, 4 ; povres et mendians, 8 ; feux taillables solvables, 7 ; misérables, 11, povres et mendians, 15 : 48.

Foncegrive Abonnez à monseigneur de Chastel-Villain, aux hoirs de messire de Roiches et au seigneur de Beaumont ; abonnez en payant chacun an aux ditz seigneurs quinze livres gros pour douze deniers à peine d'amende du double, au terme de Saint-Remi, et doyvent géline. Feux solvables, 2 ; misérables, 6 ; povres et mendians, 7 : 15.

Le Vernoy Taillables hault et bas deux fois l'an au seigneur de Belmont, rapporté par les dessus ditz. Feux misérable, 1 ; povres et mendians, 4 : 5.

Selongey. Ville plate en laquelle a foire et marché, taillables à volonté deux fois l'an à monseigneur de Chastelvillain et au seigneur de Perrigny ; rapporté les gens dudit lieu, lesquels ont esté moult grevés de la rançon dudit seigneur et en ont plusieurs laissé le lieu. Feux solvables, 26 ; misérables, 23 ; povres et mendians, 37 : 86.

Taillables au seigneur de Perrigny : Feux solvables, 2 ; misérables, 3 : 5. Total : 91.

Boussenoys. Taillables hault et bas à monseigneur de Chastelvillain deux fois l'an, et aux hoirs messire Jehan Dans et autres, et doyvent chacun feux six corvées l'an et géline. Feux solvables, 7 ; misérables, 7 ; povres et mendians, 10 : 24.

Orville. Ce qui est en la duchié, taillables hault et bas une foiz l'an à Ferry de Saint-Loup et doit chacun feu quatre corvées de bras. Feux solvable, 1 ; misérable, 1 ; povres et mendians, 3 : 5.

Villey sur-Tille. Taillables hault et bas deux fois l'an à Jehan de Gand et à ceulx d'Amoncourt et doyvent chascune charrue six corvées l'an et chacun feu deux corvées de bras. Feux solvables, 5 ; misérables, 6 ; povres et mendians, 9 : 20.

Crecey Ce qui est au duchié, à Philippe de Cressey. Feu mendiant, 1.

Avoul. (Avot) Abonnez à Monseigneur le Duc en payant chacun an cent florins, et encore doyvent quatre florins de cense six livres de cire et chacun feu corvée et géline. Feux, solvables, 3 ; misérables, 5 ; povres et mendians, 6 : 14.

Massiol (Musseau). Ce qui est ou duchié, taillables hault et bas deux fois l'an à plusieurs seigneurs et doyvent corvée et gélines ; rapporté par Guillemin Jarneret, sergent de Monseigneur le Duc. Feux solvable, 1 ; misérable, 1 ; povres et mendians, 3 : 5.

Marrey-sur-Tille Dont les aucuns sont abonnez à Monseigneur le Duc, et les autres taillables hault et bas au seigneur de Grancey, à messire Girart de Marey, à Jehan de Masilles escuier et à autres et doit chacun feu l'an, trois corvées de bras et géline. Feux taillables solvables, 7 ; misérables, 10 ; povres et mendians 13. Feux abonnez solvable, 1 ; misérable, 1 ; mendiant, 1. Total : 33.

Saussis. Abonnez au seigneur de Vantoux et au Chamberier de Saint Bénigne, et doit chacun feu quinze sous d'argent disme de treize gerbes deux. Feux solvables, 2 ; misérable, 1 ; povres et mendians, 2 : 5

Luxerrois. De mainmorte, taillables hault bas à Monseigneur le Duc. Feux solv., 2 ; misér., 2 ; mendians, 3 : 7.

Diénay. Taillables hault et bas à l'abbé de Saint-Bénigne, et doivent chacun feu trois corvées de charrue et deux de bras et géline ; rapporté par messire Robert Chemart, curé dudit lieu. Feux solvables, 2 ; misérables, 3 ; povres et mendians, 4 ; 9.

Courtivron. Taillables hault et bas deux fois l'an à Pierre de Boffremont et doit chascune charrue, cinq corvées l'an et chascune personne deux de bras, chascun feu une voiture de boys et disme de treize gerbes deux ; feu monseigneur de Courtivront les a abonnez Feux abonnez solvables, 7 ; misérables, 8 ; povres et mendians, 17 : 32,

Varnoul (Vernot). Taillables hault et bas deux fois l'an à Monseigneur le Duc et de mainmorte ; au seigneur de Fontaines, à messire Jehan de Balay et à Jehan de Blaisey, et doit chascune charrue trois corvées et deux de bras et géline et à la Saint Jehan Baptiste, dix deniers tournois, disme de six gerbes l'une. Feux solvables, 2 ; misérables, 2 ; povres et mendians, 14 : 18

Mis à six feux veu le nombre des mendians.

Le Poisel (Poiseul les Saulx). Abonnez à Monseigneur le Duc en payant chacun an chacun feu, quinze solz tournois. Feux solvables, 2 ; misérables, 2 ; povres et mendians, 7 : 11.

Saulx. Abonnez à Monseigneur le Duc, et y a forteresse, foire et marchié, lequel de présent ne se tient point, et ont esté fort dommaigiez en ceste présente année du tempeste, car ilz n'ont eu blef ne vin, mais leur convient chacun jour acheter. Feux solvables, 7 ; misérables, 11 ; povres et mendians, 22 : 40.

Tarsu De mainmorte, taillables hault et bas deux fois l'an à messire Pierre de Boffremont, aux hoirs de madame de Flougney et à messire Jehan de Balay ; et doyvent chacun feu 2 corvées l'an et disme de 13 gerbes deux; feux solvables 4, misérables 3, povres et mendians 12 : 19.

Villeronte. A monseigneur de St Benigne et à Jehan de Blaisey, taillables hault et bas et doit chascune charrue 6 corvées et 2 de bras et gélines; feux solvables 4, misérables 4, povres et mendians 11 : 19.

Iz. Ville plate et y a fort moustier et sont les aucun abonnez et les autres taillables, a Monseigneur le Duc et à l'abbé de St Bénigne et au seigneur de Trichastel; feux abonnez : solvables 10, misérables 8, povres et mendians 11; taillables; solvables 3, misérables 15, povres et mondians 68 : 115.

Le Mex. Les aucuns abonnez et les autres taillables hault et bas deux fois l'an à messire Jehan de Saulx et à messire Huc de Bourneville, et doit chacun 2 corvées et geline, et les abonnez chacun feu 2 francs, 2 corvées, 2 gélines et 32 pains blans; feux solv. 3, misér 3, povres et mendians 4 : 10.

Chaignay, Abonnez à l'abbé de St Bénigne, en payant chacun an, chacun feu, ung bichot de froment blanc, un quartau avoyne mesure de Dijon, 2 solz forte monnoie, chascune beste trayant ung quartau froment et ung quarteau avoyne, chacun feu 6 corvées de charrue et 3 de bras, disme de 13 gerbes deux, et le jour de la St Jehan de cense 12 florins, chascune chièvre à lait 6 deniers, la brebis 2 deniers obole, disme d'aigneaulx de 8 ung, et de chacun veaul que l'on nourrit six deniers tournois, et doyvent en oultre chacun an le jour de l'Ascension 100 sols fort monnoye à Monseigneur le Duc; et ont esté moult grevez des gens d'armes, mesmement du sire de Valembon qui y a demouré cinq jours et toute sa compagnie; feux solvables 6, misérables 6 povres et mendians 13 : 25.

La Grange de Treges. Il n'y demoure plus nulz et pour ce néant.

Cepoys (Spoy). Taillables en argent une fois l'an au seigneur de Trichastel à volonté, et avec ce lui doyvent pour chacun journaul de terre qu'ilz ont audit lieu et son finaige, un gbichot froment et avene, chacun feu une géline et si doyvent encores chacun an 25 livres de cire à Monseigneur le Duc, rendu en son chastel de Talant ; feux solvables 3, misérables 5, povres et mendians 10 : 18.

Pichanges Taillables hault et bas deux fois l'an, et en y a des abonnez à monseigneur de Chastelvillain, et doyvent chascune charrue 6 corvées l'an, chacun feu le jour de la St Jehan-Baptiste 12 deniers fort monnoye; feux abonnez : misérable 1, mendiant 1; taillables : solvables 5, misérables 5, povres et mendians 18 : 30.

Flacey. Taillables hault et bas à l'abbé de St Bénigne, et doit chacun 4 corvées de charrue et 2 de bras et gélines; feux solvable 1, misérable 1, mendians 2 : 4.

Lux Taillables au seigneur de Trichatel et au seigneur de Roigemont, hault et bas, et doyvent chacun feu 3 corvées l'an et géline, 3 livres de chenove, 2 voitures de boys mené au chastel, et doyvent de cense 1 quartau par moitié froment et avene. 13 deniers le jour de St Jehan, et à cause de leur four 100 émines avoyne chacun an, mesure dudit lieu; feux solv. 5, misérables 9 povres et mendians 21 : 35.

Marcenay ou bois. Abonnez à l'abbé de St Bénigne, en payant chacun feu l'an, ung quarteau de froment et autant avoyne, mesure de Dijon; 2 solz forte monnoye, la première beste et la seconde aussi trayante 4 quartaulx de blé, mesure que dessus, et de chacun feu 6 corvées de charrue et 3 de bras, disme de 13 gerbes deux, cense le jour de la St Jehan 12 florins, chacune chièvre à lait 6 deniers, les brebis à lait 6 deniers obole, doyvent en oultre à Monseigneur le Duc, le jour de l'Encension, 50 solz d'argent; feux solvables 5, misérables 19, povres et mendians 11 : 26.

Gemeaulx. Ville plate et fort moustier et n'y a foire ni marché et y a aucuns abonnez et les autres taillables hault et bas une fois l'an en blef et en avoyne à monseigneur de Chastelvillain, à monseigneur de Trichastel, à messire Huc de Bourneville, à monseigneur de Boullemont, à madame de Tremblay, et à Guiot Rigoigne, et doyvent tous corvées et gélines, et les abonnez doyvent chacun an pour leur abonement 20 sols tournois, 1 émine de froment, 4 livres de chenove, 12 deniers fort monnoye, et sont moult grevez de la rançon dudit seigneur de Chastelvillain et leur en a convenu vandre leurs meubles à grant meschief (dommage); feux abonnez : solvables 2; taillables : solvables 22, misérables 20, povres et mendiants 35 Total 79.

Savigney. Taillables hault et bas à monseigneur de St Estienne une fois l'an et au Chamberier de St Bénigne, et doy-

vent chascun an à Monseigneur le Duc, le jour de l'Encension, 40 sols fort monnoye, disme de 6 gerbes l'une; item chascune charrue 6 corvées et de bras 2 journées. Feux solvables 8, misérables, povres et mendians (*incomplet*) . . . .
. . . .

Total des feux : 5,811.

V

Cerche des feux du bailliage de Dijon (sièges de Beaune et de Nuits) 1431. — B. 11,532.

Cerche des feux des villes, villaiges et lieux des sièges de Beaune et de Nuys, pour l'ayde de 26,500 francs derrenierement octroyés à Monseigneur le duc de Bourgoingne par les gens des trois Estas de son duché de Bourgoingne, ou mois de juillet derrenier passé, faicte par maistre Phelibert Royer, licencier en lois, procureur de mondit seigneur le Duc, et Gillet Renain, demourant à Dijon, commis ad ce de messeigneurs les Esleuz ordonnancez sur le dit ayde et par vertu des lettres d'iceulx messeigneurs les Esleus, desquelles la teneur s'ensuit :

Les Elleuz, etc.

Beaune. Dedans les murs et cloison de la dite ville : feux paiables 34, misérables 215, mendians 59. Es faubourg de la dite ville de Beaune : feux solvable 1, misérables 90, mendians 61 : 460.

Gigney. Est à monseigneur le duc de Bourgoingne et de la mairerie de Beaune : gasté et destruit des gens d'armes : feux frans misérables 8, mendians 6 : 14.

Pommart. Est à monseigneur le duc de Bourgoingne, et y avoit de feux frans, mais à présent, il n'y a que feux sers et ont été nagaires moult grevez de gens d'armes; feux sers paiables 8, misérables 4, mendians 13 : 25

Le Vernoy. Est au grand Prieur de France; feux frans paiables 5, misérables 16, mendians 5 : 26.

Volenay. Est à Monseigneur le Duc de Bourgoingne : gastez et pilliez de gens d'armes; feux franc misérable 1; sers solvables 3, misérables 14, mendians 6 : 24.

Marseul. Est à l'abbesse de St Andoiche d'Ostun; feux frans payable 1; sers paiables 1, misérables 2, mendians 2 : 6

Cissey. Est à Anthoine de Villers et autres seigneurs; feux frans paiables 3; sers paiables 7, misérables 9, mendians 3 Total 22.

Morteul. Est à Guillaume Philippe de Vichey; feux frans, paiables 1, sers paiables 4, misérables 3, mendians 4 : 12.

Combertault. Est au Prieur dudit lieu; feux frans, paiables 4, misérables 5, mendians 3 : 12.

Le Poy. Est au seigneur de Charney; feux frans paiables 4, misérables 4, mendians 3 : 11.

Courtil. Est à messire Mille de Paillart; feux frans paiables 3, misérables 8, mendians 4 : 15.

Beligny-soubs-Beaune. Est à messire Mille de Paillart; feux frans paiables 5, misérables 14, mendians 11 : 30.

Sainte-Marie. Est à monseigneur de Charney; feux frans, paiables 10, misérables 19 : 29.

Tailley. Est à Phelippe de Vichey, escuier; feux, sers paiables 4, misérables 3, mendians 4 : 11

Mimandes. Est à Guiot Pitois, escuier, et aux Chartreux de Beaune; feux frans paiables 4, misérables 4, mendians 5 : 13.

Maisses. Est à monseigneur Jehan Damas, chevalier : feux sers paiables 2, misérables 2, mendians 1 : 5.

Montaigney. Est à doyen et chappitre de Beaune : pilliez et gastez de gens d'armes. Feux sers paiable, 1 ; misérables, 3; mendians. 2 : 6.

Géanges. Est au seigneur de Charney. Feux sers paiables, 6; misérables, 7 ; mendians, 7 : 20.

Courcelles-les-Arces. Est à Pierre Castellain, escuier. Feux sers paiables, 4 ; misérables, 6 ; mendians, 2 : 12.

Muressault. Est à la partie dessus et dessoubs à messire Mille de Paillart, chevalier, et à la dame de Rolant.

Feux frans paiables, 14 ; misérables, 47 ; mendians, 16.

Feur sers paiables, 4 ; misérables, 2 ; mendians, 3.

Total : 86.

Pelugny. Est à monseigneur le duc de Bourgoingne et à plusieurs autres seigneurs. Feux frans paiables, 3, misérables, 5 ; mendians, 7 : 15.

Croppeaulx. Est au prince d'Orenges et au seigneur de Buxi. Feux frans paiables, 6 ; misérables, 7 ; mendians, 6 : 18.

Chasseignes-les-Grans. Sont à messire Guillaume d'Oissellet, seigneur de Ternant. Feux frans paiables, 4 ; Feux sers misérables, 4 ; mendians, 4 : 12.

Chasseignes-les-Petites. Sont audit seigneur d'Oissellet. Feux frans paiables, 3 ; feux sers, misérables, 4 ; mendians, 10 : 17.

Aucey-le-grant. Est à messire Miles de Paillart, chevalier. Feux frans paiables, 4 ; misérables, 10 ; mendians, 7 : 21.

Aucey-le-Petit. Est audit messire Miles de Paillart. Feux frans paiables, 2 ; misérables, 4 : 6.

Gamey. Est à monseigneur l'évesque de Tornay : gasté de gens d'armes. Feu franc payable, 1 ; Feux sers misérables, 10 ; mendians, 5 : 16.

Orour (Saint-Aubin). Est audit messire. Feu franc paiable, 1 ; Feux sers paiables, 3 ; misérables, 12 ; mendians, 5 : 20.

Molins-soubz Orche. Est à monseigneur le duc de Bourgoingne et de sa chastellenie de Saint-Romain. Feux frans paiables, 6 ; misérables, 11 ; mendians, 6 : 23.

La Loige de Saint-Romain. Feu franc paiable, 1.

Chailley. (Cheilly). Est à messire Guy de Pontailler et à plusieurs autres seigneurs. Feux frans paiables, 5 ; misérables, 8 ; mendians, 5 : 18.

Orches. Est à Monseigneur le Duc de Bourgoingne, de sa chastellenie de Saint-Romain. Feux sers paiables, 4 ; misérables, 5 ; mendians, 5 : 14.

Meloisey. Est à Monseigneur le Duc et à doyen et chappitre d'Ostun. Feux sers paiables, 3 ; misér., 6 ; mendiants, 5 : 14.

Saint-Romain. Est à Monseigneur le Duc de Bourgoingne. Feux frans, paiables, 5 ; misérables, 1 ; feux sers paiables, 6 ; misérables 10 ; mendians, 6 : 28.

Les Valotes. (Evelles). En ladite chastellenie est à Monseigneur le Duc de Bourgoingne. Feu franc paiable, 1 ; Feux sers payable, 1 ; misérables, 5 ; mendians, 4 : 11.

Drachey. En ladite chastellenie de Saint-Romain, est à Monseigneur le Duc de Bourgoingne et n'y demeure nul long temps a, pour ce, néant.

Marcey. Est à messire Hugues Dubois, chevalier, et Jehan de Clessey, escuier, feux sers solvables, 2; misérables, 3 ; 5.

Narrosse. Est à Anthoine de Villers. Feux frans misérables, 2 ; feux sers misérables, 6 ; mendians, 4 : 12.

Saint Jehan de Narrosse. Est audit Anthoine et aultres seigneurs. Feux sers paiables, 2 ; misérables, 4 ; mendians, 2 ; 8

Baubigny Est à monseigneur le Duc de Bourgoingne de sa chastellenie de Saint-Romain. Feux frans paiables, 3 ; misérables: 9 ; mendians, 6 : 18.

La Craye. Est à Anthoingne de Thouloingeon mareschal de Bourgoingne, à Anthoine de Villers et à plusieurs autres seigneurs. Feux frans paiables, 2; sers misérables, 9; mendians, 5 : 16.

Santhenay. Est audit mareschal de Bourgoingne, Anthoine de Villers, escuiers Feux frans paiables, 2; Feux sers paiables, 5; misérables, 9; mendians. 2 ; 19.

Noulay. Est à messire Guillaume d'Estrabonne chevalier et y a forteresse, foires et marchiés. Feux frans paiables, 11; misérables, 22; mendians, 6 : 39.

Courmoul-le Grant. Est au dit seigneur d'Estrabonne. Feux franc paiable, 1; misérables, 2; feux serf paiable, 1; misér., 1; mendiant, 1 : 6.

Courmoul-le Petit. Est audit seigneur d'Estrabonne. Feux sers misérables, 3.

Sagey. Est à Claude et Roubert de Mandelo, escuiers. Feux sers paiables, 2.

La Grange de Buxy Appartient à Jehan Brouchart. Feu franc misérable, 1.

Vauchinon. Est audit seigneur d'Estrabonne. Feax frans paiables, 3; mendians, 2 : 5.

Circy Est à l'abesse de St Jehan d Ostun Feux frans paiables, 4; feux sers misérables, 2 : 6.

Changes. Est audit seigneur d'Estrabonne. Feux frans paiables, 3; misérables, 4; mendians, 2 : 9

Marchiseul. Est audit seigneur d'Estrabonne. Feu franc paiable, 1.

Flaigny Est à messire Regnier Pot Feux frans misérables, 4; mendiant, 1 : 5.

Paris l'Ospitaul. Est audit seigneur d'Estrabonne. Feux frans paiables, 4; misérables, 2; feux sers paiables, 3; misérables, 4; mendians, 2 : 15.

Disize. Est au dit seigneur d'Estrabonne. Feux frans paiables, 3; misérables, 10; mendians, 8 : 21.

Aubigney. Est aux hoirs de feu maistre Jehan Parron : destruit et gasté de gens d'armes Feux frans misérables, 7; mendians, 2 : 9.

Le Vault d Aubigney. Est au seigneur de Charney. Feu franc misérable, 1.

La Chasseigne d'Aubigney Est à doyen et chappistre d'Ostun. Feu serf misérable, 1.

Les Hées. Est à messire Pierre de Boffremont. Feu franc misérable, 1.

Yvrey. Est à messire Jehan de Salins. Feux frans paiables, 3; misérables, 5 : 8.

Rovroy Est à Guillaume le Bastart de Boffremont. Feux frans paiables, 1; misérables, 4; mendians, 2 : 8.

Courcelles-soubz Molinot. Est à messire Guiard de Maigny, rapporté par ledit curé et Demoingeot tavernier. Feux sers paiables, 2; misérables, 2; mendiant, 1 : 5

Vernicourt. Est au sieur de Charney. Feu franc paiable, 1; misérables, 2 : 3

Molinot Est à messire Pierre de Boffremont, seigneur de Charney, où il a forteresse, foire et marchié. Feux frans paiables, 5; misérables, 16; mendians, 12 : 33.

Coiffant. Est à Guienot Alion. Feux sers misérables, 2.

Cussey-la Colonne. Est audit seigneur de Charney. Feux sers paiables, 4; misérables, 6; mendians, 3 : 13

Esculigny Est à messire Jehan Peauldoye et au Lobat escuier. Feux sers paiables, 5; misér., 5; mendians, 3 : 13

Saulcey Est à chappitre d'Ostun et est gasté de gens d'armes. Feux sers misérables, 4; mendians, 4. 8.

Buissey. (la Cour) Est à monseigneur de Joigny Feux sers paiables, 3; misérables, 5 : 8.

Vibernoul. Nul n'y demore. Néant.

Antigny-le-Chastel. Est audit seigneur de Joigny. Feux sers paiables, 3; misérables, 6 : 9.

Charmoy. Est audit seigneur. Feux sers paiables, 2; misérables, 4 : 6.

Croisoiges. Est audit seigneur de Joigny. Feux sers paiables, 2; misérables, 2; mendians, 2 : 6.

Foissey. Est audit seigneur. Feux sers paiables, 3; misérables, 7; mendians, 2 . 12.

La Coinche. Est audit seigneur. Feux sers paiables, 2; misérables, 2; mendiant, 1 : 5.

Villey. Est audit seigneur. Feux sers paiables, 5; misérables, 6; mendians, 6 : 17.

Serve. Est audit seigneur. Feux sers paiables, 2; misérables, 3 ; 5.

Antigny-la Ville. Feux sers paiables, 4; misérables, 5 :9.

Vernusse. Est au grant prieur de France, gasté de gens d'armes. Feux sers misérables, 3.

Champignoles. Est audit grant prieur, gasté de gens d'armes. Feux sers misérables, 5.

Monceaulx. Est à messire Regnier Pot. Feux sers paiables, 2; misérables, 10; mendians, 3 ; 15.

Culestre. Est à Aubert Lobat et à Symon de Cordesse. Feux sers paiables, 2; misérables, 5 mendians, 2 : 9.

Taulmirey. Est audit seigneur de Joigny. Feux sers paiables, 6; misérables, 9; mendians, 2 : 17.

Chaisilly. Ce qu'est du siége de Beaulne est à la dame de Cussey. Feux frans paiables, 4; misér., 8; mendians, 3 : 15.

Bise. Est à damoiselle Blanche de Mandelo. Feu franc paiable, 1; misérables, 2 : 3.

Cuissey-le-Chastel. Est à dame Katherine de Grancey. Feux sers paiables, 4; misérables, 13; mendians, 2 : 19.

Lées. Est à Aubert Lobat. Feu serf paiable, 1 ; misér., 2 : 3.

Longecourt. Est à messire Huc de Bulneville. Feux sers paiables, 3; misérables, 8; mendians, 2 : 13.

Fussey. Est à messire Anthoine de Vergey ; rapport fait par messire Thomas Mandier, curé dudit lieux. 5 feux sers.

Boillant. Est à Monseigneur le Duc de Bourgoingne : gasté de gens d'armes. Feux frans paiables, 2; misérables, 2; feux sers misérables, 7; mendians, 2 : 13.

Béroul. Est au grant prieur de France. Feu franc paiable, 1; misérables, 2; mendiant, 1 ; 4.

Aubainne Est au chappitre d'Oston et n'y demoure que ung mendiant.

La Grange de Crespée. Appartenant à l'abbé de Cisteaulx. Nul n'y demore à présent à cause des gens d'armes.

Verey. Est à l'abbé de St Bénigne de Dijon Feux sers paiables, 2; misérables, 3; mendians, 4 : 11.

Antheul Est audit abbé. Feux sers paiables, 2; misérables, 2; mendiant, 1 : 5.

Boisson. Près de Thorey, est à messire Jehan de Tinteville Feux sers paiables, 2; misérables, 2; mendiant, 1 : 5.

Columbey Est es hoirs de messire Guillaume de Colombey. Feux sers paiables, 2; misérables, 3; mendiant, 1 : 6.

Oicherole. Est au doyen et chappitre d'Oston, gasté de gens d'armes. Feux sers paiables, 2; misérables, 6; mendians, 3 : 11.

Crugey. Est à monseigneur de Charney Feux sers paiables, 4; misérables, 4; mendians, 3 ; 11.

Tharey (Thorey-s -O.). Est audit seigneur. Feux sers paiables, 4; misérables, 4; mendians, 3 : 11.

A la Roichote. Nul ne demore pour la doubte des gens d'armes.

Lusigny. Est à messire Loys de Chasans. Feu serf paiable, 1; misérable, 1; mendians, 3 : 5

Plainboing. Est au grand prieur de France. Feux frans paiables, 2; misérables, 6; mendians, 4 : 12.

Le Pasquier. Est audit grand prieur de France : gasté de gens d'armes. Feux sers paiables, 2; misérables, 4 : 6.

Nuair. Est à Mile de Jaucourt Feux sers paiables, 3; misérables, 4; mendians, 2 : 9.

Aucent. Est au doyen et chappitre de Saulieu. Feu franc paiable, 1; misérables, 5; mendians, 4 : 10.

Le Champit. Ouquel nul ne demore à présent, pour doubte de gens d'armes.

Chaudenoy-la-Ville. Est aux héritiers de feu monseigneur de Lixtenay Feux sers paiables, 2; misérables, 4 : 6.

— 57 —

Grantmont. Est à messire Louys de Chasant. Feux sers paiables, 2; misérables, 2 : 4.

Voichey. Est au doyen et chappitre d'Ostun : gasté de gens d'armes. Feux frans paiables, 2; misérables, 4; mendians, 4 : 10.

Vix. Est audit chappitre d'Ostun. Feux frans paiables, 3; misérables, 4; mendians, 4 : 11.

Belligny-sur-Ouche. Est au chappitre d'Ostun, et y a foire et marchié : pilliez et gastez de gens d'armes. Feux frans paiables, 3; misérables, 13; mendians, 9 : 25.

Escharnant. Est au grand prieur de France : gasté, pillié et destruit de gens d'armes. Feux frans misérables, 2; mendians, 2 : 4.

Clavoillon. Est à l'abbé de Ste Marguerite. Feux sers misérables, 6; mendians, 4 : 10.

Lauthcrot. Est audit abbé. Feu serf mendiant, 1.

Nanthoul. Est au seigneur d'Espirey et à plusieurs autres seigneurs. Feux frans paiables, 5; misérables, 8 : 13.

Mavilley. Est à monseigneur de Bourgoingne : gasté de gens d'armes. Feux sers misérables, 4; mendiant, 1 : 5.

Bussey-en-Chaulme. Est à l'abbé de Sainte Marguerite : pillé de gens d'armes. Feu serf paiable, 1; misérables, 3 : 4.

Mandelot. Est au doyen et chappitre de Beaulne. Feux serf paiable, 1; misérables, 5 : 6.

Bouse. Est à messire Jehan de Saulx. Feux frans paiables, 10; misérables, 15; mendians, 4 : 29.

Savigny. Est à plusieurs seigneurs, comme il apperra cy après :

Et premièrement s'ensuigvent les hommes de la dame de Mussy. Feu franc paiable, 1, feux sers paiables, 3; feux sers misérables, 6; mendians, 3 : 13.

Item s'ensuigvent les hommes de la seigneurie de monseigneur de Charney. Feux sers paiables, 4; misérables, 5 : 9.

Item s'ensuyt la seigneurie de Guiot de Rossillon. Feu franc paiable 1; misérable, 1; feux sers paiables, 2, misérables, 2; mendians, 2 : 8.

Total : 30.

La Grange de Chenove. Nul n'y demore, fors que ung poure estrangier mendiant.

La Grange des Chaumes d'Avenay. Nul n'y demore que ung estrangier vacabonde.

La Roche de Noulay. (La Roche Pot) Est à messire Regnier-Pot. Feux frans, 3; misérables, 9; mendians, 9 : 21.

Santhosse. Est au seigneur de Charney. Feux frans paiables, 3; misérables, 6; mendians, 7 : 16.

Eschevronnes. Est à Monseigneur le Duc de Bourgoingne : gasté et foulé de gens d'armes. Feux frans paiables, 2; misérables, 8; mendians, 2 : 12.

Parnaut. Est au seigneur de Charney. Feux sers paiables, 6; misérables, 16; mendians, 9 : 31.

Changey. Est à Monseigneur le Duc de Bourgoingne : gasté foulé et pillié de gens d'armes. Feux frans paiables, 2; misérables, 9; mendians, 5 : 16.

Sarrigny. Est à messire Pierre de Boffremont seigneur de Charney. Feux frans paiables, 6; misérabless, 8; mendians, 7 : 21.

La Doix de Sarrigny et Notre Dame du Chemin sont à messire Pierre de Boffremont seigneur de Charney. Feux frans paiables, 6; misérables, 16; mendians, 2 : 24.

Neufvelle. Est audit seigneur. Feux frans misérables, 3.

Chorrey. Est audit seigneur de Charney. Feux sers paiables, 6; misérables, 9; mendians, 2 : 17.

Alosse. Est audit seigneur. Feux frans paiables, 4; misérables, 4; mendians, 2 : 10.

La Borde aux Bureaulx. Est à Monseigneur le Duc de Bourgoingne : destruit de gens d'armes. Feu serf misérable, 1; mendiant, 1 : 2.

Les Batis. Feux frans misérables, 3.

Courcelles-soubs-Sarrigny. Est audit seigneur de Charney. Feu franc misérable, 1; mendiant, 1 : 2.

Varennes. Est à présant à Jehan Panetier et à plusieurs autres seigneurs. Feux sers paiables, 3; misérables, 6; mendians, 4 : 13.

Vignoles. Est à plusieurs seigneurs. Feux sers paiables, 2; misérables, 3; mendiant, 1 : 7.

Chevignerot. Est au prieur de St Etienne de Beaulne. Feux frans misérables, 3

Ruffey. Est à Philippe de Bussy et à plusieurs aultres. Feux frans paiables, 4; misérables, 5; mendiant, 1 : 10.

Grant-Champ Est à messire Jacques de Lugny et à plusieurs aultres seigneurs. Feux sers paiables, 3; misérables, 3; mendians, 4 : 10.

Reulées. Est au seigneur de Charney. Feux frans misérables, 8; mendians, 5 : 13.

Chalanges. Est aux chartreux de Beaulne qui dient et maintiennent que les habitans dudit lieu leurs hommes sont frans et exemps de ce présent ayde et aussy n'y contribuèrent onques et en dient avoir chartres conformées de monseigneur le duc Jehan, qui Dieu pardoint, et pour ce n'a point este faicte la serche en la dicte ville. Ci néant comme en le serche précédente.

Varolles. Est au prieur de St Estienne de Beaulne : gasté de gens d'armes. Feu serf misérable, 1.

Bretenay Est à Pierre Castellain. Feux frans misérables, 4.

Travaisey Est à Philippe d'Orge. Feux sers paiables, 5; misérables, 8; mendians, 2 ; 15.

Aigney. Est au grand prieur de France. Feu serf paiable, 1; misérables, 3 : 4

Pleuvey. Est audit grand prieur. Feux sers misérables, 2.

Bourgoignon. Est au seigneur de Charney. Feux frans paiables, 7; misérables, 4; estrangiers, 6 : 17.

Meressanges. Est audit seigneur de Charney. Feux frans paiables, 5; misérables, 4; estrangiers, 3 ; 12.

Nuys Dedans la ville (bonne ville). Feux paiables, 13; mirables, 27; mendians, 10 : 50.

Es faubourgs de la dicte ville, hors les murs. Feux misérables, 16; mendians, 11 : 30.

    Total : 80.

Voone. Est à Monseigneur de Bourgoigne : gasté et pillié de gens d'armes. Feux frans paiables, 2; misérables, 10; mendians, 5 : 17.

Voigeot Est à Monseigneur le Duc de Bourgoigne : gastez et pillez de gens d'armes. Feu franc paiable, 1; misérables, 6; mendians, 6 : 13

Chambole. Est à messire Glaude de Chasteluz, à l'abbé de Cisteaulx, à madame de Rolant et à plusieurs autres seigneurs : gastez de gens d'armes. Feux frans paiables, 7; misérables, 18; mendians, 8 : 33.

Morey. Est à messire Claude de Chasteluz. Feux frans paiables, 8; misérables, 34; mendians, 7 : 49.

Le Bourg de St Virant de Vergey. Est au prieur dudit lieu Feux frans paiables, 3; misérables, 5; mendians, 2 : 10.

Ternant, Est au doyen et chappitre de Saint Denis de Vergey : moult pilliez de gens d'armes. Feux franc paiable, 1; miserables, 6; mendians, 3 : 10.

Villers-soubz Vergy. Est au doyen et chappitre de St Denis de Vergey : moult gasté et pillié de gens d'armes. Feux sers paiables, 2; misérables, 6; mendians, 6 ; 14.

Meulley. Est à Monseigneur le Duc de Bourgoingne et à messire Jacques de Villers. Feux sers paiables, 4 ; misérables, 9 ; mendians, 11 : 24.

Chaulx. Est à Doyen et chappitre de Saint Denis de Vergy : moult grévez et pilliez de gens d'armes. Feux sers misérables, 6 ; mendians, 3 : 9.

Conqueur. Est au doyen et chapitre de la Chappelle de mouseigneur le Duc à Dijon : pilliez de gens d'armes. Feux sers paiables, 2 ; misérables, 5 ; mendians, 10 ; 17.

Courboen. Est à la femme maistre Jehan Perron et aux hoirs de feu Guillaume de Vauldanges, escuiers : pilliez de gens d'armes. Feux franc paiable, 1 ; misérables, 3 ; mendians, 3 : 7.

Semesanges Est à doyen et chapitre de Saint-Denis de Vergy et au seigneur de Charney. Feux sers paiables, 2 ; misérables, 6 ; mendians, 3 : 11.

Messanges. Est à messire Anthoine de Vergy. Feux sers paiables, 8 ; misérables, 10 ; mendians, 4 : 22.

Chevannes. Est à messire Anthoine de Vergy. Feux sers paiables, 9 ; misérables, 13 ; mendians, 7 : 29.

Chambeu. Est à doyen et chapitre de Saint Denis de Vergy. Feux sers paiables, 2 ; misérables, 2 ; mendians, 3 : 7.

Arcey. Est à madame de Maulain et au cardinal de Viviers Feux sers paiable, 1 ; mendians, 5 : 6.

Poisot Est à monsieur de Bourgoingne. Feu serf paiable, 1.

Quemigney. Est à monseigneur le duc de Bourgoingne :

pilliez de gens d'armes. Feux sers paiables, 3 : misérables, 6 : mendians, 3 : 12.

Reulles. Est à monsieur le duc de Bourgoingne : gastez de gents d'armes. Feux serf paiable, 1 ; misérables, 5 : 6.

Clémencey. Est à doyen et chappitre de Vergey : gastez de gens d'armes Feux sers paiable, 1 ; misérable, 1 ; mendians, 6 ; 8.

Chevrey Est à doyen et chappitre de Saint-Denis de Vergey : gastez et pilliez de gens d'armes. Feux sers paiables, 2 ; misérables, 3 : 5.

Courtil-soubz-Vergy. Est au prieur dudit lieu Feux frans paiables, 3 ; misérables, 10 ; mendians, 6 : 19.

Le Chastel et bourg de Saint Denis de Vergy. Feux frans, paiables, 2 ; misérables, 3 ; mendiant, 1 : 6.

Au Moulin de Nouhot. Nulz n'y demoure à présent.

A Rolles. Nulz n'y demoure semblablement.

La Grange de Gergoul. Est à l'abbé de Cisteaulx : gasté de gens d'armes. Feu serf, paiable, 1.

Beuf Est à Monseigneur de Coiches. Feux sers paiables, 3 ; misérables, 5 ; mendians, 4 : 12.

Bévis. Est à madame de Maulain. Feux sers paiables, 4 ; misérables, 7 ; mendiant, 1 : 12.

Bruant. Est à Monseigneur de Cisteaulx : pilliez et gastez de gens d'armes. Feux mendians, 2.

La Grange d'Estain. Est audit abbé de Cisteaulx, nulz n'y demoure à présent que ung convert et deux françois maitoyers d'icelle grance.

Culley. Est à Monseigneur le duc de Bourgoingne : pillié de gens d'armes. Feux sers paiable, 1 ; mendians, 3 ; 4.

Quelonges. Est à doyen et chapitre de Saint-Denis de Vergy : destruit de gens d'armes Feux sers paiable, 1 ; misérables, 4 ; mendians, 3 : 8.

Segrois. Est à Monseigneur le Duc de Bourgoingne : gastez et pilliez de gens d'armes. Feux frans paiables, 2 ; misérables, 3 ; mendians, 3 : 8.

Marrey. Est à messire Jacques de Villers. Feux sers paiables, 2 ; misérables, 3 ; mendians, 3 : 8.

Villers la Faye. Est à messire Jacques de Villers, chevalier. Feux sers paiables, 4 ; misérables, 7 ; mendians, 9 : 20.

Arcenant. Est au prieur de Saint Vivant soubz Vergy. Feux sers paiables, 4 ; misérables, 12 ; mandians, 3 : 19

Maignes soubz Villers la Faye. Est à madame Jehanne de Damas. Feu franc paiable, 1 ; feux sers paiables, 6 ; misérables, 8 ; mendians, 6 : 20.

La Grange de Moisey. Est à l'abbé du monastère de Cisteaulx. Feux sers misérables et mendians, 2.

Maiserolle. Est aux enfants de Guillaume de Saint Mesmes et à Anthoine de Villers, escuyers. Feux sers paiables, 4 ; misérables, 4 ; mendians, 3 : 11.

Gourgengoul. Est à messire Jacques de Villiers et à Guillaume de Saint Mesmes. Feux sers paiables, 6 ; misérables, 8 ; mendians, 3 ; 17.

Grosbois. Est au seigneur de Janley Feux sers payables, 5 ; misérables, 7 ; mendiant, 1 : 13

Courberon. Est à messire Jehan Bouton, chevalier. Feux sers paiables, 6 ; misérables, 27 ; mendians, 14 : 47.

Parryé. Est à messire Anthoine de Villers, escuyer Feux sers paiables, 3 ; misérables, 4 ; mendians, 3 : 10.

Prondeval. Est à Monseigneur de Janley Feux sers paiables, 4 ; misérables, 4 : 8.

Paleaul. Est au prieur dudit lieu. Feux sers paiables, 3 ; misérables, 10 ; mendians, 10 : 23.

La Barre de Braingney. Est à Guillaume et à Castellain de Sainte Croix frères. Feux sers paiables, 2 ; misérables, 3 ; mendians, 2 : 7

Braigney. Est à Monseigneur le Duc de Bourgoingne et à plusieurs autres seigneurs. Feux sers paiables, 10 ; misérables, 20 ; mendians, 23 : 63.

Meloise. Est à l'abbé (abbesse) dudit lieu. Feux sers paiables, 3 ; misérables, 7 ; mendians, 5 : 15.

Escoelles. Est à madame Jehanne de Nanthon. Feux sers paiables, 6 ; misérables, 19, mendians, 8 : 33.

Chivres. Est au prieur de Larrey. Feux sers paiables, 6 ; misérables, 28 ; mendians, 17 : 51.

Montmoyen. Est au seigneur de Janley. Feux sers paiables, 4 ; misérables, 4 ; mendians, 4 : 12.

Labergement le Duc. Est à Monseigneur le Duc de Bourgoigne : destruit de gens d'armes. Rues : de Chassigney, du Moustier, de Poilley, Blanchot, d'Arechière et au Prevost. Feux frans paiables, 9 ; misérables, 24 ; mendians, 71 : 104.

Poilley sur Soone. Est au seigneur de Saint George. Feux sers paiables, 5 ; misérables : 16 ; mendians, 18 : 39.

Auvillers. Est à Jehan de Saint Ylaire, escuyer. Feux frans paiables, 6 ; misérables, 16, mendians, 3 : 25.

La Grange de la Chière. Est à Anthoine de Villers, escuier : moult et pilliez de gens d'armes. Feu serf misérable, 1.

Glannon. Est à messire Jehan de Salins et à plusieurs autres seigneurs. Feux sers paiables, 6 ; misérables, 13 ; mendians, 10 ; 29.

Broing. Est à Glaude de Mello, seigneur de Saint Bris. Feux frans paiables, 4 ; misérables, 7, mendians, 2 ; feux sers paiables, 1 ; misérables, 5 ; mendians, 2 : 21.

La Grange Huot. Est audit seigneur de Saint Bris. Feux sers misérables, 2.

Baignol. Est à Monseigneur le Duc de Bourgoingne : destruit de gens d'armes et gastez. Feux frans paiables, 4 ; misérables, 18 ; Feux sers paiables, 2 ; mendians, 5 : 29

Longvoy. Est à Monseigneur le Duc de Bourgoingne. Feux serf paiable, 1 ; misérables, 3 : 4.

Le Verneaul. Est à l'abbesse du Lieu Dieu et à Pierre Loisey. Feux sers misérables, 2.

Moux. Est à messire Jehan de Salins. Feux sers paiables, 2 ; misérables, 3 ; mendians, 4 : 9.

Anthilley. Est au seigneur de Jonvelle. Feux sers paiables, 9 ; misérables, 6 ; mendians, 4 : 19

Marigney. Est au seigneur de Chargney. Feux frans paiables, 3 ; misérables, 3 ; feux sers paiable, 1 ; mendians, 3 ; 10.

Villey le Moustier. Est à Philippe d'Orges. Feux sers paiables, 7 ; misérables, 15 ; mendians, 6 : 28.

Villey le Brulley. Est au seigneur de Charney. Feux abonnez paiables, 5 ; misérables, 9 ; mendians, 8 : 22.

Lée. Est au seigneur dessus nommé. Feu franc misérable, 1.

Pressorgeul. Est à monseigneur de Bourgoingne, ou à présent nul n'y demeure

La Franchise. Nulz n'y demeure semblablement.

Baulon (Bâlon). Est à Philippe d'Orges et à plusieurs autres seigneurs. Feux frans misérables, 8 ; mendians, 5 : 13.

Argilly. Est à Monseigneur le Duc de Bourgoingne et y a forteresse et marchié ; rapporté par Jehan du May, prévost dudit lieu. Feux frans paiables, 10 ; misérables, 66 ; mendians, 14 ; Officiers commensaulx, 3 ; Nobles de la ville, 4 : 97.

Prisscy. Est à messire Girart de Maingny, chevalier. Feux sers paiables, 2 ; misérables, 3 ; mendians, 2 : 7.

Premeaulx. Est à Guillaume de Vichey, escuier, et à plusieurs autres seigneurs. Feux sers paiables, 3 ; misérables, 6 ; mendians, 8 : 17.

Boncourt la Ronce. Est à Monseigneur le Duc de Bourgoingne : pilliez et gastez de gens d'armes Feux franc paiable, 1 ; misérable, 1 : 2

Montot. Est à Monseigneur le Duc de Bourgoingne. Feu franc misérable, 1.

Le Molin de la Chaulme. Est à Pierre Regnart, et ny demeure que ung meunier. Feu franc misérable, 1.

Le Molin Monéaul Nulz ny demeure de pieça.

Cussigny. Est aux enfants de feu Jehan de Nanteul, escuier. Feux frans paiables, 4 ; misérables, 8 ; mendians, 4 : 16

Courblanchien. Est à Monseigneur le Duc de Bourgoingne : tout destruit de gens d'armes Feux frans paiables, 2, misérables, 5 ; mendians, 4 : 11.

Courgoulain. Est à Monseigneur le Duc de Bourgoingne, gasté et pillié de gens d'armes. Feux frans paiables, 2, misérables, 13 ; mendians, 3 : 18.

Villebichnt. Est à Monseigneur le Duc de Bourgoingne : pilliez et robez de gens d'armes. Feux frans misérables, 5 ; mendians, 3 : 8.

La Grange de la Oultre, Est à monseigneur le duc de Bourgoingne, nulz ny demeure à présent.

La Sarrée dessus Nuys. Nul n'y demeure à présent pour la cause que dessus.

La Vaicherie de Cisteaulx. Nulz n'y demeure, excepté ung convert dudit Cisteaulx, qui va et vient sans y rester, pour cause de gens d'armes.

La Grange neufve de Cisteaulx. Nulz ny demeure à présent, fors ung convers de ladicte abbaye

Quincey, Est à feu messire Ennart Bouton, chevalier ou à ses hoirs. Feux frans paiables, 9; misérables, 17; mendians, 9 : 35.

La Borde au maistre forestier de Cisteaulx. Feu serf misérable, 1.

La Loige au portier de Cisteaulx. Nul n'y demeure à présent pour la cause des gens d'armes.

La Grange de Bretigny. Nul n'y demeure à présent pour la cause que dessus.

Gillan. Est à Anthoine de Villers, escuier Feux frans paiables, 3; misérables, 2; feux sers paiables, 5; misérables, 8; mendians, 6 : 24.

Boncourt-le-Bois. Est à Anthoine de Villers, rappporté par Perreault Favier et par serement, et dit qu'ilz sont presque tous excommuniez (pour insolvabilité) Feux sers misérables, 2; mendians, 8.

Flaigey. Est à Monseigneur le Duc de Bourgoingne. Feux frans paiables, 3; misérables, 8; mendians, 6 : 17.

Gilley. Est à madame de Roland et à l'abbé de Cisteaulx. Feux frans paiables, 7; misérables, 29; mendians, 12 : 48.

Augiencourt (Agencourt). Est à Guillaume de Vichey, escuier. Feux frans paiables, 5; misérables, 6; mendians, 2; feux sers paiables, 2; misérables, 8; mendians, 4 : 27.

La Grange de Saule. Nuyz n'y demeure à présent pour cause des gens d'armes.

Total des feux : 3,668.

VI

Cerche des feux du bailliage de Dijon, excepté les sièges de Beaune et de Nuits, pour le fait de l'ayde de 40,000 francs octroyé à M. le Duc en octobre MCCCCLXIX (B. 11590).

La parroiche Saint Nicolas :

Commençant à Clairvaux, 20 feux.
Tirez hors Clervaulx, allant contre la porte au Fermerot, 53 feux.
Au belle de la porte au Fermerot, 1 feu.
Tirez contre le Champ Damas, 10 feux.
Tirez en la rue contre la porte au Conte, 58 feux.
Au belle de la porte Saint Nicolas, 1 feu
Tirez hors la porte es faubourgs de Saint-Nicolas, 91 feux.
A la Maladière, 1 feu.
Retournez derrier l'église Saint-Nicolas, tirant contre Saint-Appolomey, 34 feux.
Rue de Chaulcins, 73 feux.
Rue Chaude, 25 feux.
Retournez en la rue du Four, 11 feux.
Tirez contre la Maladière, 39 feux.
Rue es Cartaulx, 47 feux.

La parroiche Notre-Dame :

(Près de Clairvaux), 28 feux.
Retournez au carron du Champ Damas, 25 feux.
Retournez en l'ostel de la Muraille et desla contre la Tour aux Anes sur Suzon, 33 feux.
Rue darrier Notre-Dame, 31 feux.
Retournez en la Verrerie et à l'entour des Halles, 69 feux.
Retournez au carré du ran, commençant devers l'ostel de Messire Phelippe de Courcelles et en la rue des Hales, 41 feux.
Retournez en la rue Es Fols, 7 feux.
Retournez devers la Maison Ronde, vers la porte de l'Ostel Monseigneur (le duc), 22 feux.
Oultre la rue devant Notre Dame, 22 feux.
Oultre la rue (le Bourg et ses dépendances), 122 feux.

La Parroiche Saint-Michiel :

Près les Halles, 10 feux.
Retournez au carré Jehan Picot, marchand tirant au marchief du blef, 57 feux.
Rue Es Nonains de Tart, 17 feux
Tournez au carron de la Vannerie, 13 feux.
Tirez en la rue es Chanoines, 72 feux.
Retournez devant l'ostel Monin d'Eschenon, 9 feux.
Tirez en la rue es Fols et en l'ostel de M. de Beauchamp, 40 feux.
En la Chambre Labbé, 6 feux.
Retournez dessus la Tonnellerie, 34 feux.
Rue es Belioz, 71 feux.
Tirez en la rue Neuve, en laquelle est l'enseigne du Porc Sangle, 40 feux.
Retournez es faubourgs de la Porte Neufve, tirant à la main dextre, 64 feux.
Rue es Noiroz, 11 feux.
En Theullé, 7 feux.

La parroiche Saint Jehan :

Commençant en la rue des Forges, 21 feux.
Retournez sur le Pont, 21 feux.
Retournez en la rue des Forges, 13 feux.
Tirez en la rue des Grans Champs, 122 feux
Retournez au carron de la Maison du Miroir, 11 feux.
Rue es Petis Champs.
Retournez au bout de la rue tirant contre la porte Guillaume, 50 feux.
Retournez au carron de l'ostel Jehan de Maulpas, qui fut à feu Jehan Murgault, 22 feux.
En la Petite Juerie, 11 feux.
Retournez en l'ostel de Gérard de Vesoul, 18 feux.
Retournez en la Boucherie en l'ostel de feu Henry la Greuse, 31 feux.
Retournez darrier l'ostel du Buefs en l'ostel de l'Argillière, 7 feux.
Tirez en la rue des Crais, 36 feux.
Tirez en la Parcheminerie, 52 feux.
Tirez en Morimont, 46 feux.
Retournez à l'Ostel du Morimont, 28 feux.

La parroiche Saint Père :

Commençant en l'ostel Huguenin Moraux, 19 feux.

En l'ostel d'Oigny, 3 feux.
Tirez en l'ostel Humbert Bergerot, 42 feux.
En l'ostel de Vergy, 4 feux.
Retournez au carré près l'ostel maistre Jehan Joly, 7 feux.
En la Cour d'Epoisse, 10 feux.
Tirez contre les Cordeliers, 25 feux.
Au Belle de la Porte Saint-Pierre, 1 feu.
Tirez hors la porte devant la Madeleine, 86 feux.
Rue es Molins 24 feux.
En la Colombière Richard Juifs, 1 feu.
Au Temple, 1 feu.

La parroiche Saint-Médard, 86 feux.

Oultre la rue tirant contre Saint Médard, 11 feux.
Retournez devant la Chambre des Comptes, tirant contre Saint-Fiacre, 28 feux.
Tirez contre la porte au Lyon, en tirant en la basse-cour, 23 feux.

La parroiche Saint Phelibert :

Commençant à la porte Fondoire, 22 feux.
Tirez au carrot au Chaignot, tirant contre les murs, 77 feux.
Retournez oultre la rue au carron devers la porte, 16 feux.
Tirez au carron devant l'ostel de Clugny, devant Morymont et en tirant en la rue du Four, 58 feux.
Tirez devant Saint Phelibert, 48 feux.
Tirez en la rue de Cherlieu, 22 feux.
En la Prévosté.
Tirez en la rue du Cloistre, tirant contre la porte d'Oische, 8 feux.
En Chappitre de Langres, 30 feux.
Ou belle de la porte d'Oische, 1 feu.
Tirez hors la porte d'Oische en la Renoillerie, 38 feux.
La Columbière des Chambellans, 1 feu
Tirez en la Courvée, 1 feu.
Tirez devant le belle de la porte d'Oische en la rue de Cisteaulx, 21 feux.
Larey, 3 feux.
Ou Clos de St Bénigne, 1 feu

Fontaines, près de Talant. Il y a chastel fort et n'y a foire ne marchié et sont les hommes abonnez de M. de Beauchamp et de Oudot de Champlite et Jehan son frère seigneurs de Voonges, estant avec nous Hugues Chauchier prebtre curé dudit lieu, feux abonnés, 86.

Ahuit. Il n'y a ni foire ni marchié et sont les habitans habonnez de M. l'abbé de St Estienne de Dijon. Estans avec nous messire J. Pouillet, vicaire dudit lieu, Jehan Duvau maire. Feux abonnés, 53.

Haulteville. Il n'y a etc. et sont les habitans tailliables hault et bas des églises de St Estienne de Dijon et St Soigne. Feux sers, 17.

Dez. Sont les habitans abonnés de Monseigneur le Duc, y compris la grange de Changey. Feux abonnez, 33.

Darrois. Sont les habitans tailliables hault et bas de MM. de la Chappelle de Dijon. Feux sers, 9.

Estaulles. Sont les habitans tailliables hault et bas de MM. de la Chappelle de Monseigneur le Duc à Dijon. Feux sers, 17.

Talant. Il y a ville fermée, y comprins le moulin de Vaisson et sont frans de Monseigneur le Duc de Bourgogne. Estans avec nous Aliot Langeolet, Huguenot Bernard, eschevins. Feux frans, 125.

Le Vaul de Suizon. Sont les hommes abonnés de la Chapelle de Dijon. Feux abonnés, 7.

Plain d'Ahuit. Sont les habitans abonnez à Monseigneur le Duc. Feux abonnés, 4.

Plonbières. Y comprins le moulin dudit lieu et sont les habitans tailliables hault et bas des religieux de Saint Bénigne de Dijon. Estans avec nous messire Jehan Morel, prebtre curé dudit lieu. Feux abonnés, 91.

Prenois. Sont les habitans tailliables hault et bas de l'abbé de St Bénigne. Feux sers, 10.

Villers sur Oische. Sont les habitans tailliables hault et bas de M. l'abbé de St Bénigne de Dijon. Feux sers, 24.

Ancey. Sont les habitans tailliables hault et bas du seigneur de Mirebel. Feux sers, 31.

Lanthenay. Il y a chastel fort et sont les habitans abonnés de Monseigneur le Duc et les tient messire Philippe de Courcelles, Sr d'Auvillers. Feux abonnés, 36.

La Grange de Rousières. Est à l'abbé de Cisteaulx et n'y demeure personne.

Pasques. Sont les habitans abonnés de Monseigneur le Duc et de la chastellenie de Lanthenay. Feux abonnés, 18.

Urcis. Sont les habitants tailliables du prieur de St Marceaul. Feux sers, 6.

Fleurey sur Oische. Est à M. le cardinal d'Ostun à cause de son prioré de St Marceaul et sont les habitans abonnés dudit prieur. Feux abonnés, 31.

Colonges. Id. Feux abonnés, 2.

Broichons. Sont les habitans tailliables hault et bas du seigneur de La Marche. Estans avec nous messire Symon Galois prebtre curé dudit Broichons etc. Feux sers, 45.

Fixey. Sont les habitans frans du Chappitre de Lengres et à plusieurs autres seigneurs. Feux frans, 18.

Couchey. Il y a maison fort et n'y a foire ne marchié. Et sont les aucuns abonnez et les autres tailliables à volenté de M. le comte de Charney, de maistre Pierre Bonféaul et des enffans feu Humbert Boulleau. Estans avec nous J. de Clervaulx chastellain, procureur et recepveur de M le comte de Charney. Feux frans, 46; sers, 42. Total, 88.

Flavignerot. Est à Regnier de Maisilles et y a maison fort et sont les habitans abonnés. Feux abonnés, 7.

Courcelles ou Mont. Sont les habitans tailliables à volenté de l'abbé de St Bénigne de Dijon. Feux tailliables, 14.

La Grange du Prey. Est à Girard Hyvart, à cause de sa femme. Feux frans, 2.

Perrigny. Il y a chasteaul et n'y a foire ne marchié et sont les habitans tailliables de M. de Beauchamp. Feux sers, 21.

Chenoves. Sont les habitans tailliables abonnez es sieurs de Chappitre d'Ostun et de Saint Bénigne de Dijon. Feux abonnez, 32.

Marcenay en Montaingne. Il y a une fort qui est à M l'abbé de St Bénigne et à pluseurs autres seigneurs. Et sont les aucuns frans, les autres sers. Estans avec nous messire Jaques Flamant prebtre vicaire dudit lieu etc. Feux frans, 16; feux tailliables, 28 : 44.

Salon la Rue. Sont les habitans abonnez, les aucuns de M. de Thalemey et de M. Erard de Saulx. Feux abonnés, 30.

Ville soubs Gevrey (St Philibert). Sont les habitans abonnés de M. l'abbé de St Estienne de Dijon. Feux abonnés, 11.

La Grange de l'Espay. Est à l'église de St Estienne de Dijon et y demeure ung donné et rendu, commis à ladite église.

Broindon. Sont à la (Ste) Chapelle de Dijon, les aucuns frans et les autres sers. Feux abonnés, 12.

Barges Sont les habitans abonnez de M. de Thalemey. Feux abonnés, 39.

Saronges Sont les habitans abonnés des Chatreux de Dijon et de M. Charles de Saulx seigneur de Presey. Feux abonnés, 14.

Espernay Ils sont tailliables des seigneurs de la Chapelle de Monseigneur le Duc à Dijon et de Damoiselle Alart Perron. Estans avec nous Hugues Muguey prebtre, vicaire dudit lieu etc. Feux tailiables, 14.

Salon la Chapelle. Sont les habitans abonnés de messire Pierre seigneur de Goux chancelier de Monseigneur le Duc de Bourgogne. Estans avec nous messire Humbert Perrot prebtre curé de Fanay etc. Feux abonné, 36.

Layer Il y a une tort et sont les habitans tailliables de J. de Villafans. Feux sers, 5.

Courcelles ou Bois. Sont habitans de taille, abonnez de M. l'abbé de Cisteaulx. Estans avec nous messire Jacques Tristan, prebtre curé dudit lieu. Feux frans, 39.

Cheviguey Faanay. Ce qui est ou duchié. Il y a maison foussoyée. Sont les habitans à Messieurs de la Chappelle de Dijon et pluseurs autres seigneurs; estans avec messire Humbert Perrot, curé dudit lieu, etc. Feux abonnés, 10.

Faanay. Sont les habonnés de M. de Thalemer. Feux frans, 9.

Noiron. Sont les habitans habonez du chappitre de Lengres. Feux habonnés, 31.

Le Moulin de Salon la Chapelle. Appelé le moulin des Moingnes, appartenant à l'abbé de Cisteaulx.

Crymolois. Sont les habitans habonnés du prieur de Champaigne. Feux frans, 17.

Bretenières. Est à Jehan Martin et y a une maison forte et sont les habitants tailliables haut et bas. Feux sers, 8.

Saint Faule. Sont les habitants habonnez de M. le Duc de Bourgoingne. Feux frans, 5.

Thoirey-lez-Rouvres. Sont tailliables deux fois l'an à volenté de M. le duc. Feux sers, 9.

La Grange du Bois. Est à ceulx de la (Sainte) Chappelle de Dijon.

Nulley. Sont les habitants tailliables haut et bas de M. de Blaisey. Feux sers, 20.

La Grange du Quartier.

Fauvernay. Sont les habitants habonnés de M. le Duc et des Templiers. Feux frans, 43.

Le Moulin du Temple.

La Maison du Temple. Ou demeure frère Guyenot de Monjeu, religieux du Temple.

Verranges. Sont les habitans habonnez de Jehan de Chissey, Feux habonnés, 29.

Senecey. Sont les habitans frans des hoirs de M⁺ Guillaume de Vandenesse. Feux frans, 6.

La Grange de Bray. Aux mêmes hoirs et à ceux d'Oudot Laboquet. Feux frans, 3.

La Grange de Morveaulx. A J. Machicot. Feux frans, 2.

Mirandes. A J. Martin. Feux frans, 2

La Grange de Crosmay. Est aux religieux de le Magdelaine de Dijon. Feux frans, 2.

La Grange de Lichy. Est à Oudinet Godran. Feu franc, 1.

Queligney et le Moulin de Lemprey Sont les habitans sers de l'abbaye de Saint-Etienne de Dijon. feux sers, 29.

Chevigney-Saint-Saulveur. Il y a chastel foussoier et sont les habitans tailliables haut et bas de M Pierre de Chandiot. Feux tailliables, 21.

Courcelles en Mal Vaulx. Sont tailliables dudit seigneur de Chandiot. Feux sers, 7.

Maigney-sur-Thille. Il y a maison forte et sont les habitans habonnés de Messieurs Guy d'Usier et de Girart Robot. Feux habonnés, 38.

Marliens. Sont les habitans habonnés de M. de Thalemer et de J. de Maisilles. Feux habonnés, 24.

La Grange de Marliens. Est aux religieux de Saint-Estienne de Dijon. Feux frans, 2.

Rouvre. Il y a chasteaul fort, deux foires l'an et marchief chacun jeudi et sont les habitans hommes francs de M. le Duc la plupart et les aucuns tailliables. Estans avec nous Oudot Barrau, maire dudit lieu, Henry Margueron, Monnot Greusellier et J. Grebille, eschevins de ladicte ville ; Henry Greusellier, procureur de ladicte ville et P. Vaulchey, dit Bisot, lieutenant de M. le Duc audit lieu. Feux frans, 99.

Aiserey Sont les aucuns habonnés et les autres sers de M. le Duc de Bourgoingne, du seigneur de Janley et d'autres. Feux habonnés, 31 ; sers, 12 : 43.

Baisey Il y a chasteaul foussoier et sont les habitans tailliables de M. Alexandre de Saulx, seigneur de Vantoux, de Messieurs de Cisteaulx et plusieurs aultres seigneurs. Feux sers, 40 ; non compris deux nobles : 42.

Eschigey. Sont les habitans habonnés de Anthoine de Villiers. Feux habonnés, 35.

Tart l'Abbaye. Sont les habitans, comprins les granges de Beauvois et d'Aval, lesquelles sont à madame de Tart. Et sont les habitans dudit Tart hommes justiciables du seigneur de Vantoux. Feux frans, 12.

Tart le Chastel. Sont les habitans habonnés de M. de Thalemer. Feux habonnés, 40

Tart la Ville. Sont les habitans habonnés de messire Jehan de Baissey, chevalier, seigneur de Longecourt. Feux habonnés, 43.

Hyseure. Sont les habitans tailliables de Messieurs de Cisteaulx, des Chartreux de Dijon et d'autres seigneurs. Feux sers, 49

La Grange de Champlienard. Est à Messieurs de Cisteaulx. Feux sers, 2.

La Grange de Tarsulle. Est auxdits de Cisteaulx. Feux sers, 3.

Longecourt. Il y a une maison foussoyée et sont les habitans habonnés de messire Jehan de Baissey, chevalier, seigneur dudit lieu. Feux habonnés, 48.

Poutangey. Sont les habitans habonnés de M. de Longecourt. Feux habonnés, 51.

Braisey. Il y a maison foussoyée et n'y a foire ne marchef et sont hommes frans habonnés de M. le Duc et a en ladite ville quatre rues : C'est assavoir Braisey, Brasuot, Enevans et Vernoilles. Estans avec nous Symon Quinart, lieutenant de Regnault Brun, chastelain dudit Braisey, et messire Jehan Maigrot, prebtre vicaire dudit Braisey, etc. Feux Brasuot, 16; Braisey, 48 ; Rue neufve, 16 ; Enevans, 84 : 167.

Montot. Sont les habitans habonnés de M. le Duc de Bourgoingne et de Messieurs de la (Sainte) Chappelle à Dijon et les aucuns frans, les autres tailliables. Feux frans, 4; sers, 18; misérables, 7 : 29.

Aubigney. Sont les habitans tailliables hault et bas de M. de Montbis et de M. de Rousel et d'autres seigneurs. Feux sers 50.

Le Maingny vers Aubigny. Est à M. le Duc et à M. de Rousel, habonnés desdits seigneurs et de plusieurs autres. Feux frans. 50.

Bonnencontre Il y a chastel fort et sont les habitans sers de M. de Montbis. Estans avec nous Messire Guillaume Bricard, prebtre vicaire dudit lieu, etc. Feux sers 62.

La Tuilerie de Bonnencontre. Au même seigneur. 1 feu.

Charrey. Sont les habitans sers de Messieurs de la Chappelle de M. le Duc à Dijon. Estans avec nous Messire Guy Rouhier, prebtre vicaire dudit lieu, etc. Feux sers, 33.

Les Barres d'Orsans. Il y a quatre rues. c'est assavoir : Villers, Arconcey où est l'esglise, Fangey et Orsans. Et sont les hommes, sçavoir : Ceux d'Arconcey à Richard de Chissey et à la veuve de M. J. de Chissey, Fangey à ladicte veuve, Orsans audit Richard de Chissey et Villers aux religieux de Cisteaulx et à ladicte veuve. Feux habonnés Arconcey, 38 ; Fangey, 17 ; Villers, 33, Orsans. 61, dont quatre nobles et exempts : 149.

Saint Jehan de Losne Bonne ville ferme et y a une foire l'an et marchief chacun samedi et sont hommes frans de M. le Duc Estans avec nous Gaulthier Robin, J. Vyon, Phelippe Vyon, Girart Laurent, eschevins, et Perrin Lescuyer, procureur de ladicte ville et aussi appelé avec nous Messire Regnault Lescuyer, prebtre vicaire dudit Saint-Jehan. Feux frans, 46.

Eschenon. Sont les hommes abonnés du prieur de Loosne. Feux abonnez, 113

St Usaige Sont abonnez de Monseigneur le Duc. Feux abonnez, 29.

Trouhans. Il y a chastel fort et sont les habitans tailliables à volenté de M. Philippe de Crux, chevalier, seigneur dudit lieu. Feux sers, 82.

Mailley Courtolz. Sont tailliables haut et bas de MM de la Chappelle de Dijon et de la vefve feu J. de Chissey escuier.

NOTA. Depuis huit ans il y a eu audit lieu de Mailley, brulé environ 52 chås de maison, pour quoy les dits habitans sont ainsi deschargés. Feux sers, 57.

Mailley le Chasteaul. Il y a chastel fort, et sont les hommes abonnez de Mme la Duchesse, de M. Simon de Mailley et de MM. de la Chappelle à Dijon. Feux abonnés, 62.

Mailley le Port. Sont les habitans tailliables de MM. de la Chapelle à Dijon, de M. Simon de Mailley et d'autres. Feux sers, 15.

Mailley la Ville. Sont les habitans tailliables abonnez de MM. de la Chapelle à Dijon et autres seigneurs. Feux abonnez, 23.

Tillenay. Sont hommes abonnés de MM. du Chappitre d'Ostun Estans avec nous Hugues Caniffart prebtre, procureur et gouverneur dudit Chappitre etc. Feux frans, 13.

Pons. Abonnez desdits de Chappitre d'Ostun. Feux abonnez, 9.

Traclin. Sont les habitans abonnez desdits de Chappitre. Feux abonnez, 15.

Champdoistre. Sont les habitans abonnez, les aucuns, et les autres sers des Doyen et Chappitre d'Ostun. Feux abonnés, 53; feux sers, 6 : 59.

Le Moulin de Champaine. Est aux sieurs de la Chappelle de Monseigneur le Duc à Dijon et à M. Simon de Mailley.

Plouvot. Sont les habitans tailliables de Monseigneur le Duc et de M. Guillaume de Rochefort. Feux sers, 23.

Longeaul. Sont hommes taillables de Monseigneur le Duc et de M. Guillaume de Rochefort. Feux sers, 5.

Plouvoy. Sont les habitans à Monseigneur le Duc, audit M. Guillaume de Rochefort et à pluseurs aultres seigneurs. Feux frans, 31.

Bere le Fort. Sont les sers de M. de St Bénigne et de M. Guillaume de Rochefort. Feux sers, 11.

Colonges lez Longeoal. Sont les habitants abonnez de M. Guillaume de Rochefort et de Estienne de Ruffey. Feux frans, 17.

Sourans. Il y a chastel fort et sont les habitans frans de Amiot Regnard. Feux frans, 7.

Fouffrans. Sont les habitans, les aucuns tailliables à volonté et les autres abonnés. Feux frans, 16.

Premières. Il n'y demeure personne excepté le curé.

Le Moulin de Loichières Néant.

Le Moulin de Bere Néant.

Vuchey Sont les habitans, les aucuns abonnez et les autres tailliables à volonté du seigneur de Janley. Feux frans, 23.

Janley. Il y a chasteaul foussoier et sont les habitans abonnez de Claude et Phelibert de Tenarre escuiers, seigneurs dudit lieu. Feux abonnez, 44.

Labergement près de Saccey. Sont les habitans tailliables à volenté de l'Eglise de St Bénigne de Dijon. Feux sers, 17.

Remilley Sont tailliables haut et bas de l'Eglise St Bénigne de Dijon. Feux sers, 23.

Saccey (Cessey). Sont les habitans tailliables haut et bas de la même église. Estans avec nous Mr Estienne Didier, prebtre vicaire dudit lieu etc. Feux sers, 30.

Vaulx. Sont tailliables de la même église. Feux sers, 8

La Grange de Lamblay. Est à l'abbesse de Tart, 1 feu.

La Grange de Raconnay. Néant.

Yssier. Sont les habitans tailliables haut et bas de l'Eglise de St Bénigne. Feux sers, 17.

Longchamp. Sont les habitans tailliables aux Chatreux de Dijon. Feux sers, 19.

Tallecey. Sont les habitans tailliables haut et bas de l'église de St Bénigne de Dijon. Feux sers, 5

Chambières. Sont les habitans tailliables de la même église. Feux sers, 10.

La Grange de l'Abayote. Néant.

Poncey Sont les habitans tailliables hault et bas de la Chappelle de Dijon.

Nota. Que audit Poncey depuis ung an demi en ça, a eu que maisons que granges (arses) environ 120 et n'y a de présent que maisons faites que encommencées que environ 20 maisons, pourquoy ils sont ainsin diminués et au surplus le demeurant desdits habitans cy dessoubs nommés sont très povres et misérable pour l'orvale dudit feu, que à peine ils ont pain à mangier. Pourquy est ainsin faite ladite descharge Feux sers, 24.

Estées (Athée) Il y a une tourt forte et sont tailliables à volenté hault et bas, de MM. de la Chappelle à Dijon, de M. Estienne de Grantmont chevalier et de pluseurs autres seigneurs. Feux sers, 17.

Villers les Potz. Sont les habitans tailliables haut et bas de M. le comte de Charny, à cause de Mirebel. Estans avec nous André Vatheaul maire dudit Villers, André Cain procureur. Feux sers, 83.

Montallot Sont abonnez de M. de la Marche. Feux abonnez, 11.

Le Maigny près d'Estées. Sont tailliables haut et bas de M. Estienne de Grantmont, à cause de madame sa femme. Feux sers, 31.

La Marche. Il y a chastel fort et sont les habitans frans de M. Hélion de Grançon, chevalier seigneur dudit lieu. Estans avec nous J. Mayrot, mayeur dudit lieu Chretiennot Cordier, Villot Cordier dit Boiteux, J Gousselet J. Barbier eschevins. Feux frans, 128.

Vonges. Il y a maison foussoyée et sont les habitans abonnés de Oudot et de Jehan de Champlite escuiers, seigneurs dudit lieu. Feux abonnés, 26.

Champfort. Il y a maison foussoyé et sont les habitans abonnez de Ferry de St Seigne. Feux abonnés, 4.

La Rue St Jehan de Pontailler. Sont les habitans frans de Monseigneur le Duc de Bourgoingne. Feux frans, 20.

Drambon. Sont les habitans sers et tailliables du seigneur de Thalemey et d'autres seigneurs. Feux sers, 9.

Monmançon. Sont les habitans sers et tailliables du prieur de St Saulveur et de Richard Thibran. Feux nobles, 4; sers, 34 : 38.

Le Moulin au Duc près de Pontailler appelé les granz moulins est à Monseigneur le Duc et sont les hommes frans. Feux frans, 4.

La Grange de Borde près Pontailler. Est à Richard Thibram. 1 feu.

Huilley-sur-Soonne. Sont les habitans tailliables haut et

bas de Monseigneur le Duc et de M. de Thalemey. Feux sers, 101.

Marcilly (Maxilly). Sont les habitans frans abonnez de Monseigneur le Duc de Bourgoingne. Feux frans, 43.

St Saulveur. Sont les hommes tailliables du prieur dudit St Saulveur. Feux sers, 36.

Dompierre-sur-Vigenne. Sont les habitans hommes, les aucuns frans et les autres tailliables de M. de Beaumont, de M. Erard de Saulx et de M. Jehan de Baissey, chevalier seigneur de Longecourt. Estans avec nous Me Estienne Labbé prebtre, curé dudit lieu etc. Feux frans, 21.

Cheuges. Sont les habitans tailliables du seigneur de Mirebel et de plusieurs aultres seigneurs. Estans avec nous Me Guillaume Tixerant prebtre, curé dudit lieu etc. Feux sers, 29.

Jancigny. Sont les habitans abonnez de l'abbé de Beze, Feux abonnez, 42.

Oiseilley. Sont les hommes tailliables hault et bas de l'abbé de Beze et de pluseurs aultres seigneurs. Feux sers, 22.

Blaingny. Sont les habitans abonnez du seigneur de Beaumont. Feux abonnez, 31.

Regueres. Il y a maison fort de foussez et sont les aucuns tailliables, les autres abonnez de Monseigneur le Duc et de plusieurs aultres seigneurs. Estans avec nous Me Nicolas Darderet prebtre, vicaire dudit lieu etc. Feux, 87.

Le Moulin de la Roye. Appartient à M. de Mirebel.

Beaumont-sur-Vigenne. Il y a chastel fort et sont les hommes abonnez de M. de Cicons, chevalier. Estant avec nous M. Guillaume Labbé, curé dudit lieu etc. Feux abonnez, 68.

Champaigne-sur-Vingenne. Sont les habitans hommes frans de M. Guillaume de Cicons chevalier. Estans avec nous M. J. Gruardet prebtre, curé dudit lieu, Henry Darderet, Laurent de Fribourg Perrenin Saison, eschevins de la ville. Feux frans, 63.

Orrain compris *la Grange d'Iley.* Sont les habitans sers de M. Erart de Saulx et de pluseurs aultres seigneurs. Feux sers, 43.

St Seigne-sur-Vingenne. Il y a trois maisons fortes, la première qui est à Monseigneur le Duc, qui gueres ne vault, l'aultre à Messire de St Seigne, l'aultre qu'est une tourt à M. Jehan seigneur de St Seigne. Et sont les habitans, les aucuns frans et les aultres sers desdits seigneurs et aussy de M. de Rousières et aucuns censiers de M. de Beze. En présence de Lyon Guiennot chastellain audit lieu pour Monseigneur le Duc. Hommes du Duc, frans, 53; hommes de Guillaume de Seigne sers, 58; hommes de M. Jehan de St Seigne sers, 14 : 125.

Tasnay. Il y a une tourt fort et sont les habitans tailliables hault et bas à volenté des hoirs feu Jehan de Gand et de plusieurs autres seigneurs. Feux sers, 40.

Noiron sur Beze. Sont les habitans tailliables hault et bas de l'abbé de Beze. Estans avec nous Henryot Clément vicaire dudit lieu etc. 1 feu noble et 17 feux sers : 18.

Bésuote. Sont les habitans tailliables abonnez de Guiote de Coublans, vefve de Guillaume de Montbert et de pluseurs autres seigneurs Feux abonnez, 17.

Charmes. Il y a deux tourts fortes qui est à Jehan de Charmes l'une, et l'autre à Henry de Coublans et sont les habitans, les aucuns frans, les autres tailliables de pluseurs seigneurs. En présence de noble homme Jehan de Charmes seigneur du lieu. Feux frans, 6; sers, 33.

Cuserey. Sont les habitans tailliables du prieur de St Legey Feux sers, 27.

Tasnyot. Sont les habitans tailliables hault et bas de M. de Beauchamp. Feux sers, 17.

Baussey les Beaumont Est à M. de Beaumont. Inhabité.

Arcons Sont les habitans tailliables hault et bas de l'abbé de Beze. Feux sers, 13.

Sauraux. Sont les habitans tailliables hault et bas du prieur de St Legez. Feux sers, 12

Belleneufve. Sont les hommes abonnez du prieur de Saint Légier. Feux abonnez, 25.

La Grange du Maigny. Au prieur de St Légier.

Troochières. Sont les hommes sers de l'abbé de Beze et d'autres seigneurs. Estans avec nous M. J Chrétien prebtre, vicaire du dit lieu etc. Feux sers, 24.

Servoles Sont les habitans abonnés du prieur de St Légier. Feux abonnez, 10.

La Grange de Chaubannes. Est au prieur de St Légier et ruinée depuis longtemps.

Marandeul. Sont les habitans abonnez du prieur de Saint Légier. Feux abonnez. 16.

Maigny St Médard. Sont les habitans tailliables du prieur de St Légier Feux sers. 23.

Mirebel. Ville ferme, chastel fort, trois foires l'an, l'une à la Pentecoste, l'autre à la Saincte Croix de septembre, et l'autre à la Saint Michel et marchief chacun mardi de l'an. Et sont les hommes habitans frans du seigneur dudit lieu. Estant avec nous Jacquet de Chasaulz, Regnault Bevée, Perrenot Milot, eschevins, Michelot Lyardot sergent de Monseigneur le Duc, habitant et présent Mre Claude Compaseur, prebtre vicaire dudit lieu et M. Henry de Loone prebtre, demeurant audit Mirebel et aussy Jehan Bellenet sergent de Monseigneur le Duc, tous habitans dudit lieu. Feux frans, 118.

St Légier. Il y a prioré qui est chastel fermé et foussoyé et sont les hommes frans abonnés du priourté dudit Saint Légier. Feux frans, 20.

Tryey Sont les habitans abonnez dudit prieur de St Légier. Feux abonnez, 20.

Esteraulx. Sont les hommes tailliables hault et bas dudit prieur de St Légier. Feux sers, 18.

Metreul Sont les habitans tailliables hault et bas du prieur de St Légier Feux sers, 18.

Cirey. Sont les habitans tailliables hault et bas dudit prieur de St Légier. Feux sers, 13.

Binges. Sont tailliables hault et bas du prieur de St Légier. Feux sers, 23.

Brecey. Sont les hommes abonnez de M. d'Argillières à cause de madame sa femme et d'autres seigneurs. Feux tailliables, 17.

Arc sur Thille. Il y a deux chasteaulx fors, l'un est à messire Symon de Mailley et l'autre à messire Guyart de Saulx et sont abonnez les habitans desdits seigneurs Estans avec nous M. J. Raveaul prebtre, curé dudit lieu etc. Rues du Moulin la Jus, Roulote, du Pasquier Lasus, au Lart, de Rigole, Lauterot, du Four Bas, de la Craye. Feux abonnés, 109.

La Grange de Corbeton. Aux religieux de St Estienne de Dijon. 1 feu franc.

La Grange de Raconnay.

Forêt. Sont les habitans abonnés de M. Guyart de Saulx et de la parroiche d'Arc. Feux abonnez, 4.

Coutarnons. Sont les habitans, les aucuns abonnez, les autres tailliables à volonté de l'église de St Bénigne de Dijon. Feux frans, 44.

Chaignot. Sont les habitans abonnés de l'église de St Bénigne de Dijon. Feux abonnez, 7.

Orgeux. Sont les habitans tailliables de MM. de la Chappelle de Dijon et de M. d'Acelot, y compris le moulin dudit lieu. Feux sers, 28.

Varoys. Sont les habitans abonnez de l'église St Bénigne de Dijon. Feux abonnés, 18.

Viesvignes. Sont les habitans sers et tailliables de l'abbé de Beze. Feux sers, 14.

Varrotes. Il y a maison fort et sont les habitans tailliables à volonté de Pierre d'Aichey escuier. Feux sers, 9.

Sepoy. Sont abonnez de M. de Rougemont. Feux abonnés, 9.

Bere le Chastel et *Bere la Ville.* Il y a chastel foussoyer et sont les hommes tailliables à volonté de Nicolas de Daudancourt. Feux sers, 59.

La Chaume. Appartenant à J. de Charmes escuier. 1 feu franc.

La Grange de Troiges et *La Grange de Maisses.* Inhabitées.

Fouchanges Il y a une tourt forte foussoyer. Sont les hommes tailliables de MM. de la Chappelle de Dijon et de M. d'Acelot. Feux sers, 20.

Acceaulx. Sont les habitans tailliables à volonté de M. d'Acellot. Feux sers, 18.

Lux. Il y a chasteaul fort et sont les habitans abonnez de M. Jehan de Moulain chevalier. Feux abonnez, 60.

Varennes les Grans et les Petites. Il y a moustier fort et sont les habitans hommes de Monseigneur le Duc, du seigneur de Trichasteaul et d'autres seigneurs, les aucuns abonnez, les autres tailliables à volonté. Estans avec nous M. Jehan Guiot prebtre, curé dudit lieu etc. (Véronnes les Grandes, 34; Veronnes les Petites, 28). Feux abonnés, 62.

Boussenois. Sont les habitants tailliables de M. du Fay et de pluseurs autres seigneurs. Feux sers, 42.

Le Vernoy. Sont les habitans tailliables de M de Fay. Feux sers, 4.

Foncegrive. Sont les habitans tailliables du seigneur du Fay. Feux sers, 26.

Orville Qui est en la duchié est à M. de Rougemont et sont les habitants tailliables dudit seigneur. Feux sers, 4.

Selongey. Il y a deux foires l'an es deux festes de saint Martin et marchief chacun mardi de l'an et sont les habitans les aucuns tailliables et les autres habonnés de M. du Fay. Estans avec M• Jacques Alemandet, prebtre, curé dudit lieu, etc. Feux sers, 209.

Villey. Il y a une tourt et sont les habitans tailliables des hoirs Jehan de Gand, de M• Nicolas Bousseaul et de pluseurs autres seigneurs. Feux tailliables, 45.

Crecey. Ce qui est au duchié. Sont tailliables de M. Jehan d'Igney Feux sers, 2.

Mairey-sur-Thille. Il y a une maison fort qui est à M. J. de Maisilles et sont les habitans tailliables de M Pierre Baudot et d'autres seigneurs Feux sers, 52.

Mussiot. Qui est au duchié. Sont les habitans tailliables du sieur de Chastelvilain et d'autres seigneurs, Feux sers, 5.

Avoul. Sont les habitans habonnés de M. le duc et d'autres seigneurs de la chastellenie de Saulx. Estans avec nous P. Gollardet, maire dudit lieu, etc. Feux habonnés 25.

Le Mex. Il y a maison fort et sont les habitans tailliables hault et bas de M. J. de Saulx, seigneur dudit lieu. Feux sers, 46

Lucerois. Sont tailliables à volenté de M. le duc, de sa chastellenie de Saulx. Feux sers, 9.

Villeconte Sont tailliables hault et bas de la dame d'Anglure et de pluseurs autres seigneurs Feux sers, 38.

Courtivron. Il y a chastel fort et sont les habitans tailliables hault et bas de M. Jehan de Saulx, seigneur du Mex. Feux sers, 44.

Diénnay. Sont les habitans tailliables de l'église de Saint-Bénigne de Dijon. Feux sers, 25.

Vernot Il y a maison fort et sont les habitans tailliables de M. le duc et d'autres seigneurs. Feux sers, 11.

Tarsul Sont les habitans tailliiables de M. le comte de Charny, MM. de la Chappelle de Dijon et d'autres seigneurs. Feux sers, 27

Courtils vers Saulx. Sont tailliables du commandeur du Temple de Dijon. Feux sers, 11.

Saulsis Sont les habitans habonnés de l'église de Saint-Bénigne de Dijon et d'autres seigneurs. Feux habonnés, 9.

Poiseux. Sont les habitans habonnés de M. le Duc, de sa chastellenie de Saulx. Feux frans, 9.

Avellanges Ce qui est au bailliage de Dijon et de la chastellenie de Saulx, et sont habonnés. Feux frans, 2.

Saulx le Duc Il y a chastel fort, deux foires l'an, l'une à la Saint-Laurent, l'autre à la conversion de Saint-Paul et tous les lundis, qui de longtemps ne vault riens et sont les hommes frans habonnés de M. le Duc Estans avec nous Me Ph. Follin, prebtre, vicaire dudit lieu, etc. Feux frans, 63.

Ys sur-Tille Il y a deux foires l'an et marchief chacun mercredi et sont les habitans à M. le Duc, les aucuns frans et les autres tailliables. Estans avec nous Jacot Riche Homme, Sanson Roberet, eschevins. Feux frans, 132.

Pichanges. Sont les habitans tailliables hault et bas de madame d'Autrey et de M. de Thalemey. Estans avec nous M. Jehan Loire, prebtre, etc., Feux sers. 86.

Chaignay. Sont les habitans habonnés de l'église de Saint-Bénigne de Dijon. Feux habonnés. 62.

Marcenay ou Bois. Sont les habitans habonnés des religieux de Saint-Bénigne de Dijon. Feux habonnés, 69.

Gemeaulx. Il y a moustier fort et sont les hommes tailliables de M. du Fay. Estans avec nous Me Anthoine Mugnier, prebtre, vicaire dudit lieu, etc. Feux sers, 173.

Ruffey Sont les habitans abonnés des seigneurs de la Chappelle à Dijon, de la dame de Ruffey et de pluseurs autres. Estans avec nous messire Pierre de Villiers, prebtre, vicaire dudit Ruffey. Feux abonnés, 45.

Eschirey. Sont les habitans tailliables de l'église de Saint-

Bénigne de Dijon Estans avec nous ledit P. de Villiers, vicaire, etc. Feux sers, 15.

Norges la Ville. Sont les habitans tailliables hault et bas de l'enferme (infirmier) de Saint-Bénigne de Dijon et du commandeur de Norges Feux sers, 19.

Oingney. Sont les habitans abonnés de M. Du Puis. Feux frans, 4.

Saint Julien. Sont les habitans abonnés de M. Du Puis. Feux frans, 53.

Clénay. Sont les habitans abonnés dudit seigneur Du Puis. Feux abonnés, 30.

Bretigny. Sont les habitans abonnés dudit seigneur Du Puis. Feux frans, 19.

Broignon Il y a maison fort et sont les habitans abonnés de Claude, seigneur de Blaisy et dudit lieu Feux abonnés, 3.

Savigney le Scet. Sont les habitans tailliables des églises de Saint-Bénigne et de Saint-Estienne de Dijon. Estans avec nous M⁰ Guilaume Fournier prebtre, vicaire dudit lieu, etc. Feux sers, 25.

Bellefons Sont les habitans tailliables hault et bas de l'église Saint-Bénigne de Dijon. Estans avec nous M. Pierre de Villiers, prebtre, vicaire dudit lieu, etc. Feux sers, 25.

Flaccey. Sont les habitans tailliables de l'église de Saint-Bénigne de Dijon. Feux sers, 12.

Messigney Sont les habitans tailliables de l'église de Saint-Bénigne, au chambrier de ladicte église Estant avec nous M⁰ Guillaume de Lichey, prebtre, vicaire, etc. Feux sers, 63.

Saincte-Foy Il y a une maison et ung moulin. au prieur dudit lieu, qui y demeure avec un seul varlet, qui est son serviteur audit moulin.

Norges-le-Pont. Sont abonnés au seigneur Du Puis et du commandeur de Norges. Feux habonnés, 9.

Espaigney. Sont tailliables du prieur de Larey-les-Dijon. Feux sers, 7.

Ventoux. Il y a une tourt fort et sont les habitans sers de M. Alexandre de Saulx et autres seigneurs. Feux sers, 19.

Asnières. Sont les habitans tailliables de l'église de Saint-Estienne de Dijon. Feux sers, **41**.

Saint-Appolomey. Sont les habitans tailliables de l'église de Saint-Bénigne de Dijon. Feux sers, 27.

La Grange d'Arbecey. Au prieur de Saint-Appolomey. Feu franc, 1.

La Grange d'Espirey. Est à l'église de Saint-Estienne de Dijon et y demeure noble homme M. de Marigny, escuier.

Ouges. Sont les habitans tailliables hault et bas des religieux de Cisteaulx. Estans avec nous Guillaume Thiébaudot, prebtre, curé dudit lieu, etc. Feux sers, 51.

Longry et Lonryot. Sont les habitans abonnés de l'église Saint-Bénigne de Dijon. Feux abonnez, 17.

La Grange d'Escherannes (la Colombière). Est à maitre Mongin Contault. 1 feu franc.

Poilley-les-Dijon. Est à Aymé de Chambernay, à cause de sa femme et autres seigneurs et y a une meschant tourt et sont les habitans frans dudit seigneur. Feux frans, 2.

Le Moulin de Roiche les-Dijon.

Le Moulin de Chièrre Morte-les-Dijon.

La Grange de la Nouhe. A M. le comte de Charny. Feu franc. 1.

Mery et Vaulx. Sont les habitans hommes frans de M. Guillaume de Choiseul, seigneur de Clémont. Feux frans, 75.

Baussoncourt, Mairey. Sont les habitans à Jacques de Louhans escuier, seigneur de Choiseul. Feux frans. 83

Total des feux : 9825.

VII

Cerche des feux des sièges de Beaune et de Nuits du bailliage de Dijon, vers 1470. (B. 11535.)

Virey. Il n'y a fourteresse, foire ne marché et sont les hommes tailliables hault et bas de l'esglise de Saint Bénigne de Dijon. Estant avec nous J. Le Perveux alias Munier, procureur de ladite église audit Vivey. Feux tailliables, 10.

Domperier. Il y a une forge de ferroillons dit martinet,

appartenant à l'abbé de la Boissière et une grange d'icelle abbaye et y demeure à présent ung ouvrier alement, admodiateur dudit martenet, nommé maistre Tielement et son frère. Et en ladite grange, un grangier qui garde les bestes de ladicte abbaye et est familier de l'abbé.

Antu. Il n'y a forteresse, foire ne marché et sont les hommes tailliables haut et bas de l'église de Saint-Bénigne de Dijon. Feux tailliables, 18.

La Grange de Crepey. Est à M. l'abbé de Cisteaulx 1 feu.

Boillans. Il est à M. le Duc et sont frans. Feux abonnés, 15.

Surigney en Beaunois. Il est à M. de Charny, Claude de de Poquière, Guiot de Rossillon et autres et y a maison fort dudit Rossillon. Les hommes frans, les aucuns abonnés, les autres tailliables hault et bas. Feux abonnés, 56 ; sers, 12 : 68.

Meloisey. N'y a forteresse et sont frans de M. le Duc et de chappitre d'Ostung. Feux frans, 23.

Volenay. Il y a une tour forte, tailliables hault et bas de M. le Duc. Feux tailliables, 37.

Aucy-le-Grant. Il y a église forte, frans de M. Muressaulx. Feux abonnés, 28.

Aucy le Petit. Sont frans de M. de Muressaulx. Feux abonnés, 6.

Saint-Romain. Il y a forteresse : frans de M. le Duc. Feux abonnez, 71

Draichey. A M. le Duc. Il n'y demeure personne.

Pommard. Il y a une église forte. Tailliables à volenté de M. le Duc. Estans avec nous Guiot Gival, lieutenant du chastelain d'illec. Feux sers tailliables, 126.

La Grange au Vouget. Il n'y demeure personne.

La Roiche de Nolay (la Roche Pot). Il y a forteresse Frans de messire Jacques Pot, chevalier. Feux abonnés, 27.

Baubigny. Frans de M. le Duc. à cause de Saint Romain. Feux abonnés, 10.

Les Villottes. Frans tailliables de M. le Duc. Feux abonnés, 20.

Orches. Tailliables sans mainmorte de M le Duc, à cause de Saint-Romain. Feux tailliables, 23.

La Grange d'Arenay. Aux religieux de La Ferté-sur-Grosne. 1 feu.

La Loge Saint-Romain Hommes tailliables sans mainmorte de M le Duc. 1 feu.

Muressault Il y a forteresse ; frans de M. Mille de Paillart et du seigneur de Monby. Feux abonnés, 90.

Melin-soubs-Orches Hommes frans de M le Duc. Feux abonnés, 18.

Corrabuz. Il y a une tour forte où demeure Estienne de Saulx escuier et y a une grange illec près, où demeure ung bergier.

Yrrey. Hommes frans du sieur de Corrabuz, escuier, du sieur de Charny, du prieur de Saint-Estienne de Beaulne et d'autres. Feux abonnés, 9

Sentosse. Sont hommes frans de M. de Charny, à cause de Molinot. Feux abonnés, 15.

Molinot. Il y a forteresse, une foire l'an à Saint-Nicolas d'iver et y a souloit avoir marchié chacune sepmaine, mais il est failli. Hommes frans du sieur de Charny, seigneur de Molinot. Feux abonnés, 31.

Vermignoul. Des appartenances dudit Molinot, et frans dudit sieur de Molinot. Feux abonnés, 2.

Courcelles-soubs-Molinot. Tailliables sans mainmorte de Philippe de Moroges et des enfants de Saulx. Feux tailliables, 4.

Rovray. Sont frans du seigneur d'illec. Feux frans, 4.

Coiffan. Sers de Andrey du Vernoy et du seigneur de Maximi. Feux tailliables, 3.

Jossenval. Sers de M. Henri de Clugny. Feux tailliables, 3.

Noulay. Il y a forteresse qui est a M. d'Estrabonne, y a marchié chacun lundi et deux foires Sont frans dudit seigneur. Feux abonnés, 46.

Cyrey. Frans de l'abbesse de Saint-Jehan d'Ostun, de M. le chancelier et de M. d'Estrabonne. Feux abonnés, 16.

Corremol le Grant Hommes de M. d'Estrabonne et de M. le chancelier. Feux abonnés, 9.

Corremot le Petit. Hommes frans de M. d'Estrabonne et de M. le chancelier. Feux abonnés, 3.

Vauchaignon. Frans de M. d'Estrabonne. Feux abonnés, 11.

Changes-soubs-Noulay Hommes frans de M. d'Estrabonne. Feux abonnés, 16

Marchiseul. Hommes frans de M. d'Estrabonne. Feux abonnés, 2.

Dizize Hommes frans de M. d'Estrabonne, de Jehan Mairet. Feux abonnés, 22.

La Grange de Bury. A Claude de Gillon, escuier. 1 feu.

Aubigny. Sont frans des hoirs de M. Jehan Perron. Feux frans, 8.

Le Vaulx d'Aubigny. Hommes frans de M. André du Vernoy et du sieur de Maximi. 1 feu.

La Chassaignotte d'Aubigny. Sers du chapitre d'Ostun. feux tailliables, 2.

Bouse. Il y a une tourt forte et sont frans des hoirs de messire Jehan de Saulx, de Philippe de Moroges et d'autres. Feux abonnés, 20.

Lauterot. Il est à l'abbé de Sainte Marguerite. Feux tailliable, abonné, 1.

Mavilly. Il est à Monseigneur le Duc et sont frans tailliables Feux abonnez, 5.

Mandelo. Il y a une tourt qui guère ne vault, qui est à Jehan Mandelo, escuier. Hommes frans tailliables de Monseigneur le Duc. Feux habonnez, 7.

Escharnant. Sont frans tailliables des seigneurs de Saint-Jehan de Jérushalem. Abonnez, 9

Burey en Chaulme. Sont hommes du chappitre d'Ostun et de l'esglise de Sainte-Marguerite. Tailliables hault et bas. Feux abonnez, 6.

Vibernont. Il n'y demeure personne des pièca.

Thorey sur Ouche. Il y a chastel à messire Jacques Pot, et sont hommes frans habonnez. Feux tailliables, 21.

Aubeyne Sont hommes frans tailliables de Monseigneur le Duc, des seigneurs de Saint-Jehan de Jérushalem et du chappitre d'Ostun. Feux abonnez, 2.

Bécoul. Hommes frans des seigneurs du chappitre d'Ostun. Feux abonnez, 7.

Colombey. Il y a maison fort, hommes frans de Jacques Regnart. Feux abonnez, 10.

Le Boisson. A messire Jacques Pot Hommes frans Feux frans, 4.

Beligny sur-Ouche. Il y a chastel fort. et y a deux foires l'an, l'une le mardi avant la feste Dieu, l'autre environ la Toussaint, et marchié qui guère ne vault, chacun mercredi. Hommes frans taillables habonnez. Feux abonnez, 49.

Oucherotte. Hommes frans des doyen et chapitre d'Ostun. Feux abonnez, 16.

Clavoillon. A l'abbé de Sainte Marguerite. Hommes taillables hault et bas. Feux tailliables, 7.

Lusigny. Il y a tour fort qui est à Vauthier de Chazan et à Philippe Lobat et sont sers Feux tailliables, 4.

Monceaulx Et sont sers tailliables hault et bas de messire Jacques Pot. Feux tailliables, 25.

Voichy. Hommes frans abonnez des doyen et chappitre d'Ostun. Feux abonnez, 14.

Vir. Hommes frans abonnez des doyen et chappitre d'Ostun. Feux abonnez, 15.

Champy Il est à chappitre de Saulieu et n'y demeure que un abonné.

Baissy (la Cour). Et sont sers de Monseigneur de Joingny. Feux abonnez. 17.

La Grange de Chuncelle. Qui est à l'abbé de Sainte Marguerite Feu abonné, 1.

Aussant. Il y a une tour fort et sont hommes frans des doyen et chappitre de Saulieu. Feux abonnez, 11.

Villey près d'Antigny. Hommes sers de monseigneur de Joigny. Feux tailliables, 28.

Le Pasquier. Hommes sers tailliables hault et bas de Michault de Chaugy escuier. Feux tailliables, 12

Painblanc Hommes frans et sers, les hommes de Michault de Chaugy, sers, et du grand prieur de Champaigne frans. Feux frans, 2 ; sers, 20 : 22.

La Maison Neufve. Il n'y demeure que frère Jehan Croisié et est au grant prieur de Champaigne, 1.

Nuayz. Sont hommes sers de Michault de Chaugy. Feux tailliables, 11.

Chaudenay la Ville Hommes sers de monseigneur de Saint-Bris et Antoine de Rouvray. Feux tailliables, 9.

Crugey-soubz-Bouyer Sont hommes sers, tailliables hault et bas de Pierre de Laye, Ordile de Montjeu. Feux tailliables, 14.

Chassilly-dessus Hommes de Aymé de Saint-Georges, escuier et d'autres, et sont tous sers, tailliables hault et bas. Feux tailliables, 17.

Leez. Hommes à Philippe de Lobat et sont sers. Feux sers, 7.

Cussey le Chastel. Il y a chastel fort qui est à Aymé de Saint-Georges, hommes sers, tailliables hault et bas. Feux tailliables, 29.

Bise. A Loys de Menessaire, escuier, les hommes sont sers, Feux sers, 3.

Culètre. A Philippe (de) Lobat, escuier, hommes sers, tailliables hault et bas. Feux tailliables, 8.

Longecourt. Hommes sers au seigneur de Mymeures. Feux tailliables, 20.

Chassoiges près d'Antigny. Hommes sers de Monseigneur de Joigny. Feux tailliables, 7.

Foissey. Hommes sers dudit seigneur de Joigny. Feux sers, 10.

Charmoy près d'Antigny. Hommes sers du seigneur de Joigny. Feux sers, 8.

La Cainche. Hommes sers de Monseigneur de Joigny. Feux sers, 13.

La Serve. Hommes sers de Monseigneur de Joigny. Feux sers, 10.

Antigny la Ville. Hommes sers de monseigneur de Joigny. Feux sers, 27.

Antigny le Chastel. A Monseigneur de Joigny. Il y a chastel fort, hommes sers dudit seigneur. Feux sers, 12.

Tamirey. Hommes sers de Monseigneur de Joigny. Feux sers, 23.

L'Ospital du Petit Paris. Hommes frans de Monseigneur d'Estrabonne et doivent tailles abonnées. Feux abonnés, 11.

Marcier. Il y a forteresse qui soit tenable. Hommes sers de Jacques du Bois et de Christophe de Segy. Feux tailliables, 7.

Chailly. Hommes frans de Monseigneur le Chancelier, doivent tailles abonnées pour les héritages. Feux abonnez, 30.

La Craye. Il y a forteresse illec prez qui est à Guillaume de Sercey. Hommes frans du seigneur de Sercey, de Jehan Mairet de Guillaume de Mont-Rambert. Feux frans, 16.

Saint Jehan de Narrosse. Hommes frans de Claude de Vichy et de Monseigneur le chancelier. Feux frans, 6.

Narrosse. Hommes frans du seigneur de Sercey, de Jehan Mairet, de Guillaume de Mont-Rambert et d'autres. Feux frans, 11.

Santenay. Il y a forteresse qui est au seigneur de Sercey. Hommes frans dudit seigneur, de Jehan Mairet et de Guillaume de Mont-Rambert et d'autres seigneurs. Feux frans, 10.

Croppeaulx. Hommes abonnez frans, sans mainmorte, de madame de Saint-Georges, à cause de Chaigny. Feux frans, 24.

Chassaigne le Bas et Chassaigne le Haut. Hommes frans sans mainmorte de Charles d'Oizeller et d'autres.
Feux frans, Chassagne-le-Bas, 14.
Feux frans, Chassagne-le-Haut, 13.
    Total, 27.

Gamay. Il y a forteresse qui est à Perrin de Thoisy, hommes tailliables et courvéables sans mainmorte dudit de Thoisy. Feux frans abonnés, 14.

Saint-Aulbin. Il y a illec prez, la forteresse de Gamay, il y a une foire le jour de Saint-Aulbin, tailliables et courveables sans mainmorte du seigneur dudit Gamay et du seigneur d'Espiri, les aucunz frans Feux frans abonnez, 3; tailliables, 26 : 29.

Pulegny et Mipont. Hommes frans par moitié de Monseigneur le Duc et par moitié de Jehan Perron. Feux frans, 21.

La Grange de Morgeot. Elle est es religieux de Masières, la tiennent à leurs mains demeure, et y vivant à ses despens, Guillaume du Mex et sa femme, rendu dudit Masières.

La Grange de Blaigny. Aux religieux de Masières et la tiennent à leurs mains et y demeure, vivant à leurs dépens deux hommes, soit disant renduz dudit Masières.

Champaignoles. Hommes sers du commandeur de Bellecroix. Feux sers, 10.

Vernusse. Hommes sers du commandeur de Bellecroix. Feux tailliables, 10.

Saulcey Il est à doyen et chappitre d'Ostun. Hommes sers. Feux tailliables, 11.

Ecutigny. Il y a chastel fort qui est à Philippe Lobat, Hommes sers dudit Lobat,. Feux sers, 28.

Cussy la Colonne Hommes sers du seigneur de Maximin. Feux sers, 17.

Grantmont. Hommes tailliables hault et bas de Monseigneur d'Espirey et de Berthelemi de Chassain. Feux tailliables, 16.

Parnant. A Guillaume de Sarcy, escuier, bailli de Chalon. Hommes sers tailliables hault et bas dudit escuier. Estans avec nous Moingin Chiqualet, maire dudit lieu et Jean Gluier, procureur d'icellui seigneur audit lieu. Feux tailliables, 31.

Chenoves. La Grange de Chenoves est es religieux de Masière et n'y demeure personne, fors un mitanchier.

La Grange de Chaulme. Aux religieux de Masières et y demeure ung mitanchier, 1.

La Grange de Bulley. Aux religieux de Masières et n'y demeure que ung *rendu convert* desdiz religieux, 1.

Eschevronnes. A Monseigneur le Duc, hommes frans et abonnnez. Feux abonnez, 25.

Changy Hommes frans, abonnez de Monseigneur le Duc. Estans avec nous Gauthier Legendre, prévost dudit lieu. Feux abonnez, 31.

Fuxey. Hommes frans de Monseigneur le Duc. Feux abonnez, 13.

Arcenant Il y souloit avoir chastel fort, qui à présent est destruit et en ruyne. Hommes frans tailliables hault et bas du grant doyen de Saint-Vivant de Vergy. Feux sers, 37.

Bruant. A messire l'abbé de Cisteaulx, hommes sers Feux sers, 2.

La Grange de Destaing. A l'abbé de Cisteaulx et y demeurent grangiers, 2.

Chevannes. Hommes tailliables hault et bas de M. de Neufchastel. Tailliables, 26.

Coulonges. Hommes frans du doyen et chappitre de la Chappelle de Monseigneur le Duc à Dijon Feux abonnez, 5.

Béry. Hommes tailliables hault et bas de Monseigneur de Sel et de Thiébault de Rougemont. Feux tailliables, 13.

Ternant-les-Vergy. Hommes tailliables hault et bas de plusieurs seigneurs Feux tailliables, 10.

Semesanges. Hommes tailliables hault et bas de Monseigneur de Charny Feux tailliables, 16.

La Grange de Jargueul. A l'abbaye de Cisteaulx, et y demeure 3 mitanchiers.

Chambeuf Hommes tailliables hault et bas de doyen et chappitre de Vergy et de Barthélemy de Chassain, escuier, Feux tailliables, 13.

Chasain. Il y a une grange qui est à Barthélemi de Chasain et y demeure ung mitanchier.

Clemencey. A doyen et chappitre de Vergy, hommes frans tailliables hault et bas. Feux tailliables, 12

Arcey. Hommes sers de monseigneur de Scey et de Thiébault de Rougemont. feux sers, 4.

Poisot. Hommes frans à monseigneur le Duc et à Monseigneur de Charny, Feux abonnez, 5.

Quemigny. Hommes frans, tailliables hault et bas de Monseigneur le Duc et de Monseigneur de Charny. Feux tailliables, 15.

Colley près de Vergy. Hommes taillables abonnez de Monseigneur le Duc et de Guillaume de Fuxy escuier. Feux taillables abonnez, 8.

La Grange-devant-deux-Mont. Est à Estienne de Chaumergy et y demeure ung mitanchier abonné.

Corboain. Hommes frans abonnez de Estienne de Massey et à Estienne de Chaumergy escuiers et à d'autres. Feux abonnez, 9.

Conqueux. Hommes frans, tailliables abonnez de Estienne de Chaumergy escuier et d'autres. Feux abonnez, 16.

Villers-soubz-Vergy. Hommes tailliables à volenté des seigneurs de chappitre de Vergey. Feux tailliables, 20.

Segrois soubz et près de Vergy. A Monseigneur le Duc, hommes frans. Feux frans, 9.

Curtil-soubz-Vergy. Au prieur St Vivant. Hommes frans. Feux frans, 19.

Le Bourg St Vivant de Vergy. Au prieur dudit lieu. Feux abonnez, 2.

Reulles soubz Vergy. A Monseigneur le Duc. Hommes sers de Monseigneur le Duc. Feux sers, 5.

Vergey. Où il a chastel fort et bourg; il y a deux foires l'an, l'une ung mois après Pasques, l'autre le jour de St Denis; marchié chacun jeudi, qui n'est de présent si non à vendre gaiges. Hommes frans de Monseigneur le Duc. Feux abonnez ou chastel, 2, ou Bourg, 6.

Messanges près de Vergy. A Monseigneur de Neufchastel. Hommes tailliables hault et bas. Feux tailliables, 20.

Ou Molin de Monneaulx, où demeure un mugnier. Feu abonné.

Meuilley. Hommes de Monseigneur le Duc, de la dame de Villers et d'autres. Frans tailliables, aucuns abonnez. Estans avec nous. Perreaul Buchat, maire de Monseigneur le Duc au dit lieu. Feux tailliables, 18.

Cherrey. Hommes frans tailliables de pluseurs seigneurs. Feux abonnez, 11.

Marrey. Hommes frans, tailliables des hoirs de messire Jaques de Villers. Feux abonnez, 13.

Villers-la-Faye. Il y a chastel. Hommes sers des hoirs messire Jaques. Feux sers, 29.

Maigncy-soubs-Villers-la-Faye. Hommes tailliables à volenté des héritiers de messire Jaques de Villers. Feux taillables, 28.

Flaigney. Hommes frans de messire Jaques Pot. Feux frans, 3.

Saugey. Hommes sers de messire Henry de Clugny. Feux sers, 3.

Premeaulx. Hommes frans de Monseigneur le Chancelier, de Jehan de Fussy, Claude de Vichi et d'autres. Feux frans, 26.

Chaulx. Hommes frans, tailliables abonnez de Monseigneur le Duc et du Chappitre de Vergey. Feux abonnez, 14.

Quincey. Les hommes sont aucuns frans, les autres sers de Monseigneur le Bailli de Dijon, de Guiard Poinceot et d'autres. Feux sers, 33.

Pressy. Hommes tailliables hault et bas de la dame de Pressy. Feux tailliables, 10.

La Chaume. Il n'y demeure personne de lonsgtemps, excepté le seigneur Jaques Regnart qui demeure au chastel.

Montot. Il n'y demeure personne dès longs temps.

Le Moulin de Montost. Il n'y demeure que ung admodiateur de Anthoine de Villers, cappitaine, d'Argilly.

Boncourt la Ronze et Boncourt la Fontaine Hommes frans de Monseigneur le Duc. Feux abonnez, 6.

Courgolain. Hommes frans de Monseigneur le Duc. Feux frans, 20.

Courcelles-soubz-Sarrigny. Hommes taillaubles abonnez de Monseigneur de Charny. Feux frans, 3.

Varennes. Hommes tailliables abonnez de pluseurs seigneurs. Feux frans, 11.

Neufville soubz Sarrigny. Hommes frans de Monseigneur de Charny. Feux frans, 2.

Sarrigny Il y a chastel que gaires ne vault. Hommes courvéables, abonnez de Monseigneur de Charny. Feux frans, 30.

La Doix de Sarrigny. Hommes taillaubles abonnez de Monseigneur de Charny. Feux abonnez, 24.

Notre-Dame-du-Chemin. Hommes taillaubles abonnez de Monseigneur de Charny. Feux abonnez, 7.

Bretenay près de Beaune. Hommes taillaubles abonnez du grant prieuré de Champaigne. Feux abonnez, 7.

Le Vernoy près de Beaune Hommes taillaubles abonnez. Feux abonnez, 47.

Chevignerot Hommes taillaubles de Monseigneur le Duc et du prieuré de Saint Estienne de Beaune. Feux abonnez, 5

Le Pasquier près de Chevignerot. Hommes taillaubles des Chanoines de Notre Dame de Beaune. Feux taillaubles, 3.

Vignoles Hommes frans de messire Jaques de Lugny et d'autres. Feux frans, 14.

Chorrey. Habitans taillaubles hault et bas de Monseigneur de Charny. Feux taillaubles, 10.

Alosse. Les habitans taillaubles abonnés hault et bas de Monseigneur le bailli de Châlon et autres. Feux abonnez, 15.

Boisson. Habitans taillaubles et abonnez de la Maladière de Beaulne. Feux abonnez, 10

Comblanchain. Hommes frans de Monseigneur le Duc. Feux frans, 19

La Roichotte Au Chappitre d'Ostun et n'y demeure personnes des pieça.

La Franchise Ny demeure personne.

Rolées N'y demeure personne.

Chalenges Est aux Chartreux de Beaune et sont les habitans exemps par privilège, que lesdits Chartreux en dient avoir et dont ilz ont jouy comme le rapportent ceux des villaiges voisins.

Morrey. Et sont les habitans abonnez de messire Hérart du Chastelet. Feux abonnez, 44.

Chamboles. Hommes tailliables abonnez de Monseigneur le Duc et de messire Hérart du Chastelet. Feux abonnez, 27.

Vougeot. Hommes frans de Monseigneur le Duc. Feux abonnez, 20.

Voone. Sont les habitans frans abonnez de Monseigneur le Duc. Estant avec nous Michelot Changey lieutenant du prevost. Feux abonnez, 21.

La Grange-de-Bretigny. A Monseigneur de Cisteaulx. Deux feux.

La Grange-Neuve de Cisteaulx. A l'abbé de Cisteaulx. Un feu.

La Grange de la Oultre. A Monseigneur le Duc et y a deux feux.

La Vaicherie de Cisteaulx. A Monseigneur de Cisteaulx. Deux feux.

La Loige au portier de Cisteaulx. A mondit seigneur de Cisteaulx. 2 feux.

La Grange de Saules. Qui est de Cisteaulx. 3 feux.

La Forgeote dicte la Sarrée. Où sont les molins de Cisteaulx, il y a deux feux.

La Borde au maistre fourestier de Cisteaulx. Qui est à Monseigneur de Cisteaulx et y demeurent trois feux.

Villebichot. Les habitans sont tailliables abonnez de Monseigneur le Duc. Feux abonnez, 35.

La Ville de Beaulne. Y compris les fourbourgs et Gigny qui est de la mairie dudit Beaulne

Premièrement, la ville en dedans de la cloison des murs, 427.

Les fourbourgs, 198.

Gigny, 11.

    Total, 637.

Nantoul. Hommes tailliables abonnez sans courvées ne mainmorte des seigneurs d'Espirey, d'Escutigny et de Montjeul. Feux abonnez, 36.

Les Batis. Il y a une tour fort qui est à Alexandre de St Philibert. Hommes frans tailliables abonnez. Feux abonnez, 5.

Mimandes. Hommes tailliables abonnez de Claude Pitois et d'autres. Feux abonnez, 10.

Maisses. A messire Jehan Damas seigneur de Montaigu, et sont tailliables abonnez. Feux tailliables, 6.

Morteu. Hommes tailliables abonnez de Guillaume et Pierre de Vichey. Feux tailliables, 24.

Courcelles-les-Arces. Il y a maison fort, les hommes sont taillables abonnez sans mainmorte de Pierre Castelain. Feux abonnez, 11.

La Grange de Repon. Est à l'abbé de Masières et y demeure ung religieux seulement.

La Grange de Marceulx. Qui est esdiz religieux de Masières, il y demeure ung homme marié *rendu* de l'abbaye du dit Masières, qui ne porte abit de religieulx ne de couvers, un feu.

Marceul Est à l'abbesse de St Andoiche et sont les hommes tailliables abonnez. Feux abonnés, 5.

Cissey. Il y a chastel fort, qui est à Monseigneur le Chancelier. Hommes tailliables abonnez de mondit seigneur le Chancellier du seigneur des Mingiers et à d'autres. Feux abonnez, 25.

Ste Marie la Blanche. Hommes tailliables hault et bas du seigneur de Charny. Feux tailliables, 40.

Tailley. Hommes tailliables de Guillaume de Vichy. Feux tailliables, 14.

Curtil. Hommes abonnez de messire Mille de Paillart. Feux abonnez, 21.

Serranges (la Grange de Servanges). Est au grant prieur de Champaigne et n'y demeure que ung escuier, auquel ledit prieur a donné ladite grange à sa vie, pour service qu'il a fait en armes audit prieur à la religion de Rodes.

Beligny-soubz-Beaune. Hommes tailliables abonnez de messire Mille de Paillart. 28 feux.

Montaigny. Hommes frans abonnez de Chappitre de Beaulne. Feux abonnez) 6.

La Borde es Bureaux. Hommes frans de Monseigneur le Duc. Feux frans abonnez, 3.

Le Poy. Hommes tailliables abonnez hault et bas de Monseigneur de Charny. Feux abonnez, 12.

Combertaul. Hommes tailliables abonnez à l'église de St Bénigne de Dijon. Feux abonnés, 26.

Traroisy. Hommes tailliables hault et bas de Philibert d'Arle et d'autres. Feux tailliables, 14.

Ruffey. Tailliables abonnez de Philibert d'Arle, Richard Dammartin et d'autres escuiers. Feux tailliables, 18.

Grant Champ. Hommes sers tailliables hault et bas de messire Jaques de Lugny. Feux tailliables, 8.

La Grange de Moisy. A Monseigneur l'abbé de Cisteaulx, et y demeure ung mitanchier.

La-Borde-de-Reulles. Il y a un chastel fort qui est à Monseigneur de Charny et est une thieulerie près dudit chastel, y demeure par admodiacion ung thieulier.

Reulles. Hommes sers tailliables hault et bas de Monseigneur de Charny. Feux tailliables, 10.

Bourguignon. Hommes sers tailliables abonnez maimortables de Monseigneur de Charny et à d'autres. Feux sers, 16.

Muressanges. Hommes sers du seigneur de Charny et

Monsieur l'abbé de Masières y a d'aucuns mex. Feux sers, 13.

Plurey. Hommes taillables abonnez du grant prieur de Champaigne. Feux abonnez, 7.

Aigney. Hommes taillables abonnez du grant prieur de Champaigne. Feux abonnés, 17.

Marigny près de Reulle:. Hommes frans de Monseigneur de Charny.

Villey le Moustier. Hommes frans de Jaques d'Arle escuier et de sa sœur. Feux sers, 34.

Verneaul. Hommes taillables abonnez de Monseigneur le Duc. Feux abonnez, 1.

Longroy. Hommes taillables abonnez de Monseigneur le Duc. Feux abonnez, 7.

Mous. Hommes frans, tailliables abonnez de Estienne de Salins, seigneur de Courraubeuf. Feux abonnez, 10.

Cussigny. Il y a une tour fort, hommes taillables abonnez de Estienne de Nantu escuier. Feux abonnez, 11.

Antilly. Il y a chastel fort qui est à Monseigneur de Raon de présent. Sont les hommes taillables abonnez. Feux abonnez, 31.

Argilly. Il y a chastel fort, les hommes frans bourgeois de Monseigneur le Duc; il y a marchié à vendre gaiges chacun mercredi. Estant avec nous Guillaume Cadot, maire dudit lieu, Andrié du Mex bourgeois, Jehan Courtot, eschevins audit lieu. Sont cinq ou six mex de la dame de Pressy qui sont sers et par coustume contribuent ensemble. Feux abonnez, 94; feux taillables, 6 : 100.

Géanges. Hommes tailliables abonnez de Monseigneur de Charny. Feux abonnez, 24.

Braigny. Hommes sers de Monseigneur le Duc, de Monseigneur son Chancellier la plus part et d'autres seigneurs. Feux taillables, 49.

La-Barre-de-Braigny. Hommes sers de Guillaume de Ste Croix. Feux sers, 6.

Pront-de-Vaulx. Hommes frans, les aucuns et les autres sers du seigneur de Janley et de messire Jaques de Lugny, chevalier. Feux abonnez, 7; taillables, 2 : 9.

Ecouelles. Les aucuns sers, les autres frans de Monseigneur le Duc, de Monseigneur le Chancellier, de messire Jaques de Lugny et de l'église de Moloise. Feux abonnez, 13; taillables, 13 : 26.

Moloise. Sers de l'abbesse dudit lieu. Feux sers, 4.

Paleaul. Hommes frans du prieur d'illec. Feux frans, 29.

Paruey. Sers de Philippe de St Mesmer. Feux sers, 8.

Maiserote. Hommes de Philippe de St Mesmer. Feux sers, 14.

Gros-Bos. Hommes sers de Jehan et Estienne de Tenerre escuiers. Feux sers, 12.

Courgengoul. Hommes sers de Oudart de Sagy, de Philippe de Saint Mesmer, Richard Chissey et Jaques Regnart escuiers. Feux sers, 13.

Chivres. Taillables hault et bas, sans mainmorte du prieur de Larrey. Feux taillables, 41.

Labergement le Duc. Hommes frans de Monseigneur le Duc. Feux frans, 102.

Courberon. Il y a forteresse, hommes frans de messire Jaques Bouton chevalier. Feux frans, 33.

Balon. Hommes frans de Philippe de Courcelles, escuier et des hoirs de Belin d'Orges, jadis escuier. Feux frans, 23.

Gillan. Hommes frans de Jehan de Villers escuier. Feux frans, 42.

La Grange-Rouge. Elle est aux Chartreux de Beaulne et y demeure ung mitanchier.

Agencourt. Il y a forteresse. La plus part hommes de Claude de Vichy escuier, et les aucuns du prieur de St Vivant, les aucuns tailliables abonnez sans mainmorte et les autres sers et feux. Abonnez, 14; taillables, 2 : 16.

Boncourt. Il y a forteresse, hommes sers de Anthoine de Villers, escuier. Feux sers, 12.

Gilley. Il y a forteresse, hommes frans de messire l'abbé de Cisteaulx et de Monseigneur de Momby. Feux frans, 73.

Flagey. Hommes frans de Monseigneur le Duc. Feux frans, 49.

Poilley. Hommes de Jehan d'Aubert, de Selemville escuiers. Taillables abonnez non mainmortables. Feux abonnez, 24.

Montmoyen. Il y a forteresse. Hommes sers de Jehan et Estienne de Tonnerre, escuiers. Feux sers, 19.

Prey-Forgeul. Il n'y a aucun tenant feu présentement.

Lées. Hommes frans, justiciables des seigneurs de Montmoyen Feux frans, 3.

Villey-le-Bruley. Hommes tailliables abonnez sans main morte de Monseigneur de Charny Feux abonnez, 26.

Baigneul. Hommes de Monseigneur le Duc, les aucuns frans et les autres sers. Feux abonnez, 43; tailliables, 15 : 58.

Lachière. Une grange qui est à Philippe de Courcelles escuier, y demeurent deux hommes qui sont admodiateurs.

Glanon Hommes taillables abonnez de messire Jaques Bouton, chevalier, de Jehan et de Aubert de Setemville escuiers. Feux tailliables, 24

La Grange Huot Au seigneur de Bonnencontre, deux hommes la tiennent à cense à tousjours.

Auvillers Il y a forteresse. Hommes tailliables et courvéables sans mainmorte de Philippe de Courcelles escuier. Feux taillables, 2.

Broing. Hommes justiciables de Monseigneur de Bonnencontre, les aucuns frans et les autres sers. Feux abonnez, 25; taillables, 4 : 29.

Nuys. Bonne ville où il y a deux foires l'an et marchié chacun lundi, les habitans frans bourgeois de Monseigneur le Duc. La ville, 62; les fourbourgs, 80 : 142.

Beuf. Les habitans tailliables hault et bas de Monseigneur le Chancellier et de Monseigneur de Couches. Feux taillables, 15.

Total des feux, 4,823

———

Des trois rôles de feux qui suivent et qui appartiennent au bailliage d'Auxois, le premier a été dressé en 1397, lors de l'aide de 50,000 fr. octroyé au duc Philippe-le-Hardi, pour le rançon de son fils Jean, comte de Nevers. prisonnier du sultan Bajazet, après la défaite de Nicopolis; les deux autres, datés de 1442 et 1461, à la suite des aides ordinaires votés au duc par ces mêmes Etats.

Etudiés dans leur ensemble, ces documents confirment les données que nous avons exposées dans la première partie de ce recueil. A savoir : En ce qui concerne la population, qu'elle allait sans cesse en décroissant avec la guerre des Anglais, pour se relever à la suite du traité de paix d'Arras.

Ainsi, le nombre des feux qui était de 6,633 en 1397, tombe, en 1442, l'année même d'une désastreuse invasion des Ecorcheurs à 3,903, pour se relever vingt ans plus tard à 7,725.

On y remarque aussi le même classement des feux solvables, misérables et mendiants, et dans une proportion qui accuse l'effroyable dépopulation, causée par la guerre des Anglais, les ravages des Ecorcheurs, la peste, la grêle et les autres fléaux auxquels la Bour... était alors en proie.

Par contre, ces mêmes « cerches » attestent le progrès accompli par la liberté dans les campagnes, progrès douloureux achetés au prix de tant de sang et de misères. Ainsi, maintes localités déclarées serves, dans les recherches du xiv° siècle, sont reconnues franches dans celles de la fin du xv°, le souverain comme les seigneurs ont dû, sous peine de voir leurs domaines abandonnés, retenir leurs hommes, soit par l'affranchissement de la main-morte, soit par les abonnements, c'est-à-dire par la conversion de la taille seigneuriale à merci, en une subvention fixe, dont la quotité ne pouvait plus être dépassée. La révolution communale inaugurée au xii° siècle, souvent ralentie, mais jamais arrêtée, poursuivait sa marche en dépit des obstacles, jusqu'au jour où elle devait définitivement triompher.

BAILLIAGE D'AUXOIS.

VIII.

Cerche des feux du bailliage en 1397 (B. 11,513).

C'est le papier des noms des feux des villes d'Avalon et de Montréal, ensemble de la prevosté de Semur, sens la ville dudit Semur et sens la terre et chastelleine de Noyers et aussi des prevostés de Sacey, de Poilley et d'Arnay ou bailliage d'Auxois, laquelle cerche a esté faite par Jehan Brandin dudit Semur, et par Guillaume Le Boguel, chastelain d'illec, ad ce commis et ordonez par MM. les Esleuz au duchié de Bourgoigne, par l'ordonnance de M. le Duc, pour mettre sus l'aide des 50 000 frans nagaires octroyez pour la ranceon de M. le conte de Nevers, etc , laquelle cerche a esté encommenciée à faire le dymenche après la feste de Toussaint, l'an 1397, et continuelment jusques au venredi, après la feste de saint Andrier, apostre, 7ᵉ jour de decembre.

ET PREMIÈREMENT LA PRÉVOSTÉ D'ARNEY.

La ville d'Arney, où il y a forteresse et y croist foires et marchiez et sont franches gens, 31 feux solvab., 30 misér. : 61.
Chaissigney, 1 feu fran, 6 sers, 4 misérables : 11.
La Chaulme. Feux frans 4, misérables, 3 : 7.
Marcé. Feux frans, 4, misérables 5 : 9.
Chevigny. Feu fran 1, misérables 2 : 3.
Rolins. Feu sers 1, misérable 1 : 2.
Dracey-Chalois Feux frans abonnez 2, misérables 4 : 6.
Vovroilles (Veuvrailles) Feux sers 6, misérables 5 : 11.
Visigneul. Feux sers 7, misérables 4 : 11.
Ysertenes. Feux sers 5, misérables 3 : 8.
Viezvy. Feux sers 8, misérables 2 : 10.
La Bruère. Feux sers 2, misérable 1 : 3.
Le Grant Thillot. Il n'y demeure nuls.
Le Petit Thillot. Feux sers 2, misérable 1 : 3.
Uché. Feux sers 9, misérables 3 : 12.
Chevenes. Feux sers 2, misérable 1 : 3.
Thury. Feux sers 16, misérables 6 : 22.
Valerot. Feux frans 5, misérables 5 : 10.
Terroilles. Feux frans 2, feux sers 5, misérables 2 : 9.
Maligny. Feux frans 6, misérable 7 : 13.
Nantuil. Feux sers 4, misérables 2 : 6.
Nuilly. Feux sers 6, misérables 2 : 8.
Sivrey. Feu fran 1, feux sers 3, misérables 5 : 9.
Saint-Prier. Feu fran 1, feux sers 10, misérables 4 : 15.
Vouldenay Feu fran 1, feux sers 4, misérables, 2 : 7.
Villeneuve-les-Vouldenay. Feux sers 8. misérables 4 : 12.
Maigmen. Feux sers 12, misérables 4 : 16.
Masières. Feux sers 4, misérables 2 : 6.
Juilley. Feux sers 5, misérables 2 : 7.
Fontenes. Feux sers 8, misérables 2 : 10.
Terraillles, mainmortables, abonnez au Duc. Feux frans 4, feux sers 2, misérables 7 : 13.
Musigny. Feux sers 12, misérables 6 : 18.
Villeneuve. Feux sers 8, misérables 6 : 14.
La Feste Feux sers 9, misérables 6 : 15.
Accey (Essey). Feux sers 15, misérables 7 : 22.
Avencey. Feux sers 3, misérables 2 : 5.

Moillon. Feux sers 14, misérables 8 : 22.
Bucillon. Feux sers 6, misérables 3 . 9
Clomoul. Feux sers 14, misérables 6 : 20
Mimures Feux sers 10, misérables 5 : 15
Suse. Feu fran 1, misérables 2 : 3.
Les Bourdes. Feux frans 2, misérables 3 : 5
Salonges. Feux sers 6, misérables 2 : 8
Huilley. Feux sers 24, misérables 14 : 38.
Blaingey Feux sers 8, misérables 4 : 12
Joy (Jouey). Feux sers 6, misérable 1 : 7.
Poichey Feux sers 7, misérable 4 : 11.
Treney Feux sers 4, misérable 1 : 5.
Angoste. Feux frans 2, feux sers 4, misérables 3 : 9
Alerey Feu fran 1, feux sers 15, misérables 8 : 24.
Juilley-Lachenaul. Feux frans 3, misérables 3 : 6.
Arconcey. Feux frans 7, misérables 12 : 19
Lagneaul. Feu fran 1, misérable 1 : 2.
Pormenois. Feux sers 10, misérables 3 : 13.
Viécourt. Feux frans 4, misérables 4 : 8.
Argey. Feux frans 2, misérables 3 : 5
Jonchery Feux sers 5, misérables 2 : 7.
Suxey. Feux frans 3, misérables 3 : 6.
Le Maulpas. Feux frans 2, feu sers 1, misérable 1 : 2.
Diancey Feux sers 5, misérables 3 : 8.
La Roichote. Feu sers 1, misérable 1 : 2.
Chauvirey. Feux sers 3, misérables 2 : 5.
Sanceré Feux sers 3, misérable 1 : 4.
Chalecey Feux frans 2, misérables 3 : 5.
Malecey. Feu fran 1, misérables 2 : 3.
Ruillon. Feux sers 6, misérables 4 : 10.
Nailley. Feux sers 5, misérables 3 : 8.
Vovres. Feux frans 2, misérables 3 : 5.
Marcilley-sous-Mont-Saint-Jehan. Feu fran 1, feux sers 14, misérables 5 : 20.
Thoriseaul et La Croix Feux sers 3, misérable 1 : 4.
Dornay Feux sers 3, misérables 3 : 6.
Burray-Pealgay. Feux sers 25 misérables 8 : 33.
Oigny et Le Poiz Feux sers 4, misérables 3 : 7
Meilley Feux frans 10, misérables 11 : 21.

LA PRÉVOSTÉ DE POILLEY (POUILLY-EN-AUXOIS).

Poilley Feux frans 16, misérables 10 : 26.
Blancey. Feux frans 6, feux sers 2, misérables 6 : 14.

Gissey le Vuel. Feu fran 1, feux sers 10, misérables 5 : 16.
Lentillères Feux sers 6 misérables 2 : 8.
Le Sauleeaul. Feux sers 3, misérables 2 : 5.
Aguilley (Eguilly). Feux sers 11, misérables 5 : 16.
Grant Champ Feux sers 3, misérable 1 : 4.
Martrois. Feux sers 10, misérables 5 : 15.
Chailley. Feux sers 27, misérables 8 : 35.
Dyonne Feu sers 1 : 1
Sorcey (Cercey). Feux sers 8, misérables 3 : 11.
Toisy le Désert. Feux sers 24, misérables 6 : 30.
Bellenoul Feux frans 6, misérables 5 : 11.
Villers-soubs-Poilly. Feux frans 8, misérables 5 : 13.
Baulmes. Feux sers 6, misérables 2 : 8.
Créancey Feux frans 2, feux sers 12, misérables 4 : 18.
Panthie. Feux sers 5, misérables 3 : 8.
Cimanrey (Semarey) Feux sers 8 misérables 3 : 11.
Cormarien Feux sers 8, misérables 2 : 10.
Montoillot. Feux sers 5, misérables 3 : 8.
Soles. Feux sers 13, misérables 3 : 16.
La Respe. Feux sers 5, misérables 3 : 8.
Vandenausse. Feux sers 10, misérables 5 : 15.

Chastelneuf, où il a chestel et y croist foires marchés et sont franches gens abonnez, auscuns sers. Feux frans 10, feux sers 13, misérables 3 : 26

Sainte Savine (Sabine). Feux sers 13, misérables 6 : 19.
Chaudenay. Feux sers 8, misérables 5 : 13.
Les Bordes-soubs-Chaudenay Feux sers 3, misérables 2 : 5.
Maconges Feux frans 4, misérables 6 : 10.
Rovres. Feu fran 1, feux sers 11, misérables 4 : 16.
Boyers (Bouhey) Feux sers 12, misérables 7 : 19.
Pauteneres. membre de l'abbaye de la Buxère. Feux sers 2, misérables 2 : 4.
Autvillers Feux sers 2, misérable 1 : 3.
Saint-Vitoul (Victor) Feux sers 4, misérables 3 : 7.
Marrigny sur Oische Feu fran 1, misérable 1 : 2.
Jaugey. Feux sers 5, misérables 4 : 9.
Berbirey. Feux sers 4, misérables 3 : 7.
Gissey sur Oisce. Feux frans 3, feux sers 23, misérables 13 : 39.
Beaumotes. Feu fran 3, misérables 2 : 5.
Aigey. Feu fran 1, feux sers 16, misérables 9 : 26.
Remilley. Feux sers 18, misérables 9 : 27.

Le Trembloy. Feux sers 2, misérables 2 : 4.
Grenant et Charmoy Feux sers 9, misérables 3 : 12.
Vaul. Feux sers 3, misérable 1 : 4.
Sombernon, où il a forteresse et y croist foires et marchés et y a franches gens et sers. Feux frans 3, feux sers 12, misérables 6 : 21.
La Borde-soubs-Sombernon — Il n'y demeure nuls.
Aubigny. Feux sers 17, misérables 9 : 26.
Syvrey (Civry) en Montagne. Feux frans 2, feux sers 7, misérables 5 : 14.
Chastoillenot et La Borde Feux sers 11, misérables 7 : 18.
Pyonne. Feu misérable 1 : 1.
Chaisilley. Feu fran 1, feux sers 6, misérables 2 : 9.
Meimont. Feux frans 3, feux sers 4 misérables 7 : 14
Savigny-soubs-Maulain Feux sers 20, misérables 11 : 31.
Saveroinges (Saveranges) Feux sers 2, misérables 2 : 4.
Prâlons. Feux sers 3, misérables 2 : 5.
Maulain Feux sers 17, misérables 7 : 24.
La Sarrée. Feux sers 3, misérables 2 : 5.
Coyon (Sainte Marie sur Ouche). Feux sers 5, misérables 3 : 8.
Bussy (la Pele). Feux sers 3, misérables 2 : 5.
Drées. Feux sers 11, misérables 5 : 16
Verrey-soubs-Drées. Feux sers 4, misérables 3 : 7.
Aneey. Feux sers 10, misérables 2 : 12
Eschannay Feu fran 1, feux sers 9, misérables 6 : 16
Les Bordes-soubs-Chastelneuf. Feux sers 13, misérables 6 : 19.

LA PRÉVOSTÉ DE SACCEY (CESSEY-LES-VITTEAUX).

Saint Thibault gens frans abonnez Feux frans 12, misérables 16 : 28.
Maison-es-Moignes Feux sers 4, misérables 2 : 6.
Clamerey. Feu franc 1, feux sers 7, misérables 2 : 10.
Veloigny. Feux sers 8, misérables 4 : 12.
Saulcy Feux sers 6, misérables 3 : 9
Creusot. Feux sers 10, misérables 5 : 15.
Verchisey. Feux sers 4, misérables 2 : 6.
Saint Burry. Feu fran 1, feux sers 7, misérables 5 : 13.

Burrisot. Feux sers 18, misérables 9 : 27
Lées-soubs Saint-Burry. Feux sers 4, misérable 1 : 5.
Lenères. Feux sers 16, misérables 5 : 21.
Marcilley les-Viteaul. Feux frans 5, misérables 7 : 12.
Dracey. Feux sers 5, misérables 4 : 9.
Viteaul, où il a forteresse et y croist foires et marchiez et sont gens frans abonnez à 300 livres tournois Feux frans 25, feux sers 48 : 73
Massingey Feux sers 3, misérable 1 : 4.
Saffres. Feux sers 11, misérables 7 : 18.
Ys-les-Viteaul. Feux sers 2, misérable 1 : 3
Vevre. Feux frans 3, misérables 5 : 8.
Boucey. Feux sers 3, misérables 3 : 6
Marcelois Feux sers 6, misérables 3 : 9.
Avonne. Feux frans 4, feux sers 2, misérables 4 : 10.
Chevannay. Feu fran 1, feux sers 7, misérables 7 : 15.
La Villotte-soubs-Sombernon. Feu sers 1, misérable 1 : 2.
La Chaleur. Feux sers 2.
Fontoicles. Feux sers 3, misérables 2 : 5
Uncey. Feux frans 7, misérables 7 : 14
Grosbois Feux sers 20, misérables 9 : 29.
Barain. Feux sers 2, misérable 1 : 3.
Posainges. Feux sers 17, misérables 15 : 32
Arnay-soubs-Viteal. Feux frans 11, misérables 5, feux sers 4, misérable 1 : 21.
Seccey. Feu fran 1, misérables 3 : 4.
Dompierre dessus Viteal. Feux frans 8, misérables 11 : 19.
Vielley (Villy) Feux frans 2, misérables 3, feux sers 20, misérables 11 : 36.
Champregnault. Feux sers 2, misérable 1 : 3.
Saint Alier (Helier). Feux frans 2, misérables 2 : 4.
Clirey. Feux frans 2, feux sers 2, misérables 4 : 8.
La Roiche-de-Vanneaul Feux sers 10, misérables 6 : 16.
Lugny Feux sers 5, misérables 2 : 7.
Berin. Feux sers 9, misérables 4 : 13.
Jailley Feu fran 1, feux sers 6, misérables 7 : 31.
Ville Barny. Feux sers 15, misérables 9 : 24.
Ecorpsaint. Feu fran 1, feux sers 6, misérables 4 : 11.
Aulte Roiche Feux sers 2, misérables 2 : 4.
Villeferrin Feux frans 3, misérables 5 : 8
Flavigny, ville fermée, y croist foires et marchés. Feux frans 26, misérables 54 : 80.
La Grange de Voulenay. Feu sers 1.

Viez Molin. Feux sers 3, misérables 3 : 6.
Geligney. Feux sers 5, misérables 3 : 8.
Saint Mémin et Bonidan. Feu fran 5, misérables 7 : 12.
Godan Feu fran 1, misérable 1 : 2
Saint Antot Feu fran 1, feux sers 5, misérables 3 : 9.
Courcellottes. Misérable 1 : 1.

LA PREVOSTÉ DE SEMUR

Mont-Saint Jehan, où il a forteresse et y croist foires et marchiez et sont franches gens. Feux frans 8, misérables 7 : 15.
Glenoul près M.-S. J. Feux frans 4, misérables 3 : 7.
Melins-soubs-M.-S.-J. Feux frans 4, misérables 5 : 9.
Fleurey-soubs-M.-S.-J. Feux frans 2, misérables 4 : 6
Sonotes Néant.
Ormancey. Feux frans 2, feux sers 4, misérables 4 : 10.
La Come Feux 4, misérables 2 : 6.
Mairey-soubs-M-S.-J Feux sers 3, misérables 3 : 6.
Misserey. Feux sers 19, misérables 7 : 26.
Saiserey Feux sers 10, misérables 4 : 14.
Varonnes. Feux sers 3, misérables 3 : 6.
Chaselles en Morvant. Feux sers 9, misérables 5 : 14.
Ochoisy-la-Motte (La Motte-Ternant) et les Bordes. Feux frans 4, feux sers 3, misérables 6 : 13.
Mercuil et le Bois. Feu frans 7, feux sers 4, misérables 12 : 16.
Chaucerose Feux sers 9, misérables 5 : 14.
Chaselles-Lescot. Feux sers 8, misérables 4 : 12.
Fontoingey Feux sers 15, misérables 5 : 20.
Sainte Secroye (Segros). Feux sers 8, misérables 6 : 14.
Monlay. Feux sers 10, misérables 5 : 15
Juillenay. Feux sers 10, misérables 4 : 14
Accenay (Arcenay). Feux sers 4, misérables 2 : 6
Mollefey et Courtappre, qui sont du royaulme en grande partie. Feu sers 1, misérables 3 : 4
Aisey (Aisy). Feux sers 7, misérables 5 : 12.
Le Pont d'Aisey. Feux sers 5 misérables 3 : 8.
Vy-soubs-Thil. Feu fran 1, feux sers 10, misérables 7 : 18.
Prissey-soubs-Thil (Précy) La ville et plusieurs finages en-

viron, ont estée en ceste année par deux ou trois fois, battues et tempestées par la force du temps Feu fran 1, feux sers 8, misérables 7 : 16

Thil-en-Hault et la Maison Dieu Feux sers 6, misérables 5 : 11.

Le Bruillat (Brouillard). Feux sers 3, misérables 3 : 6.

Chenaul Feux sers 14, misérables 4 : 18.

Fley Feux sers 8, misérables 7 : 15

Alerey Feux sers 5, misérables 3 : 8

Pons. Feux sers 6, misérables 4 : 10.

Macenes. Feux sers 3, misérables 2 : 5

Saint Euffraigne (Euphrône) et la Grange du Serf. Feux sers 15, misérables 11 : 26.

Villeneuve soubs-Charigny Feux sers 7, misérables 4 : 11.

Charigny. Feux sers 3, misérables 3 : 6.

Brianney et La Marchole. La mortalitey y est très grant et un grand nombre de feux esteints. Feux sers 12, misérables 10 : 22.

Thy-la Ville. Feux sers 10, misérables 7 : 17.

Nant soubs-Thil. Feux sers 16, misérables 13 : 29.

Pluviers Feux sers 11. misérables 6 : 17.

Montaignerot. Feu misérable 1.

Noident-soubs-Charney Feux sers 16. misérables 6 : 22.

Chargney (Charny). Feu fran 1, feux sers 10, misérables 5 : 16

Villeneuve-soubs-Charney Feux sers 3, misérables 3 : 6.

Thoirey. Feux sers 20, misérables 10 : 30.

Normiers. Feux sers 6, misérables 8 : 14.

Marcigny-soubs-Thil. Feux sers 10, misérables 9 : 19.

Saul-soubs-Marcigny. Feu misérable 1.

Les Davrées Feux sers 11, misérables 6 : 17.

Braux et la maison es Croisiers. Feux frans 8, sers 10, misérables 11 : 29.

Chasserot. Néant.

Chacey Feux sers 6, misérables 4 : 10.

Maigny. Feux frans 1, misérables 2, sers 5, misérables 3 : 11

Souhey. Feux frans 1 misérables 2, sers 5, misérables 4 : 10.

Poillenay Feux frans 3 sers 10, misérables 10 : 23.

Mussey-la-Fosse. Feux sers 8, misérables 4 : 12.

Massingey. Feux frans 8, misérables 8 : 16.

La Cultine Feux sers 6, misérables 4 : 10.

La Grange de Velecin (Vulsain). Feux sers 1.
Villars près Semur. Feux sers 11, misérables 6 : 17
Villoignes les-Cherrettes (Villenotte). Feux sers 8, misérables 4 : 12
Juilley (Juilly). Feux sers 12, misérables 6 : 18.
Montigny-sur-Armançon. Feux sers 15, misérables 7 : 22.
Roidley Feux sers 14, misérables 8 : 22.
Marrigny-le-Cahouet Feux frans 18, misérables 19 : 37.
Courcelles-les-Semur. Feux sers 8, misérables 8 : 16.
Bières. Feux sers 9 misérables 5 : 14.
Lucenay. Feux sers 5, misérables 2 : 7.
Reffey (Ruffey). Feux sers 7, misérables 5 : 12.
Montigny-Saint-Bertholomer. Feux sers 7, misérables 5 : 12.
Toutes et Beaulregard. Feux frans 1, sers 16, misérables 4 : 21.
Geloigny Feux sers 10, misérables 5 : 15.
Dompierre, Feux sers 5, misérables 3 : 8
Villars-Dompierre. Feux frans 2, misérables 3 : 5.
Courcellotes. Feux sers 6, misérables 2 : 8
Romenault. Feux sers 2, misérables 1 : 3
Chanteaul. Feux frans 2, misérables 3 : 5
Saint Didier. Feux frans 2, misérables 3 : 5.
Montoichon. Feux frans 2, misérables 7 : 9.
Grant-Vaul, Feux fran 1, misérables 4 : 5.
Montmelien Feux sers 6, misérables 2 : 8.
Bouloy Feux fran 1, misérables 2 : 3
Crespy. Feux frans 2, misérables 4 : 4
Chanoissaint. Feux frans 3, misérables 5 : 8.
La Roiche-de-Brenin. Feux sers 13, misérables 4 : 17.
Pautieres. Feux sers 3, misérables 2 : 5
Les Maignis. Feux sers 5, misérables 4 : 9.
Les Harey. Néant.
La Verne. Feux sers 1, misérable 1 : 2.
Bieres-en Morvans. Feux sers 3, misérables 2 : 5
Vernon. Feux sers 4, misérables 3 . 7.
Clermont. Feux sers 3, misérables 2 : 5
Chamont Feux sers 4, misérables 2 : 6
Villars-Frémoy Feux sers 4, misérables 3 : 7.
Courcelles Frémoy. Feux franc 1, sers 11, misérables 4 : 15.
Frémoy Feux sers 11, misérables 5 : 16.
Montbertault. Feux franc 1, sers 17, misérables 13 : 31.

Viez Chastel. Feux sers 14, misérables 7 : 21.
Bourboilley Feux sers 18, misérables 7 : 25
Sauvoigney. Feux sers 7, misérables 4 : 11.
Folliens (Forléans). Feux misérables 7.
Foux Feux sers 2, misérables 2 : 4.
Changey. Feux fran 1. sers 6. misérables 4 : 11.
Plumeron. Feux fran 1, sers 7, misérables 5 : 13
Espoisse, ville marchande où il y a forteresse et y croist marchié le lundi Feux frans 2, sers 22, misérables 10 : 34.
Toutrey. Feux franc 1, sers 16, misérables 9 : 26.
Thisy. Feux sers 6, misérables 3 : 9.
Preis Feux sers 7, misérables 2 : 9.
Espoissotte. Feux sers 6, misérables 3 : 9
Corombles. Feux frans 2, sers 40, misérables 13 : 55.
Bar Feux frans 2, sers 9, misérables 6 : 17.
Tivauches. Feux fran 1, sers 8, misérables 5 : 14.
Moustier-St-Jehan. où il y a forteresse, foires et marchiés. Feux frans 8, sers 22, misérables 24 : 54.
Athies. Feux frans 2, sers 14, misérables 6 : 22
Bierrey (Anstrude). Feux sers 17, misérables 8 : 25.
Chevigny (le désert). Feux fran 1, sers 7, misérables 4 : 12.
Saint-Jeux (Just). Feux franc 1, sers 12, misérables 5 : 18.
Curey. Feux sers 8, misérables 2 : 10
Fains. Feux frans 4, sers 15, misérables 14 : 29
Tulle (Turley) Feux sers 5, misérables 3 : 8.
Jeux. Feux sers 8, misérables 4 : 12
Viserney. Feux franc 1, sers 18, misérables 10 : 19.
Villoignes-les-Prevostes. Feux sers 18, misérables 10 : 28.
Genay et Le Cloux Feux sers 29, misérables 19 : 48.
Torcey. Feux sers 11, misérables 6 : 17
Polloigny. Feux sers 12, misérables 4 : 16.
Menestreul-les-Semur. Feux franc 1, sers 7, misérables 7 : 15.
Colonges les-Semur Feux sers 2, misérable 1 : 3.
Monestoy. Feux sers 4, misérables 3 : 7
Le Vy-de-Chacenay. Feux sers 12, misérables 4 : 16.
Sernoys. Feux franc 1, misérable 1, sers 4, misérable 4 : 10.
Charanloys. Feux sers 10, misérables 7 : 17.
Chevigny. Feux sers 11, misérables 7 : 18.
Avalon, ville fermée et y croist foires et marchiez. Feux frans 31, misérables 35 : 66.

Bourc près Avalon. Feux frans 3, misérables 5 : 8.
Cousain-la Roiche. Feux frans 4, misérables 5 : 9.
Cousaint-le-Pont. Feux frans 4, misérables 2 : 6.
Montréaul, ville marchande, où il a chastel et y croist foires et marchiez. Feux frans 15, misérables 24 : 39.

C'est le papier de la cerche et du nombre et inventaire des feux de la ville de Semur et des villes et prévostés de Montbart, de Chastel Gerart et aussi des prévostés d'Avalon et de Montréal et aussi de la ville terre et chastellenie de Noyers tout ce au baillage d'Auxois, laquelle cerche a esté faite par Guiot Moingeart, grenetier d'Avalon, et Perrenot Périlleux, chastellain de Montréal ad ce commis et ordonnés par MM les Esleus au duché de Bourgoigne, pour mettre sus l'aide de 52,000 frans nagaires octroyé pour la rançon et délivrance de M. le comte de Nevers, laquelle cerche a esté encommencée à faire le lundi après la feste de Toussaint l'an 1397, jusques au 6 du mois de décembre suivant

LA PRÉVOSTÉ DE MONTBAR.

Montbar qui est ville ferme et y a foire et marchiez. Feux frans 45, misérables 69 : 124.
Estées (Etais). Feux frans 8, misérables 9, sers misérables 14 : 31.
Pois (Puits). Feux frans 6. misérables 10 : 16.
Soloichey. Feux sers 5. misérables 8 : 13.
Courbeton. Feux sers 5, misérables 1 : 6.
Marmaigne. Feux sers 20, misérables 3 : 23.
Crespent. Feux frans 18, misérables 4 : 22.
Saint Germain. Feux franc 1, misérable 1, sers 19, misérable 4 : 25.
Quincerot. Feux fran 1. sers 13, misérable 3 : 17.
Senoilley (Senailly). Feux franc 1, sers 30, misérables 4 : 35.
Saint-Remy et Blaisy Feux sers 23, misérables 3 : 26.
Buffon Feux sers 12, misérables 2 : 14
Noigent. Feux franc 1, sers 26, misérables 2 : 29.
Courcelles sous-Grignon. Feux sers 12, misérables 2 : 14.
Benoisey. Feux sers 18, misérables 4 : 22.

Villars-Mardereal (V. Montfort). Feux sers 19, misérables 3 : 22.
Montfort. Feux sers 10, misérables 2 : 12
Montaigny-Mardereal (Montfort) Feux sers 12, misérable 1 : 13.
Le Fain. Feux sers 11, misérables 5 : 15.
Fraignes (Fresnes). Feux sers 16, misérables 3 : 19.
Neelles. Feux sers 4, misérables 6 : 10.
Sauvoisey. Feux sers 56, misérable 8 : 64.
Verdonnay. Feux frans 13, misérables 9 : 22
Courmoillon (Cormaillon) Feux sers 8, misérables 3 : 11.
Lantilley. Feux frans 2, sers 9, misérables 5 : 16
Chapdoiseaul. Feux sers 11, misérables 3 : 14.
Les-Laumes-soubs-Grignon. Feux sers 13, misérables 2 : 15
Menestreul-le-Pitois Feux sers 15, misérables 3 : 18.
Venarrey Feux franc 1, sers 14, misérables 5 : 20.
La Grange d'Arrain (Arraus).
La Grange de Cestre Feux sers 2.
La Grange du Cailley. Feu serf 1.
La Grange de Fontaines (les sèches). Feu serf 1.
La Grange de Beaumont Feux serf 1.
La Grange de Cruchey Feu serf 1.
La Grange de Planais (Planey). Feu serf 1.

LA PRÉVOSTÉ DE GRIGNON.

Grignon. Feux frans 4, sers 8, misérables 7 : 19
Les-Granges-soubs-Grignon. Feux frans 16, misérables 18, sers 1 : 35.
Saigney. Feux sers 16, misérables 6 : 22.

LA PRÉVOSTÉ DE CHASTEL GIRART

Chastel Girart. Feux frans 17, misérables, 12 : 29.
Annoul. Feux frans 2, sers 12, misérables 4 : 18
Estivey. Feux frans 4, sers 24, misérables 8 : 36.
Sanvignes. Feux sers 20, misérables 5 : 25.
Pasilley. Feux frans 2, sers 16, misérables 5 : 23
Nuiz-les-Ravières. Feux sers 16, misérables 5 : 21.
Mareul. Feux fran 1, sers 2, misérables 3 : 5.
Sarrey. Feux frans 2, sers 32, misérables 9 : 43.

Selongey (Soulangy). Feux fran 1, sers 11, misérables 6 : 18

Villers-les-Aux. Feux frans 7, sers 35, misérables 9 : 51.

LA PRÉVOSTÉ DE MONTRÉAL.

La Maison Dieu du Villerot. Feux frans 4, sers 10, misérables 8 . 22.

Sauvigny le Bernais Feux franc 1, sers 5, misérables 3 : 9.

La Boicheresse (Doucherasse). Feux sers 6, misérables 2 : 8.

Santaigny. Feux frans 3, sers 25, misérables 6 : 34.
Saulz Feux sers 12, misérables 5 : 17.
Vaissey. Feux frans 11, misérables 16 : 27.
Tronceois Feux sers 7, misérable 1 : 8.
Marmeaulx Feux frans 7, misérables 8, sers 5 : 20.
Cysery et Varennes. Feux sers 10, misérables 5 : 15.
Chaumot. Feux sers 10, misérables 4 : 14.
Treviselot Feux sers 5.
Bierrey. Feux sers 9, misérables 3 : 12
Trevilley. Feux sers 5, misérables 2 : 7
Montjaloin. Feux sers 9, misérables 2 : 11.
Vignes. Feux sers 19, misérables 4 : 23.
Charisey, Feux sers 1, misérable 1 : 2.
Courterolles. Feux frans 5, misérables 4, sers 6, misérables, 3 : 18.
Perrigney. Feu franc 1, misérable 1, sers 11, misérable 3 : 16.
Montot. Feux sers 12, misérables 5 : 17.
Courmarrien. Feux sers 10, misérables 3 : 13.
Tholecey (Talcy). Feux sers 8, misérables 3 : 11.
Pisey. Feux frans 25, misérables 18 sers 1 : 44.
Froideville Feux fran 1, misérable 2, sers 1 : 4.
Menestreul Feux sers 7, misérables 3 : 10.
Corpssains. Feux sers 8, misérables 3 : 11.
Sauvoigny-du-Bois. Feux sers 11, misérables 2 :
Athies. Feux franc 1, sers 12, misérables 2 : 14.
Monceaulx Feux franc 1, sers 5, misérables 2 : 7.
Blacey. Feux franc 1, misérable 1, sers 24, misérables 7 : 22.
Montelon. Feux franc 1, misérable 1 : 2.
Angely. Feux franc 1, sers 4, misérables 2 : 7.
Pancey. Feux frans 4, misérables 3 : 7.

LA PRÉVOSTÉ D'AVALON.

Chassigny Feux franc 1, sers 7, misérables 3 : 11.

Vaissy. Feux francs 4, misérables 4 : 8.

Annay-la-Coste. Feux frans 19, misérables 13, sers 7, misérable : 40

Anneot. Feux sers 9, misérables 5 : 14

Champien Feux sers 4, misérables 2 : 6.

Le Boichat. Feux sers, misérable 1 : 3

Tharot Feux frans 7, misérables 6, sers 5, misérables 2 : 20.

Girolles Feux sers 48, misérables 11 : 59.

Sarmi-elles Feux frans 7, misérables 6, sers 1 : 14.

La Chappelle. Feux sers 3, misérablu 1 : 4.

Valoux et le Tramblay. Feux frans 6, misérables 3, sers 23, misérables 5 : 37.

Vermoiron Feux franc 1, sers 15, misérables 3 : 19.

Le Vaul. Feux sers 23, misérables 6 : 29 .

La Grange près Avalon. Néant.

La Vevre Feu serf 1

Les deux Chastellenes Feux frans 2, misérables 3 : 5.

Estaules. Feux frans 2, misérables 2, sers 13, misérable 3 : 20

La Vaire. Feux franc 1, misérable 1 : 2.

Orbigny-dessus-Pontaubert. Feux frans 3, misérables 3 : 6.

Pontaubert Feux frans 32, misérables 22 : 54.

Ylant. Feux sers 3.

Domecey-dessus-Pontaubert. Feux frans 9, misérables 4 : 13.

Thoroseaul (Thoriseau). Feux frans 4, misérables 2, serf 1, misérable 1 : 8.

Prissy-dessus-Pierre-Perthuis. Feux sers 6, misérables 4 : 10.

Menade. Feux sers 23, misérables 4 : 17.

Uzey. Feux sers 12, misérables 2 : 14.

Ouiches. Feux sers 9, misérables, 2 : 11.

Saint-Germain-des-Champs. Feux sers 11, misérables 4 : 15.

Montmarzelin. Feux franc 1, sers 6, misérables 2 : 9.

La Rivière. Feux sers 3, misérables 2 : 5.

La Rue-de-la-Croiz-de-Chastellenes. Feux sers 3, misérable 1 : 4.

Le Montel et Melos. Feux sers 1.
Lingoux. Feux sers 2.
Roilly-en-Morvant. Feux sers 2, misérables 2 : 4.
Chiselles. Feux sers 3.
Roissotes. Feux sers 2.
Villaines-en Morvant. Feux sers 4, misérables 2 : 6.
La Grange-du-Bois. Feu sers 1.
Vaulpitre. Feux sers 4, misérables 2 : 6.
Montaigny en-Morvant. Feux sers 6, misérable 1 : 7.
Le Mex Feux franc 1, sers 7, misérables 3 : 11.
Auxon Feux franc 1, misérables 2, sers 4, misérables 2 : 9.
Marraux Feux sers 17, misérables 4 : 21.
Villiers-Nonnain Feux sers 21, misérables 4 : 21.
Villarnouf Feux sers 5, misérable 1 : 6.
Soilly et Montchemin. Feux sers 5.
Saint-Aubin et Durot. Feux frans 2, misérables 2, sers 2, misérable 1 : 7.
Semont. Feux sers 1, misérable 1 : 2.
Saint-Branchier. Feux sers 5, misérables 2 : 7.
Buissières en Morvant. Feux franc 1, sers 4, misérables 2 : 7.
Courdois. Feux sers 3, misérable 1 : 4.
Ferrières. Feux franc 1, misérable 1, sers 6, misérables 2 : 10
Beauvilliers Feux frans 2, misérables 2, sers 4, misérable 1 : 9.
La Forestière et La Gorge. Feux sers 5, misérables 2 : 7.
Lautreville. Feux sers 5, misérables 2 : 7.
Villiers-le Comte et la Martole Feux sers 5, misérable 1 : 6.
Les Granges-Ratéal et le Troncois. Feux sers 5, misérable 1 : 6.
Montarien. Feux sers 3, misérable 1 : 4.
Quarreix (les Tombes). Feux frans 2, misérable 1, sers 4, misérable 1 : 8.
Saint-Ligier-de-Foucheroil et Courvigneul Feux frans 21, misérables 12, sers 6, misérables 3 : 42.
Ruères. Feux sers 11, misérables 4 : 15.
Mons et Champelois. Feux sers 4.
Bousson. Feux sers 3, misérable 1 : 4.
Chamoillain-en-Morvant, Le Chaisne. Feux sers 4, misérables 2 : 6.

Veliart et Pierre Aube. Feux sers 5, misérables 2 : 7.
Nemois et Menémois. Feux sers 7. misérables 2 : 9.
Saint-Anduis (Andeux). Feux sers 16, misérables 6 : 22.
Joux. Feux sers 5, misérables 2 : 7
Empoigne-Pain. Feux franc 1, misérables 2 : 3.
La Charmoye. Feux sers 1.
Juencey Jouancy) Feu sers 20. misérables 6 : 26.
Rovroy (Rouvray), ville de plein pays, où il y a foires et marchiez. Feux frans 4, misérables 4, sers 32, misérables 12 : 52
Praelles (Presles). Feux sers 8, misérables 3 : 11.
Villenes-dessus-Sainte-Magnence. Feux sers 4, misérable 1 : 5.
Maigny-près-Avalon. Feux sers 21, misérables 5 : 26.
Estrées. Feux frans 4, misérables 3, sers 6, misérable 1 : 14.
Cucey (Cussy-les-Forges). Feux frans 8, misérables 6, sers 12, misérables 4 : 30.
Le Pont-de-Cucey. Feux sers 3
Sainte-Marguerite. Feux sers 17, misérables 8 : 23.
Melusien. Feux franc 1, sers 3, misérable 1 : 5.
Chevannes Feux frans 8, misérables 5, sers 2 : 15.
Saint-Andrier. Feux frans 11, misérables 6, sers 5 : 22.
Savigny-en-Terre-plene. Feux frans 3, misérables 2, sers 4, misérables 3 : 12.
Guillon. Feux frans 25, misérables 25, sers 1 : 51.
Brecoy. Feux franc 1, misérable 1, sers 9, misérables 4 : 15.
Le Valerot Feux sers 6, misérable 1 : 7.
Thory. Feux frans 5, misérables 3, sers 4, misérables 2 : 14
Torchebuet. Feu misérable 1.
Saint-Germain-de-Mondeon et Vaulemon. Feux frans 4, misérables 4 : 8.
Romannay. Feux frans 3, misérables 2 : 5.
Valeney. Feux sers 8, misérables 4 : 12.
Champmollain Feux franc 1, misérable 1, sers 6, misérable 3 : 11.
Bornoul. Feux franc 1, sers 8, misérables 3 : 12.
Villeurbain. Feux sers 4 misérable 1 : 5.
Raigny. Feux frans 2, misérables 2, sers 10, misérables 3 : 17.
La Grange es Oiselotes. Feu sers 1.

Marcilley-les-Nonnains. Feux sers 10, misérables 3 : 13.
La-Grange-de-Charbonnières. Feux franc 1, misérables 2 : 3.

LA VILLE TERRE ET CHASTELLENNE DE NOYERS.

Noiers, ville ferme et y a foires et marchiez Feux frans 18, misérables 25.
Noiers la ville Feux frans 2, misérables 3, serf 1, misérable 1 : 7.
Perrigny. Feux sers 3, misérable 1 : 4.
Montot. Feu serf 1.
Arton Feu sers 4.
Sancey Feux sers 5, misérables 2 : 7.
Annay. Feux sers 6, misérables 2 : 8.
Jouancey. Feux sers 7, misérables 2 : 9
Moulay Feux sers 4, misérable 1 5.
Tanlay. Feux sers 14, misérables 3 : 17.
Hiraour. Feux sers 15, misérables 4 ; 19.
Fraigne. Feux sers 5, misérable 1 : 6.
Grimaul. Feux sers 12, misérables 4 : 16
Fley. Feux sers 6, misérables 2 : 8.
Sarrigny Feux sers 2, misérable 1 : 3.
Eschevilley. Feux sers 7, misérables 3 : 10
Cours. Feux frans 2, misérable 1, sers 5, misérable 1 : 9.
La ville de Semur qu'est ville fermée et y a foires et marchiez, 80 feux francs solvables et 163 misérables : 243.

Total : 6,633.

IX.

Cerche des feux du bailliage d'Auxois en 1442. (m. 11,515.)

C'est la cerche des feulx du bailliaige d'Auxoiz, de l'ayde de 20 000 francs, octroyez à M. le duc de Bourgoingne, par les gens des trois Estas de son dit duchié au mois de juing mil ccccxlii derrièrement passé, faite par nous Guiot Brandin de Semur et Hugues Boulard de Saint-Seigne, commis ad ce de MM. les Esleuz d'icelluy ayde audit duchié. Laquelle cerche a esté par nous commencée le 20e jour de juillet l'an dessus dit, en la manière que sensuit :

ET PREMIÈREMENT : LA PRÉVOSTÉ D'ARNAY-LE-DUC.

Marcilley-soubs-Mont-Saint-Jehan Hommes sers de M. de Charny, lesquels ont esté batus et gastey de tempeste en ceste présente année Feux solvables 1, misérables 3, mendians, 3 : 7.

Colonges Hommes sers de M. de Charny Feux solvables 1, misérables, 4 : 5

Dornay. Hommes sers des enfants de feul M. de Saint-Seigne, lesquels ont tous esté batus et tempestés cette présente année Feux solvables 1, misérables 5, mendians 2 : 8.

La Croix Hommes sers des mêmes (même observation). 1 feu solvable et 2 misérables : 3.

Thoriseaul Hommes sers de Maitre Henry de Clugny. Feux misérables 2, mendiant 1 : 3

Beurry-Beaulguey Hommes sers des enffants de feul M. Estienne de Saint-Seigne et de Maistre Henry de Clugny, lesquels ont tous esté destruis et tempestés. Feux solvables 4, misérables 18, mendians 6 : 28.

Huchey Hommes sers de M. le chancelier (Rolin) et de M. de Joigny Feu solvable 1, misérables 6, mendians 4 : 11.

Chevannes. Hommes sers de Guiot de Rossillon. Feux misérables 2 :2.

La Buzere Hommes sers de M Huguet du Bois. Feux misérables 2, mendiant 1 : 3.

Musigny. Hommes sers de M. Hugues Du Bois et de Joffroy de Thoisy, lesquels ont esté touz destruiz et brulez par les Escorcheurs Feux solv 1, misérables 6, mendiant 1 : 7.

Jovy (Jouey) Hommes sers de l'église de Saint-Syphorien d'Ostun Feux misérables 6, mendiant 1 : 7.

Lagneaul Hommes frans de M. Jacques de Villers et Joffroy d'Aucerre. 3 feux misérables : 3.

Julley La-Chenaul. Hommes frans de MM. de la (Sainte)-Chapelle, de Dijon. 2 feux misérables ; 2.

Maignien Hommes sers de M. Henry de Langoy et de Maistre Andrier Justot. 3 feux misérables, 2 mendians : 5.

Chevigny. Hommes frans de Guillaume de Sorcey et de Phelippe Galobriet. 3 feux misérables, 1 mendiant.

Soillonges (Solonge). Hommes sers de messire Hugues Du Bois et de Joffroy de Thoisy. 2 feux misérables : 2.

La Grange du Poix Néant.

Masières Hommes sers de Guiard Poinceot. Feux solvable 1, misérables 3, mendians 2 : 6.

Saint Prier. Hommes frans et sers de M le duc. Feux, franc 1, serf solvable 1, mendians 5 : 7.

Junchery et le Filoiz Hommes sers de J. Barnard et du prieur de Bart Feux, solvable 1, misérables 3, mendians 3 : 7.

Chauvirey. Hommes sers du prieur de Bar et de Guiot d'Oicles. Feux misérables 3 : 3.

D.encey Hommes sers du prieur de Bar Feux, solvable 1, misérables 7 : 8.

La Roichoulle Hommes sers de Jaques de Cussigny. 3 feux misérables : 3.

Reullon Hommes frans abonnez à M. de Rossel Feux, solvable 1, misérables 2, mendiant 1 : 4

Chappes Hommes sers de M. de Roussel, lesquels ont esté ars et brulés par fortune du temps. 4 feux misérables : 4.

La Chaulme. Hommes frans abonnez à M. le Duc et à l'abbé de La Ferley, lesquels ont esté gastez et destruiz par les Escorcheurs en ceste présente année. Feux, misérables 3, mendians 3 : 6.

Torroilles. Hommes sers de M. le Duc. Feux, solvables 2, misérables 10, mendians 3.

Huilley Hommes sers du Chappitre d'Ostun, de M Girard de Cusance et autres, lesquels ont tous esté destruiz et brullez par les Escourcheurs Feux, solvables 2, misérables 12, mendians 2 : 16.

Vouvres Hommes frans du Chappitre d'Ostun Feux, solvable 1, misérables 3, mendiant 1 ; 5

Chalecey et Ma'ecey Hommes frans et abonnez du Chappitre d'Ostun. Feux solvables 3, misérables 9, mendians 4 : 16.

Moillon Hommes sers de M. Jaques du Bois. Feux solvables 2, misérables 5, mendians 2 : 9.

Alercy Hommes sers du Chappitre d'Ostun. Feux, solvables 2, misérables 10, mendians 4 : 16.

Angoste. Hommes sers du même. Feux, misérables 5 ; 5

Poichey Hommes sers de M. du Rossel et de M Girard de Cusance, lesquels ont esté brulés et tempestez en ceste présente année. Feux, solvable 1, misérables 5, mendians 2 : 8

Charcney. Hommes sers de M le Duc. Feux, solvable 1, misérables 5, mendians 2 : 8.

Fontaignes. Hommes sers de l'Eglise de Saint Cyphorien d'Ostun. 6 feux misérables : 6

Mineures. Hommes sers de Joffroy de Thoisy. Feux, solvable 1, misérables 3, mendiant 1.

Rolins. Hommes sers de M. de Jonvelle. 1 feu solvable : 1.

Essartennes. Hommes sers du Chappitre d'Ostun. 4 feux misérables ; 4.

Treney Hommes sers du Chappitre d'Ostun et du prieur de Saint Cyphorien dudit Ostun. 4 feux misérables : 4

Sussey. Hommes frans abonnez à MM. du Chappitre d'Ostun. Feux, solvables 2, misérables 7, mendians 2 : 11.

Le Maulpas Hommes frans des mêmes. Feux, solvable 1, misérables 5, mendians 1 : 7.

Argey Hommes frans des mêmes. 5 feux misérables : 5.

Viécourt. Hommes frans des mêmes, lesquels ont perdu en ceste présente année tous leurs blefs par la tempeste du temps. Feux, solvables 2, misérables 4, mendians 2 : 8.

Oygney (Oigny). Hommes sers des enffants de Coulombier et de M Hugues Du Bois. Feux, solvable 1, misérables 2 : 3

Sancerey. Hommes sers à M Hugues Du Bois et d'aultres. Feux, solvable, 1, misérables 4 : 5.

Nailley Hommes sers de M. Girard de Cusance. Feux, solvables 2, misérables 4, mendiant 1 ; 7.

Avencey Hommes sers du prieur du Feiste. 1 feu misérable : 1.

Vourroilles Hommes sers de M Girart de Bourbon et du Chappitre d'Ostun. 2 feux misérables : 2.

Visignoul. Hommes frans des mêmes. Feux, solvable 1, misérables 4 : 5.

Suse Partie du bailliage d'Auxois Hommes frans du Chappitre d'Ostun 2 feux misérables : 2.

Les Bordes Hommes frans du même. Feux, solvable 1, mendiant 1 : 2.

Vouldenay. Hommes frans et sers de M. Jehan de Cusigny. Feux, misérables 3, mendiant 1 : 4

Villeneuve les Voudenay. Hommes sers de M. Jaques Du Bois. 3 feux misérables : 3.

Buxillon Hommes sers de M. du Rossel 1 feu solvable : 1.

Clomoul Hommes sers de Guiot de Rossillon Feux, solvables 2, misérables 9, mendiants 4 : 15.

Promenois. Hommes sers du Chappitre d'Ostun. Feux, misérables 4, mendians 4 : 8.

Blangey. Hommes sers de Thibault Regnard. Feux, solvable 1, misérable 6, mendians 2 : 9.

Dracey Chalois. Hommes frans de M. de Jonvelle. Feux, solvable 1, misérables 4 : 5.

Julley-les-Arnay. Hommes sers de Millot de Cucygney (Cussigny), lesquels ont esté destruiz par les Escorcheurs. Feux, misérables 4 : 4.

Le Petit Thillot. Hommes sers de Guillaume Bataille. Feu solvable 1.

Syvrey. Hommes frans et sers de M. le Duc et de M. de Joigny. Feux frans, 1 solvable, 1 misérable, 3 feux sers misérables : 5.

Nanteul. Hommes sers à M J de Nanteul 3 feux misérables : 3.

Marcey. Hommes frans de M. de Joigny et de M. de Courdesse. Feux, solvables 2, misérables 4, mendians 2 : 8.

Nulley. Hommes frans et sers de M. de Joigny. Feu franc solvable 1, feux, sers solvable 1, misérables 3 : 5

Maligney. Hommes frans de M. de Jonvelle, lesquels ont esté tous destruiz par les Escorcheurs. Feux, solvables 2, misérables 5, mendiant 1 : 8

Arney le Duc Bourgeois de M. le Duc, où il a forteresse, foire, marchié. Feux, solvables 9, misérables 42, mendians 32 : 83.

Vyavy (Viévy). Hommes sers de M. Hugues Du Bois. 6 feux misérables : 6

Thurey. Hommes sers de M. le Chancelier et de Loys Broichart. Feux, solvables 2, misérables 12, mendians 2.

Valerot. Hommes sers de Claude Loyson. 1 feu solvable et 3 misérables : 4.

Le Feste. Hommes sers du Prieur dudit lieu. 3 feux misérables et 1 mendiant : 4.

Villeneufve. Hommes sers de M. d'Autrey, ayant le gouvernement de Guillaume de Pontailler, 1 feu solvable, 1 misérable, 6 mendians : 11.

Assey (Essey). Hommes sers du même. Feux, solvables 2, misérables 12, mendians 3 : 17.

Arconcey. Hommes frans abonnez de M. Jaques de Villers et de Joffroy d'Aucerre, Feux, solvables 4, misérables 11, mendians 3 : 18.

Meilley.. Hommes frans au sieur de Rossel. Feux, solvables 5, misérables 16, mendians 5 : 26.

LA PREVOSTÉ DE POILLEY.

Chailley. Hommes sers de J. des Loiges et d'autres. Feux, solvables 3, misérables 7, mendians 4 : 14.

Sauxceoul. Hommes sers de M de Charny. 1 feu solvable, 1 misérable : 2

Dienne (Dionne). Hommes sers des enffants de feu Guillaume Boisseran. 1 feu misérable : 1.

Villers-soubz-Poilles. Hommes frans de M. le Duc, lesquels doivent chacun an 40 florins. Feux, solvables 2, misérables 7, mendians 6 : 15.

Sorcey. Hommes sers de Guiot de Rossillon. Feux, solvables 2, misérables 6, mendians 4 : 12.

Blancey. Hommes sers de M. de Saint-Cyphorien d'Ostun. 3 feux misérables : 3.

Aguilley (Eguilly) Hommes sers de Girard Poincot. Feux, misérables 5, mendians 7.

Lantillières. Hommes sers de J. de Fontoictes. Feux, solvable 1, misérables 2, mendiant 1 : 4

Bellenoul. Hommes frans abonnez de M. le Duc, lesquels doivent chacun an 300 florins, avec aultres granz charges de blefs et ont toujours esté destruiz, tant par les gens d'armes du party de mondit seigneur, comme aussi par les Escorcheurs. Feux, solvables 2, misérables 19, mendians 7 : 28.

Sous-ey. Hommes sers des enffants de Traves. Feux solvables 2, misérables 6, mendians 5 : 13.

Mortrois. Hommes sers de Guyart Poinceot et des religieux de Saint-Seigne 7 feux misérables : 7.

Grandchamp. Hommes sers à Pierre Moingerot. 1 feu solvable, 1 misérable : 2.

Chastoillenot. Hommes sers de M. de Coulombier. Feux, solvables 2, misérables 9, mendians 2 : 13.

Chasilley Hommes frans et sers de M de Tallemey et de M. de Bellabre. Feux, solvables 2, misérables 6, mendians 2 : 10.

Syvrey-en-Montaigne. Hommes frans de J de Fussey. Feux, solvables 2, misérables 8, mendians 5 : 15

Panthie. Hommes sers de Pierre de Drée et d'autres seigneurs. 2 feux misérables, 2 mendiants : 4

Rouvres soubz-Meilley. Hommes sers des Chartreux de Dijon. Feux solvables, misérables 10, mendians 8 : 18

Maconges Hommes frans du sieur de Rossel Feux solvables 2, misérables 12 : 14.

Avencey Hommes frans et sers à M. le Duc Feux, frans 2, sers solvables 3, misérables 3 : 8.

Thoisey le Désert Hommes sers aux seigneurs de Saint Jehan de Jherusalem, lesquels ont esté tous destruiz par les Escorcheurs et leur église qui leur convient reffaire par force. Feux, solvables 2, misérables 8, mendians 4 : 14.

Les Bordes Hommes sers de M. de Saint-Bris 1 feu misérable : 1.

Sainte Saveigne (Sabine) Hommes sers du même Feux, solvables 3, misérables 8, mendians 6 : 17.

Chaudenoy Hommes sers du même. Feux, solvables 1, misérables 3, mendians 2 : 6

Poutenières Hommes sers de l'abbé de la Boixière Feux misérables 3 : 3

Chast-lneuf, où il a forteresse, foire et marchiez Hommes frans abonnez de la dame dudit lieu Feux, solvables 3, misérables 10, mendians 6 : 19

Vandenesse Hommes sers de ladite dame et de MM. de Saint Jehan de Jherusalem, lesquels sont taillés hault et bas deux fois l'an. Feux, solvables 4, misérables 9, mendians 5 : 18.

La Respe Hommes sers de ladite dame. Feux, solvable 1, misérables 4 : 5.

Boyers (Bouhey). Hommes sers de M de Charny. Feux misérables 10, mendians 2 : 12

Poilley, où il a forteresse, foire et marchiez Hommes frans de M. le Duc ; rapportez par Hugues Clerc vicaire du lieu, etc Feux, solvables 4, misérables 14, mendians 8 : 26.

Gissey-le-Vieil. Hommes sers de M Jaques de Lugny et de P. de Drée. Feux, solvables 2, misérables 5, mendians 6 : 13.

Mimont. Hommes frans de M. le Duc à cause de son chastel de Lantenay et sers à Madame de Sombernon. Feux franc misérable 1, sers misérables 5, mendians 3 : 9.

Charmois et Grenant. Hommes sers à M. d'Aultrey Feux, solvable 1, misérables 8, mendians 3 : 12

Vaulx. Hommes sers de M. de Joigny 1 feu misérable : 1

Remilley. Hommes sers de M. d'Aultrey. Feux solvables 4, misérables 7, mendians 4 : 15.

Le Tremblay Hommes sers de M. de Scey. 1 feu misérable : 1.

Gissey-sur-Oiche Hommes frans et sers de M de Joigny Feux, sers solvables 4, franc misérable 1, sers misér. 11 : 16

Marrigny sur Oiche Hommes sers de M. de Joigny. Nul n'y demeure.

Saint Victour. Hommes sers du même. 3 feux misérables, 3 mendians : 6.

Jaugey. Hommes sers du même. Feux, solvable 1, misérables 2, mendians 2 : 5.

Buxy (Bu-sy-la-Pesle). Hommes sers à M. Jaques de la Baume. Feux, solvable 1, misérables 6, mendians 6 : 15.

Aigey Hommes sers de Thibault de Rougemont. Feux solvables 2, misérables 4, mendians 4 : 10

Barbirey Hommes sers de M. de Joigny. 1 feu solvable, 2 misérables : 3.

Drée. Hommes sers à J de Dréez, escuyer. Feux, solvable 1, misérables 6, mendians 8 : 15.

La Sarrée. Hommes sers de Thibault de Rougemont. 1 feu misérable, 1 mendiant : 2.

Pralon Hommes sers de Madame l'abbesse de Pralon. 2 feux misérables, 1 mendiant : 3.

Eschannay. Hommes sers de M. Jaques de Villers. Feux solvables 2, misérables 7, mendians 5 : 14.

Saceranges Hommes sers de J de Drée. 1 feu misérable, 1 mendiant : 2.

Haultvillers (Auvillars). Hommes sers du doïen de Marrigny, 2 feux misérables : 2.

Coyon (Sainte-Marie-sur-Ouche). Hommes sers de M. de Maulain 1 feu solvable, 2 misérables, 1 mendiant : 4.

Baulnottes. Hommes sers de Thibault de Rougement, 1 feu misérable, 1 mendiant : 2.

Sombernon, où il a forteresse, foire et marchiez. Hommes frans et sers de M. de Scey. Feux frans solvables 2, sers solvables 3, misérables 12, mendians 5 : 23.

Montuillot. Hommes sers du sieur dudit lieu et de M de Commarien, lesquels ont tous esté destruiz par les Escorcheurs. Feux solvables 2, misérables 8, mendians 5 : 15.

Maulain. Hommes sers de M. dudit lieu. Feux solvables 3, misérables 6, mendians 3 : 12.

Aubigney. Hommes sers des héritiers de feu Thierry de Saint-Seigne et des enffants de Brasey. Feux solvables 3, misérables 9, mendians 3 : 15.

Les Bordes-sous Chastelneuf. Hommes sers à M. Jaques Pot. Feux, solvable 1, misérables 5, mendians 3 : 9.

Semarrey. Hommes sers de M de Commarien. Feux, solvable 1, misérables 7, mendians 4 : 12.

Commarien. Hommes sers de M. dudit lieu. Feux, solvables 3, misérables 9, mendians 3 : 15.

Saules. Hommes sers du même. Feux solvables 4, misérables 8, mendians 4 : 16.

Savigney. Hommes sers à M. de Maulain Feux misérables 4, mendians 7 : 11.

Baulmes. Hommes sers de M. Jaques Pot et de M de Saint Bris, justiciables à M. le Duc. Feux, solvable 1, misérables 9 : 10.

LA PRÉVOSTÉ DE SESSEY.

La-Villotte-soubz-Sombernon Hommes sers de l'église de Saint Begnigne de Dijon. 1 feu solvable, 1 misérable : 2.

La Chaleur. Hommes sers du seigeur de Montoillot. 1 feu misérable.

Geligney Hommes sers du même 1 feu solvable, 1 feu mendiant : 2.

Viez-Molin. Hommes sers du même. 2 feux misérables

La-Maison-au-Moigne. Hommes sers de M. de Saint-Beury 3 feux misérables.

Saccey. Hommes sers de M. le Duc de Bourgoigne et de l'abbé d'Oigny, dont la moitié des habitants compris en la cerche précédant sont mors et ont esté tuez par les Escourcheurs. 1 feu solvable, 2 mendians : 3.

Posanges. Hommes sers de Guillaume Du Bois escuer, lesquels furent brullez etc.. convenu qu'ils s'en soient alez. Feux solvables 2. misérables 9, mendians 4 : 15.

Saffres, Hommes sers de Anthoine de Saigny et de Guillaume de Sorcey, lesquels ont tous esté destruiz et gastez par les Escourcheurs Feux solvables 2, misérables 9, mendians 7 : 18

Dracey les-Viteaulx. Hommes sers aux enffants de Thou longeon. Feux solvables 2, misérables 5, mendians 2 ; 9.

Courcellottes. Hommes sers de l'abbesse de Pralon. 2 feux misérables.

Vesvres. Hommes frans et sers de M. le Duc de Bourgoingne, lesquels ont tous esté destruiz par les Escourcheurs et ont esté brulées leurs maisons. 1 feu solvable, 2 frans misérables, 4 sers misérables : 7.

Verchisey Hommes sers de M. de Plancy, lesquels ont esté tous destruiz par les Escorcheurs. 4 feux misérables, 2 mendians : 6.

Arnay-soubs-Viteaulx. Hommes frans et sers de M. le duc de Bourgoingne et à M. de Valleſin Feux frans solvables 2, misérables 6, sers misérables 2, mendians 5 : 13.

Uncey. Hommes abonnés de mortemain à MM. de Saint

Jehan de Jhérusalem. Feux solvables 4, misérables 17, mendians 6 : 27.

Saint-Thibault. Hommes frans de Mme de Traives, de M. de Saint-Beury et de messire Guillaume de Saulx. Feux solvables 3, misérables 12, mendians 4 : 19.

Bourrisot. Hommes sers à M. de Saint-Beury et à Hugues de Vauldrey. Feux solvables 2, misérables 8, mendians 4 : 14.

Saulcis. Hommes sers de Natoire de Montagu et d'autres seigneurs Feux. solvable 1, misérables 4, mendians 4 . 9.

Saint-Anthot. Hommes sers de M. de Sombernon. Feux solvables 2, misérables 3, mendians 3 : 8.

Creusot. Hommes sers de Phelippe Pyoiche, lesquels ont tous esté brulez par fortune de feu. Feux solvables 2, misérables 4, mendians 4 : 10.

Grosbois. Hommes de M. de Scey, de M. Girard de Cusance et de plusieurs aultres. Feux solvables 2, misérables 19, mendians 4 : 25.

Veloingney. Hommes sers de Chrétienne de Dréez et de Henry Le Tour. 1 feu solvable, 4 misérables : 5.

Marcilley-les-Viteaul. Hommes frans de M. le duc de Bourgoingne, lesquels ont esté tous destruiz par les Escorcheurs, nagueres estans à Viteaulz et derrièrement par les gens de M. de la Cuille et de M. d'Aultrey, lesquels furent loigiez en ladite ville par l'espace de quinze jours, quant on ala au devant de mondit sieur le Duc et avec ce doivent chascun an à mondit sieur la somme de 70 florins et 18 sextiers d'avoine de coustume. Feux solvab 2, misérables 6, mendians 4 : 12.

Saint-Elier. Hommes frans de l'église de Saint-Seigne, lesquels sont tous destruiz par la tempeste qui en ceste présente année a tempestez tous leurs bleds. 1 feu solvable, 5 misérables : 6

Champregnaull, où il a forteresse. Hommes sers de M. de Saint-Bris, lesquels ont tous esté tempestez en ceste année par fortune du temps Feux solvabls 2, misérables 4 : 6.

Avosne. Hommes frans de MM de Saint Jehan de Jhérusalem. Feux solvables 2, misérables 5 mendians 7 : 14.

Barain. Hommes sers de Phelippe de Soymesmes et aux hoirs d'Estienne de Lantaiges. Feux, solvable 1, misérables 6 : 7

Ville-Barny. Hommes frans et sers de M le duc de Bourgoingne et d'autres seigneurs. Feux, franc misérable 1, sers solvables 2, misérables 11, mendians 12 : 26.

Jailley. Hommes sers à l'église de Flavigny et doivent chacun an à M. le duc. 20 fleurins de garde. Feux misérables 8, mendians 7 : 15.

Goudan. Hommes frans de M. l'abbé de Saint-Seigne. 2 feux misérables, 1 mendiant ; 3.

Saint-Mémin et Bonidan. Hommes frans du prieur dudit lieu. Feux solvables 2, misérables 4, mendians 6 : 10.

Chevannay. Hommes frans et sers à M. Phelippe de Vienne, aux religieux de Saint-Seigne et à Guillaume Poinceot. 1 feu franc solvable, 1 misérable, 2 sers solvables, 10 misérables, 4 mendians : 19.

Verrey-soubs-Drées. Hommes sers à J. de Fontoictes, lesquels ont tous esté destruiz et tempestez en ceste présente année. Feux solvable 1, misérables 5, mendians 2 ; 8.

Vulley. Hommes frans et sers, taillaubles haut et bas à M. le Duc, à M. Phelippe de Vienne. C'est assavoir les sers taillaubles hault et bas aux deux premiers, les frans qui se dient abonnez à l'abbé de Flavigny et payent chacun an d'abonnement chacun feu 6 gros ; lesquels ont esté tous destruiz tant par les Escorcheurs, comme aussi pour la mortalitey qui a esté sur leurs bestes. Feux francs solvables 3, misérables 23, mendians 18 : 47.

Fontoiles. Hommes sers abonnez aux hoirs de M. Loys de Chasan et à J. de Fontoites. 1 feu solvable, 6 misérables, 2 mendians : 9.

Lées-soubs-Saint-Beurry. Hommes frans abonnez de Mme de Traves. 3 feux misérables.

Lenières-soubs-Saint-Beury. Hommes sers de la même et de Hugues de Vaudrey. Feux solvables 4, misérables 11, mendians 6 : 21.

Saint-Beurry. Hommes frans de la même. Feux solvables 2, misérables 6 : 8.

Sainte-Coulomme (Colombe). Hommes sers de M. de Valelin. Feux, solvable 1, misérables 5, mendians 2 : 8.

Clamerey. Hommes sers des héritiers de feu Guillaume de Gellan. Feux, solvable 1, misérables 7, mendians 5 : 13.

Clirey. Hommes sers de l'église de Flavigny, lesquels

furent tous brulez par les Escorcheurs, estans derrierement à Viteaul. Feux, misérable 1, mendians 2 : 3.

Lugney. Hommes sers de M. de Vallefin et de Guillaume Poinceot, lesquels ont esté tous destruiz et brulez par les Escorcheurs. 5 feux misérables.

Haulte-Roiche Hommes sers de l'église de Flavigny, lesquels doivent chacun an de garde à M. le Duc 30 florins 8 feux misérables.

Escorpsaint. Hommes sers de la même, lesquels furent tous destruiz par les Escorcheurs estans à Viteaul. 4 feux misérables.

Villeferry. Hommes frans abonnez de l'Eglise de Flavigny et de M. de Charny. Feux, solvable 1, misérables 7 : 8.

La Grange de Chevannay. Néant. Il n'y demeure nul.

Dompierre Hommes frans abonnez de M. le Duc, lesquels ont tous esté destruiz et gastez par les Escorcheurs. Feux solvables 1, misérables 7, mendians 3 : 11.

Viteaul. Hommes frans de M. dudit lieu, où il a forteresse, foires, marchiez, lesquels ont tous esté gastez et destruiz par les Escorcheurs qui y furent loigiez par l'espace de quinze jours et depuis un an en ça, y ont couru lesdits Escorcheurs et en enmenèrent environ 40 chevaulx et plusieurs aultres bonnes bagues et avec ce, en y a mors pluseurs et absenté des plus notables depuis la cerche précédant et doivent chacun an au seigneur 250 frans et 10 muis avene et avons trouvé de la cerche précédant que mors et absents 42 feulx, dont il y avait 3 ou 4 solvables. Feux solv. 5, misér. 37, mendians 25 : 67.

Boussey. Hommes sers de M. de Viteaul, 1 feu misérable, 1 mendiant : 2.

Marcelois. Hommes sers du même 1 feu solvable, 6 misérables : 7.

Massingey. Hommes sers du même. Feux solvables 2, misérables 5, mendians 5 : 12.

Flavigny. Bonne ville ferme, où il a foire et marchiez, hommes frans Feux solvables 7, misérables 42, mendians 15. Mention que plusieurs mesnaiges françois s'en sont alez et plusieurs des meilleurs solvables et misérables sont morts.

La Roiche-du-Vanneaul. Hommes sers de M. de Vallefin et de Guillaume Poinceot, lesquels furent tous brûlez et destruiz et leur forteresse prise par les Escorcheurs. Feux solvables 2, misérables 6, mendians 4 : 12

Brin. Hommes sers du même. Feux solvables 2, misérables 7, mendians 2 : 11.

Ys-les-Viteaul. Hommes sers du prieur de Trouaulx. 1 feu solvable

LA PRÉVOSTÉ D'AVALLON.

Rouvray. Hommes frans et sers de M. d'Epoisses, de Guiot de Jaucourt et d'autres. Feux, franc solvable 1, misérable 1, sers solvables 2, misérables 8, mendians 4 : 16

Saint-Germain-de-Mondéon. Hommes sers de M. le Duc, 1 feu misérable.

Bornoul. Hommes frans du même. 3 feux misérables.

Guillon. Hommes franc du sieur de Vielchastel et du prieur de Semur, lesquels ont esté tons brulez par le temps de la guerre et destruiz en l'année passée par les Escorcheurs Feux, solvable 1, misérables 4, mendians 6 : 11.

Tronssois-les-Guillon. Néant. Il n'y demeure nul

Veliart. Hommes sers de Guillaume de la Mothe. 3 feux misérables.

Mons et Champelois. Hommes sers de Guillaume de la Mothe. 1 feu misérable.

Villiers-le-Conte. Hommes sers de Mme de Demain. 2 feux misérables.

Champmollain. Hommes sers de Bertrandon de la Broquière. 2 feux misérables.

Nemois et Menemois. Hommes sers de feu Guillaume Boisserant, 2 feux misérables.

La-Grange-Rateaul et Tronssuis. Hommes sers de M. de Chastellux. 2 faux misérables.

Montarrien. Hommes sers du même, 2 feux misérables.

La Forestière et la Gorge. Hommes sers de M. de Villarnoul. 3 feux misérables.

Busson. Hommes sers de M. de Chastellux. 1 feu misérable.

Quarrées. Hommes sers du même. 3 feux misérables.

Tarot-les-Girolles. Hommes sers de M. de Viteaul. 4 feux misérables.

Girolles. Hommes sers de l'Eglise de Saint-Martin d'Ostun Feux solvables 2, misérables 11 : 13.

Saint-Branchier. Hommes sers de M. de Villarnoul. 3 feux misérables.

Auxon. Hommes sers du même 4 feux misérables.

Saint-Aubin et Duront. Hommes sers de M de Champaien 3 feux misérables.

Villers-Romains. Hommes sers de M. de Villarnoul. Feux solvables 2, misérables 8, mendians 5 : 15.

Villarnoul. Hommes sers du même. 3 feux misérables.

Maigney Hommes sers du même 6 feux misérables, 2 mendians : 8.

Estrées Hommes frans et sers de M le Duc et du même. Feux frans misérables 5, sers misérables 2 : 7.

Melusien. Hommes sers de M. de Charny. 3 feux misérables.

Chassigney. Hommes sers de Mme de Demain. 5 feux misérables.

Marraul. Hommes sers de M, de Villarnoul. 6 feux misérables.

Angueot. Hommes sers de l'Eglise de Saint-Martin d'Ostun et d'aultres. Feux misérables 4, mendiant 1 : 5.

Estaulles. Hommes sers de Chappitre d'Avallon et de M Saint-Parize. 1 feu solvable, 6 misérables : 7.

La-Vaire. Hommes sers du Chappitre d'Avallon 1 feu misérable.

Vaissey. Hommes sers du prieur de Notre-Dame de Semur. 4 feux misérables.

Toirey Hommes frans abonnez de M. le Duc. 4 feux misérables.

Cosain-la Roiche. Néant. Il n'y demeure nul

Cosain-le-Pont Idem

La Grant et la petite Chastellaine. Hommes sers de M. le Duc. 3 feux misérables.

La Vevre et les Granges. Néant Il n'y demeure nul.

Annya-la-Coste. Hommes frans de M. le Duc, lesquels ont esté tous destruiz par les Escorcheurs Feux misérables 15, mendians 5 : 20.

Ponthaubert Hommes frans des seigneurs de Saint Jehan de Jhérusalem, lesquels ont tous esté destruiz et brullez par les Escorcheurs en ceste présente année. Feux misérables 7, mendians 8 : 15.

Champoyen. Néant. Il n'y demeure nul.

Horbigny. Hommes frans des seigneurs de Saint Jehan de Jherusalem. 3 feux misérables

Vaul-de-Lugny Hommes sers de M Sallehadin d'Anglure. Feux misérables 11, mendians 4 : 15.

Vermoiron. Hommes sers du même Feux, solvable 1, misérables 5, mendians 5 : 11.

Valou. Hommes sers du même, lesquels ont tous esté destruiz et brullez en ceste présente année par les Escorcheurs. Feux, solvable 1, misérables 15, mendians 7 : 23

La-Chapelle-du Vaul. Hommes sers du même. 2 feux misérables.

La Rivière. Hommes sers de Guillaume de Barges 3 feux misérables

La-Rue-de-la-Croix-soubs-Chastelluz. Hommes sers de M. de Chastelluz 1 feu misérable.

Les-Montos et les-Mulos Hommes sers de M. de Chastelluz. 1 feu misérable,

Oyches Hommes sers de Mme de Demain. 7 feux misérables

Ceris. Hommes sers de M. de Chastelluz. 2 feux misérables

Villarbain. Hommes sers de Mme de Demain. 1 feu misérable.

Usey. Hommes sers de M. de Chastelluz. 9 feux misérables.

Menades. Hommes sers de M. de Viteaul. 6 feux misérables.

Roissocles. Néant. Il n'y demeure nul.

Ylant. Hommes sers de M. de Chastellux. 5 feux misérables.

Le Saulsoy d'Illant Hommes sers des hoirs de feu M. Guy de Bar. 3 feux misérables

Sainte-Marguerite. Hommes frans de M. d'Epoisses 2 feux solvables, 2 misérables : 4.

Villeneufve. Hommes sers de M. de Villarnoul. 1 feu solvable, 4 misérables : 5.

Le Bourg d'Avallon Néant Il n'y demeure nul.

Le-Valerot. Hommes sers du Chappitre d'Avallon. 4 feux misérables

Pricey-soubs-Pierre-Perthuis. Hommes sers de M de Viteaul 6 feux misérables

Domessey-les-Vezelay Hommes sers de Phelippe Chuffain. 4 feux misérables

Sermiselles. Hommes sers de l'Eglise Saint-Martin d'Ostun 2 feux solvables, 3 misérables, 2 mendians : 7.

Le-Boichet. Néant. Il n'y demevre nul.

Marcilley-les-Avallon. Hommes sers de l'abbesse dudit lieu et de M. Jehan d'Avoul. 1 feu solvable, 3 misérables, 1 mendiant : 5.

Saint-Germain-des-Champs. Hommes sers de M de Chastelluz. 1 feu solvable, 6 misérables : 7.

Le-Mex. Hommes sers de M. de Chastellux. 2 feux misérables.

Montmaselin. Hommes sers de M. le Duc. 1 feu misérable.

Lingoz. Hommes sers de Claude de Lingoz. 1 feu misérable.

Montigny-en-Morvan. Hommes sers du même 1 feu misérable.

La-Grange-du-Bois. Néant. Il n'y demeure nul.

Chisselles. Hommes sers de M. de Chastelluz. 3 feux misérables.

Roilley Hommes sers de Othelin Bourgoin. 1 feu misérable.

Lautreville Hommes sers de Mme de Demain. 2 feux misérables.

Villaines-en-Mourvant. Hommes sers de M. de Villarnoul. 1 feu misérable

Vaulpitre. Hommes sers du même. 3 feux misérables.

Veleney. Hommes sers de Bertrandon de la Broquière, 1 feu misérable.

Champmollain-en-Morvan. Hommes sers de M. de Villarnoul. 1 feu misérable.

Chevannes. Hommes frans de M. le Duc et de M. de Viteaul 6 feux misérables.

Raigney. Hommes frans et sers à M. de Vaudrey. 1 feu franc misérable, 1 serf solvable, 5 misérables : 7.

Savigny-les Raigney Hommes frans et sers de M. le Duc et de M. Hugues de Vaudrey. Feux franc au Duc, misérable 1, serf solvable 1, misérable 1 : 3.

Brecey. Hommes frans de de M. de Villarnoul, 1 feu solvable et 3 misérables : 4.

Empoignepain. Hommes frans de Herment de Savetières. 1 feu misérable.

Le-Pont-de-Cussey. Hommes sers de M. de Charny. 1 feu misérable.

Cussey-les-Forges. Hommes frans et sers de M. d'Epoisses. Feux frans misérables 2, sers 5 : 7.

Presles. Hommes sers des héritiers de feu messire Guy de Bar et de dame Alix de Digoygne, lesquels ont tous esté brullez par tempeste du temps, en ceste présente année. 4 feux misérables

Saint-André-en-Terre-plaine. Hommes frans de M. le Duc et de l'Eglise de Moustier-Saint-Jehan. 5 feux misérables.

Saint Anduis Hommes sers de Mme de Trawes. 1 feu solvable, 7 misérables : 8.

Joux. Hommes sers de M. de Villarnoul. 4 feux misérables.

Ferrières. Hommes sers de M. de Trawes. 3 feux misérables.

Courdois et Buxières. Hommes sers à M. de Villarnoul. 5 feux misérables, 1 mendiant : 6,

Saint-Léger-de-Foucheroy. Hommes sers de M. le Duc, 1 feu solvable, 5 misérables : 6.

Courvineul. Hommes sers à M. le Chancelier (Rolin). 2 feux misérables.

La-Grange-de-Costemeaul. Hommes sers à l'Eglise de Reigny. 1 feu misérable.

Ruères. Hommes sers de M. de Villarnoul. 4 feux miséables

Beaulvilliers. Hommes frans et sers de M. le Duc et du seigneur de Viteaul. 1 feu franc solv, 3 sers misérables : 4.

Monchemin. Hommes frans et sers de M. le Duc. 1 feu misérable.

Cenxey Hommes sers de l'Eglise de Moustier-Saint-Jehan. 1 feu solvable, 11 misérables : 12

Choilley Hommes sers de M. de Villarnoul. 2 feux misérables.

Thoriseaul Hommes sers du Chappitre d'Avalon. 4 feux misérables.

Avallon Qui est bonne ville fermée et y a foire, marchiez et forteresses, lesquels sont les frontières et tous destruiz de la guerre. Feux solv. 5, misérables 39, mendians 11 : 55.

LA PRÉVOSTÉ DE MONTRÉAL

Angely. Hommes sers de M. le Duc, lesquels ont été destruiz par les Escorcheurs. 3 feux misérables.

Pancy Idem. 3 feux misérables.

Courmoien. Hommes de l'Eglise de Moustier-Saint-Jehan, lesquels, etc. 1 feu solvable, 3 misérables : 4

Montot. Hommes sers de M. le Duc, lesquels, etc. 1 feu solvable, 2 misérables, 1 mendiant : 4.

Trevilley. Hommes sers de M. de Raigney, lesquels, etc. 3 feux misérables.

Treviselot. Idem. 1 feu solvable, 2 misérables : 3

La Boicheresse Idem. 2 feux misérables.

Chaulnot. Hommes sers du même. 3 feux misérables.

Marmeaul. Hommes sers du même. 1 feu solvable, 3 misérables : 4.

Sauvoigny Hommes sers de M. de Saint-Parise. 1 feu solvable, 2 misérables : 3.

Men-streul-soubs-Pixy Hommes sers de l'Eglise de Moustier Saint-Jehan. 2 feux misérables.

Cou·ssains. Hommes sers du Chappitre d'Aucerre. 3 feux misérables.

Courterolles Hommes frans et sers de M. le Duc. 1 feu franc misérable, 2 sers misérables : 3

Sauvoignez-le-Bernart (Beuréal). Hommes sers de Joffroy d'Aucerre. 2 feux misérables.

Athies Hommes sers de M. d'Espoisse 3 feux misérables.

Saul. Hommes sers de M. de Villarnoul. 1 feu solvable, 3 misérables : 4

La-Maison-Dieu-du-Valerot. Hommes sers du même 4 feux misérables.

Monceaul Hommes sers de M. le Duc et du Chappitre d'Avallon 1 feu solvable, 2 misérables. 3.

Vignes Hommes sers de l'Eglise de Moustier-Saint-Jean, 1 feu solvable, 4 misérables, 1 mendiant : 5.

Monthelon Néant. Il n'y demeure nul.

Toulecey. Hommes sers de M de la Porcheresse 3 feux misérables.

Cyserey Hommes sers de Mme de Cyserey. 5 feux misérables

Perrigny Hommes sers de M. le Duc. 1 feu solvable, 2 misérables ; 3.

Chrisey. Néant. Il n'y demeure nul.

Charbonnières Hommes sers de l'Eglise de Reigny. 2 feux misérables.

Monjalain. Hommes sers de M de Reigny. 1 feu solvable. 2 misérables : 4.

Froideville. Néant. Il n'y demeure nul.

Vaissey (Vassy) Hommes frans de Mme de Vaissey. 3 feux misérables.

Blacey. Hommes frans de M. le Duc. 1 feu solvable, 8 misérables : 9.

Santigny. Hommes frans et sers de M et de la dame de Neuly. Feux, franc misérable 1, serf solvable 1, misérables 5, mendiant 1 : 7.

Savigny-les-Raignay-en-Terre-Plaine. Porté à la prévôté d'Avallon

Pysy Hommes frans de M. de Charny, lesquels ont tous esté destruiz par les Escorcheurs 5 feux misérables.

Montréal. Où il a forteresse, foire et marchiez Hommes frans de M. le Duc Feux solvables 4, misérables 18, mendians 8 : 30

Bierry. Hommes sers des hoirs de Guy de Bar et de Hugues Savereaul 3 feux misérables.

LA PRÉVOSTÉ DE CHASTEL GIRARD.

Chastel Girard Hommes frans de M le Duc. 1 feu solvable, 5 misérables : 6.

Nuiz-soubs-Rougemont. Idem 1 feu solvable, 4 misérables : 5.

Mereul. Idem. 1 feu misérable.

Sarrey Idem 1 feu solvable, 7 misérables : 8

Villers-les-Haults. Idem 1 feu solvable, 5 misérables : 6

Pasilley. Hommes frans et sers de M. le Duc et du seigneur de Raigny 1 feu franc misérable, 4 sers misérables : 5

Selongey (Soulangy). Hommes frans de M. le Duc. 1 feu solvable, 3 misérables : 4.

Annoul Hommes sers des hoirs de feu Jehan de Vielchastel. 2 feux misérables.

Estivey. Hommes sers de l'Eglise de Moustier-Saint-Jehan. 6 feux misérables.

Sanvignes. Hommes de Guienot de Clugny 4 feux misérables.

LA TERRE DE NOYERS.

Noyers-la-Ville. Hommes frans de M. le Duc, nouvellement affranchis Feux misérables 2.

Cours Hommes frans de M. le Duc. Feux misérables 5, mendians 2 : 2 : 7.

Fraigne Hommes sers de Katherin de Semur. 2 feux misérables

Moulay. Hommes nouvellement affranchis du Duc. 3 feux misérables.

Arton. Idem 1 feu misérable.

Parrigny Hommes sers du Duc 3 feux misérables.

Annay Idem. 3 feux misérables, 1 mendiant.

Sancy. Hommes sers de J. de Vaulbrun. 3 feux misérables, 1 mendiant : 4.

Jouhancy. Hommes sers de Katherine d'Athiez. 4 feux misérables, 2 mendians : 6.

Sarigny Néant Il n'y demeure nul.

Grymault. Hommes frans de M le Duc 3 feux misérables, 1 mendiant : 4.

Fley Néant Il n'y demeure nul.

Yroul Hommes sers de Roubert de Mandelot. 5 feux misérables et 1 mendiant : 6.

Escherilly Hommes sers de M de Chastel-Neuf. 2 feux misérables.

Tanlay. Hommes sers du seigneur du lieu. 4 feux misérables, 2 mendians : 6.

Moutlot Néant. Il n'y demeure nul

La Ville de Noyers. Où il a bonne ville ferme, foire et marchiez. Hommes frans de M. le Duc, lesquels sont en frontière et sont très povres gens et ont eu puis trente ans ençà plusieurs garnisons, par le moyen desquelles et aussi des ennemis qui incessamment ont toujours esté entour la dite ville, sont tous destruiz Feux solvables 2, misérables 16, mendiads 8 . 24.

LA PREVOSTE DE MONTBART.

Chandoiseaulx. Hommes sers du prieur de Saint-Jehan-de-Semur et de Jehan Migel, 6 feux misérables.

Estées. Hommes frans et sers à M. de la Roiche et aux enffans de Mandelot. Feux frans misérables 2 et 5 sers misérables : 7.

Poix (Puits) Hommes sers de Simon de Grançon. Feux solvables 3, misérables 8 : 11

Sauvoisey (Savoisy). Hommes sers de M. de Charny. Feux solvables 2, misérables : 11.

La-Grange-de-Planay. Néant Il n'y demeure nuls.

Neesles. Hommes sers de M. Jacques Pot, lesquels ont esté tous destruiz en ceste presente année, par la fortune du temps. 1 feu solvable, 3 misérables : 4.

Verdonnay. Hommes sers de M⁰⁰ l'abesse du Poy-d'Orbe. 5 feux misérables · 5.

La Grange de Sestre. Hommes sers de la même 1 feu solvable ; 1

Buffon Hommes sers de M. de Roichefort 1 feu solvable, 3 misérables : 4

La-Grange-de-l'Espineuse. Néant. Il n'y demeure nuls.

Montaigny-Merdereaul (Montigny-Monfort). Hommes sers de Guillaume Poinçot. 5 feux misérables : 5.

Marmeigne. Hommes sers de l'église de Fontenoys. 6 feux misérables, 3 mendians : 9.

Senoilley (Senailly). Hommes sers de M. J. d'Avout, lesquels ont esté touz tempestez du temps en ceste présente année, tant qu'ils n'ont recueillis ne blefs ne vins 5 feux misérables, 5 mendians : 10.

Crespan. Hommes sers de M. le Duc et de l'église de Moustier-Saint-Jehan et d autres, lesquels ont esté touz destruiz par la fortune du temps en ceste présente année. 2 feux misérables, 2 mendians : 4.

Saint Germain Hommes sers de l'abbesse de Saint-Andoche, de M. d'Avout, lesquels, etc. 4 feux misérables· 3 mendians : 7.

Seloichey. Hommes frans et sers de M. le Duc. 4 feux frans et 4 sers : 8.

Courbeton. Hommes sers de M. le Duc. 1 feu mendiant : 1.

Le-Fain. Hommes sers des héritiers de P. de Montot· 5 feux misérables : 5.

Saint-Remy Hommes sers de l'église de Fontenoys. 8 feux misérables : 8.

Noigent Hommes sers de M. d'Autrey Feu solvable 1, misérables 10, mendians 5 : 16

Les-Laumes-soubs-Grignon Hommes sers du même Feux solvables 3, misérables 9, mendians 2 : 14.

Courcelles soubs-Grignon. Hommes sers du même Feu solvable 1, misérables 6, mendians 4 : 11

Menestereu' le-Pitois. Hommes sers de Jehan de Crecey. Feux misérables 2, mendians 1 : 3.

Quincerot Hommes sers de Jehan de Coublanc, lesquels ont esté en ceste présente année tous tempestez du temps, lesquels n'ont recueillis ne blefs ne vins. Feux misérables 2, mendiant 1 : 3.

Fraigne Hommes sers de l'église de Fontenoys. 1 feu solvable, 6 misérables : 7.

Montfort. Hommes sers de M de Charny. 3 feux misérables : 3.

Villers-soubs-Montfort. Hommes sers du même. 1 feu solvable, 3 misérables : 4.

Montbart. Qui est bonne ville fermée et y a foire, marchié et forteresse Bourgeois de M. le Duc Feux solvables 4, misérables 32, mendiants 11 : 47.

Courmoillon Hommes sers à J Bouhot. 1 feu solvable, 4 misérables : 5.

Lantilley Hommes sers de M de Blaisey et de Jehan de Crecey, lesquels ont esté tous destruiz par les Escorcheurs 3 feux misérables, 1 mendiant : 4.

Venarrey. Hommes sers de Katherin de Serin et Deshoirs de Philibert Brugnot. 2 feux solvables, 7 misérables, 12 mendians : 21.

Grignon Hommes frans et sers de M. de Viteaul. Feux, franc solvable 1, misérables 4 : 6. Serf solvable 1, misérables 3, mendians 3 : 7.

Benoisey. Hommes sers de M de Viteaul et d'autres. 4 feux misérables : 4

Les-Granges-soubs-Grignon. Hommes frans abonnez de M de Viteaul. Feux solvables 2, misérables 8, mendians 3 : 13.

Saigney Hommes sers de M de Viteaul et d'autres. Feu solvable 1, misérables 4, mendians 2 : 7.

LA PRÉVOSTÉ DE SEMUR.

Thoirey-soubs Charny. Hommes sers à M. de Charny Feux solvables 2, misérables 7, mendians 3 : 12.

Noidan-soubs-Charny. Hommes sers au même, lesquels ont esté tous destruiz de la tempeste du temps en coste présente année. Feux solvables 2, misérables 6, mendians 7 : 15.

Charney. Hommes sers au même. Feux solvables 2, misérables 6, mendians 3 : 11

Villeneuve soubs-Charny Hommes sers au même. 3 feux misérables, 2 mendians : 5

Chaselles Lescot Hommes sers de Girart d'Ampuys. Feu solvable 1, misérables 3, mendians 4 : 8.

La Mothe-de-Thoisy. Hommes frans et sers de M. de Ternant. Feux frans solvable 1, misérables 3. Feux sers solvable 1, misérable 4, mendiant 1 : 10.

Marcuel (Merceuil). Hommes frans du même. Il y avait des sers qui sont morts. Feux solvables 2, misérables 5, mendians 2 : 9.

Chaselles-en-Morvant. Hommes sers du même. Feux solvable 1, misérables 4, mendians 3 : 8.

Les Davrées. Hommes sers aux héritiers de Guillaume de Gellan. 5 feux misérables : 5.

Mont-Saint-Jehan, où il a forteresse, foires, marchiez, hommes frans du seigneur dudit lieu. Feux solvables 3, misérables 10 : 13

Glenoul (Glanot). Hommes frans du prieur du lieu. 1 feu solvable, 10 misérables, 1 mendiant : 12.

Molins soubs-Mont-Saint-Jehan. Hommes sers du sieur du lieu 1 feu solvable, 5 misérables, 3 mendians : 9.

Fleurey-soubs-Mont-Saint-Jehan. Hommes sers du sieur du lieu 4 sers misérables : 4.

Ormancey. Hommes frans et sers du sieur du lieu. 1 feu franc solvable, 2 misérables, 1 feu franc solvable, 4 misérables : 8.

La Comme. Hommes sers de M. Hérart du Chastellet. 2 feux misérables : 2.

Mairey Hommes sers de l'église de Saint-Martin-d'Ostun. 1 feu misérable, 2 mendians : 3.

Misserey. Hommes sers de M Girart de Cusance et d'autres. Feux solvables 2, misérables 7, mendians 4 : 13.

Saiserey. Hommes sers du même. Feux solvables 2, misérables 5, mendians 3 : 10.

Menestreul et Colonges Hommes frans et sers de M. d'Espoisse et de Jacot de Thoisey. 1 feu franc solvable, 1 serf solvable, 4 misérables : 5.

Villenes-les-Semur (Villenotte). Hommes sers de M. de Viteaul et de André Justot. Feux solvables 2, misérables 4, mendians 2 : 8.

Villers Hommes frans et sers de M. de Couches et de Jacques Pot. Feux, franc solvable 1, serf solvable 1, misérables 4, mendiant 1 : 7

Pauloigney (Pouligny) Hommes sers de M. d'Espoisse et de Jacot de Thoisey. 4 feux misérables : 4

Courcelles-les Semur. Hommes sers de M. de Jonvelle. 6 feux misérables et 1 mendiant : 7.

Lucenay Hommes sers du même. 1 feu solvable : 1.

Bicres. Hommes sers de M. de Jonvelle. Feux misérables 6 : 6.

Marenes. Hommes sers de M. Pierre Brandin. Feux misérables 2, mendiant 1 : 3.

Montaigny-soubs Bartholomier. Hommes sers de M. de Jonvelle. 4 feux misérables : 4.

Pons. Hommes sers du même 1 feu solvable, 3 misérables, 2 mendians : 6.

Maigney (la ville). Hommes frans et sers à M. le Duc et à M. Jehan de Cussigny. Feux franc misérable 1, mendiant 1, sers misérables 2, mendians 2 : 6.

Fley Hommes sers de M. d'Autrey. 5 feux misérables : 5.

Souhey. Hommes frans de M. le Duc et sers des hoirs de J. Coictier. 1 feu franc mendiant, 1 serf solvable, 1 mendiant : 3

Torcey Hommes sers de M. d'Espoisse. 1 feu solvable, 5 misérables, 3 mendians : 9.

Chevaigney-les-Semur. Hommes sers du prieur de Saint-

Jehan de Semur et du seigneur du lieu, lesquels en ceste présente année, ont esté tous ars et bruliez par fortune de feu. Feux solvables 2, misérables 4, mendians 4 : 10.

Poillenay. Hommes frans et sers de M. l'abbé de Flavigny, lesquels donnent chacun an à M. le Duc 33 florins de garde. Feux frans solvables 2, misérables 8, sers mendians 2 : 12.

Visarney Hommes sers de l'église de Moustier Saint-Jehan et de Mme de Blaisey, lesquels en ceste présente année et depuis deux mois en ça, sont estez tous tempestez par fortune du temps et tellement qu'ils n'ont receulliz blefs ne vins. 6 feux misérables, 1 mendiant : 7.

Reuffey. Hommes sers de M. de Jonvelle. 4 feux misérables : 4

Julley Hommes sers de Thibaut de Rougemont de M. d'Estrabonne et d'aultres 1 feu solvable, 5 misérables : 6.

Sarnois Hommes frans de M. le Duc et de Jacot de Thoisy. 2 feux misérables, 2 mendians : 4.

Espoisse. Où il a forteresse et y souloit avoir marchiez, qui n'y sont plus par la fortune de la guerre, lesquels sont tous destruiz par les Escorcheurs qui, dernièrement, prindrent la bassecourt de ladite forteresse, en laquelle estoient tous les biens meubles de ladite ville et aussi de toute la terre qu'ils furent perdus, et avec ce ont payé esdiz Escorcheurs de rançons en moins d'un an et demy, la somme de 1,200 saluz d'or 1 feu franc misérable, 1 serf solvable, 6 misérables : 8.

Espoissotte. Hommes sers de M. d'Espoisse, lesquels ont esté destruiz comme les précédens. 2 feux misérables : 2.

Couromble Hommes sers du même, lesquels, etc 5 feux misérables et 3 mendians : 8.

Toutrey. Hommes sers du même, lesquels ont tous esté destruiz par les loigis des Escorcheurs et aussi par les grandes rançons qu'il leur a convenu paier. 8 feux misérables : 8.

Change. Hommes frans et sers de M. de Joigny, lesquels perdirent tous leurs biens meubles en la bassecourt du chastel d'Espoisse, quant elle fut prinse par les Escorcheurs. 1 feu franc solvable, 3 misérables et 1 mendiant : 5.

Plumeron. Hommes sers de M. de Joigny, lesquels perdirent etc. 4 feux misérables et 2 mendians : 6.

Foulx Hommes sers du même. 2 feux misérables, 1 mendiant : 3

Preys. Hommes sers de J d'Avoul. 1 feu solvable : 1.

Vieschastel Hommes sers de Bertrandon de la Broquiere. 4 feux misérables, 2 mendians : 6.

Villers-Fresmoy. Hommes sers des ayans cause de Guy de Bart, lesquez ont esté tous destruis, tant à cause des Escourcheurs, comme par la mortalité qui a esté sur leurs bestes et aussi par la tempeste du temps. Feux misérables 3, 1 mendiant : 4.

Montbertault. Hommes sers de Bertrandon. 6 feux misérables, 2 mendians : 8.

Courcelles-Fresmoy. Hommes frans et sers du même, lesquels ont esté tous tempestez du temps en ceste présente année. Feux, franc misérable 1, sers misérables 6 : 7.

Fresmoy Hommes sers du même, lesquels, etc. 2 feux misérables ; 2.

Moustier-saint Jehan. où il a forteresse, foire, marchiez, lesquels ont été tous tempestez en ceste année présente et destruiz par les Escourcheurs Feux frans, misérables 2, sers misérables 12, mendians 4 : 18

Thivoiches. Hommes sers de l'église de Moustier-saint-Jehan. 3 feux misérables : 3.

Saint-Jeu Hommes sers de la même. 2 feux misérables : 2.

Chevaigney Néant Il n'y demeure nuls.

Curey. Hommes sers de la même. 3 feux misérables : 3.

Fains. Hommes sers de la même. 5 feux misérables : 5.

Tulley. Hommes sers de la même. 2 feux misérables : 2.

Bierrey (Anstrude). Hommes sers des ayans cause de Thomas de Verjux. 3 feux misérables : 3.

Athies. Hommes de l'église de Moustier-saint-Jehan. 4 feux misérables : 4.

Jeu. Hommes sers de la même. 1 feu solvable, 2 misérables : 3.

Bart. Hommes sers de la même. 3 feux misérables : 3.

Bières (l'Egarée). Hommes sers de Mme de Montperroux 1 feu solvable, 3 misérables, 1 mendiant : 5.

Chaignot-Saint et la Vernaul. Hommes sers de M. de Saint-Beurry. 2 feux misérables : 2.

Romenault. Hommes sers de M™° de Montperroux, 3 feux misérables : 3.

La-Roiche-de-Breny. Hommes sers de la même 1 feu solvable, 6 misérables : 7.

Assenay (Arcenay). Hommes sers de M. de Joigny. 4 feux misérables : 4.

Montmélien. Hommes sers de Guillaume de Sorcey. 5 feux misérables : 5

Allerey. Hommes sers de Guillaume du Bois, bailli d'Auxois. 4 feux misérables, 1 mendiant : 5.

Chantault. Hommes sers de maître Henri de Clugny 1 feu solvable, 1 misérable : 2.

Saint-Didier. Hommes sers du même, 4 feux misérables : 4.

Granvaul. Hommes de sers de Pierre de Drée, 2 feux misérables : 2

Montaichon Hommes sers du même, 1 feu solvable, 2 misérables : 3.

Villenes-les-Prévostes Hommes frans et sers de M. de Charny, 1 feu franc solvable, 3 sers solvables, 8 misérables : 12.

Dompierre. Hommes sers, de M. de Montjeu et des hoirs de Girard de Cussigny, 1 feu solvable, 3 misérables, 1 mendiant ; 5.

Villers Dompierre Hommes sers du M. de Jonvelle, 1 feu solvable, 3 misérables : 4.

Courcelottes-Dompierre. Hommes sers de M. de Menessaire. 4 feux misérables : 4.

Pauteniers. Hommes sers de M de Saint-Beurry, 2 feux misérables : 2.

Menestoy Hommes sers de M. d'Aulmont, 3 feux misérables : 3

Genay et Le Clou. Hommes sers de M de Charny et de Jacot de Thoisey. Feux frans solvables 2, misérables 6, mendiant, 1 : 7.

Massingey Hommes frans à M. le Duc et à Mme de Blaisey. feux misérables 6, mendians 2 : 8.

La Courtine. Hommes sers de M. de Saint-Beurry, 3 feux misérables : 3

Marrigny-le-Kahouet. Hommes frans de M. Pierre de la Baulme et d'aultres, en laquelle ville les Escourcheurs brûllèrent derrièremen 25 maisons. Feux solvables 4, misérables 46, mendians 9 ; 59.

Chacey. Hommes sers de Jehan de Chastel Villain. Feux, solvable 1, misérable 1, mendians 4 ; 6.

Les Maignis. Hommes sers de M de Saint-Beurry. Feux, solvable 1, misérables 6, mendians 3 : 10.

Chenaul. Hommes sers de Mme de Lugny. Feux, solvable 1, misérables 4, mendians 5 : 10

Clermont Hommes sers de M. de Montperroux. 2 feux misérables : 2.

Vernon. Hommes sers de M. de Montperroux, 3 feux misérables : 3.

Crespy et Bouloy. Hommes sers de M. Jacques de Lugny. 8 feux misérables : 8.

Chamont Hommes sers de M. de Montjeu 5 feux misérables : 5.

Aisey-soubs-Thil. Hommes sers de Chrétienne de Drée. 1 feu solvable, 5 misérables et 3 mendians ; 9.

Pleuvier et Montaignerot. Hommes sers de M. de Norry, lesquels ont été tous détruis en ceste année pour la mortalitey qui a esté sur leurs bestes et aussi pour la tempeste du temps. Feux solvables 2, misérables 9, mendians 4 : 15.

Charentois Hommes de mainmorte et de serve condition de M. de Chevigney. 1 feu solvable, 7 misérables : 8.

Marcigny et Saul-soubs-Thil. Hommes sers de l'église Saint-Pierre de Chalon. Feux, solvable 1, misérables 5, mendians 3 : 9.

Normiers. Hommes francs abonnés des seigneurs de Saint-Jehan de Jérusalem. Feux, solvables 2, misérables 9, mendians 5 : 16.

Le Vy de Chassenay. Hommes frans et sers de M. d'Epoisse, lesquels ont esté tous destruis des Escorcheurs en ceste présente année. Feu franc solvable 1, serf solvable 1, misérables 4, mendiant 1 : 7.

Saincte-Euffaine Hommes sers de M. le Duc. 5 feux misérables : 3.

Varennes (ce qui est du duché). Hommes sers de Jacot de Thoisy. 3 feux misérables : 3.

Mollefey et Coutaspre (ce qui est au duché). Hommes sers du Chappitre d'Avalon, 2 feux misérables, 1 mendiant : 3

Thisy. Hommes sers de l'église de Moustier-saint Jehan. 3 feux misérables, 2 mendians : 5.

Chausse Rose. Homme sers de M. de Thil et de M de Ternant, 5 feux misérables : 5.

Fontangey Hommes sers de M de Norry et de M. de Thil, lesquels en ceste présente année ont esté tempestez, tant qu'ils n'ont recueilly blefs ne vins. Feux solvables 2, misérables 6, mendians 3 : 9.

Thil-la-Ville Hommes sers de M. de Thil. 12 feux misérables, 1 mendiant : 13.

Vy-soubs Thil. Hommes sers du même, En laquelle ville a heue si grande mortalytez que plus de la moitié du peuple est trespassée et le surplus est destruiz par les Escorcheurs, 13 feux misérables : 13

Prissey-soubs Thil Hommes francs et sers du même, ou il a foire et marchiez. Feux frans misérables 2, sers misérables 10, mendians 4 : 16.

Thil et la-Maison-Dieu. Hommes et sers du même. 1 feu solvable, 5 misérables, 2 mendians : 8

Le Pont (d'Aisy). Hommes sers de Jehan Mairet. 2 feux solvables, 5 misérables, 5 mendians : 12

Le Breuillet (Brouillart). Hommes sers de M de Bellabre, 1 feu solvable, 5 misérables : 6

Sainte-Sagault (Segros). Hommes sers de M. le Chancelier (Rolin) et de M. de Couches, 6 feux misérables : 6.

Monlay. Hommes sers de M. le Chancelier, 5 feux misérables, 3 mendians : 8.

Juillenay Hommes sers de M. le Chancelier. 6 feux misérables : 6.

— 149 —

Muxy la Fosse. Hommes sers des hoirs de Guy de Bar. 2 feux misérables, 3 mendians : 5.

Beaulregard. Hommes frans de Mᵐᵉ de Demain. 1 feu solvable : 1.

Toutes. Hommes sers de la même. 1 feu solvable, 6 misérables : 7.

Charrigny. Hommes sers de Guillaume Poinçot et du prieur de Saint-Thibault. 1 feu solvable, 3 misérables et 2 mendians : 6.

Roilley. Hommes sers de M. de Joigny, de Liébault, de Lugny et d'autres. 3 feux solvables, 7 misérables : 10.

Nant-soubs-Thil. Hommes sers de M. de Ternant et de M. de Thil, 2 feux solvables, 5 misérables, 2 mendians : 9.

Folliens (Forléans). Hommes sers de M. de Joigny, 2 feux misérables : 2.

Bourboilly. Hommes sers du même, 1 feu solvable et 5 misérables : 6.

Sauvoigny. Hommes sers du même. 3 feux misérables : 3.

Villeneuve-les-Montaigny sur-Armançon. Hommes sers du même. 4 feux misérables, 2 mendians : 6.

Montaigny sur-Armançon. Hommes sers du même. Feux, solvable 1, misérables 4, mendians 2 : 7.

Brianney. Hommes sers du même. 1 feu solvable, 10 misérables : 11.

Braux et la Maison aux Croisées. Hommes francs et sers de M. de Viteaul. Feux, franc solvable 1, misérables 7, mendians 3, sers solvables 2, misérables 5, mendians 5 : 24.

Geloigney. Hommes sers de M. de Jonvelle et de M. de Couches et d'autres. Feux, solvable 1, misérables 5 : 6.

Semur. Bonne ville farmée, où il a foires et marchiez, lesquels sont tous destruiz par les Escourcheurs qui y furent loigiez au nombre de 4 à 5,000 chevaulx par l'espace de 8 ou 10 jours et avec ce leur convint payer de rançon ausdis Escourcheurs la somme de 800 saluz d'or et s'y botèrent le feul et brullerent es faubourgs de ladite ville bien environ 40 ou 50 frestres de maisons, à laquelle occasion pluseurs des habitans de la dite ville se sont absentez et ont délaissé le lieu, veuz d'hostel en hostel. Rapportés par les seremens de Guiot Melin maieur d'icelle ville, Jehan Dodun, M'' Huguet Demoinge, Nicolas Joly et J. Clément eschevins

Et premièrement :

Le Chastel 1 feu misérable : 1.

Les Vaulx Feux solvables 4, misérables 27 : 31.

Chaulme-es-Mouseaulx Feux solvables 2, misérables 17, mendians 2 : 21.

Chaulmes-es-Noirs. Feux misérables 4 : 4.

Chaulmes-es-Pertuisos. Feux misérables 17 : 17.

Chaulmes-es-Chappelliers. Feux misérables 12 : 12.

Rue Chaulde. Feux solvables 2, misérables 25, mendians 3 ; 30.

Bourg-Ranvoisy. Feux, solvable 1, misérables 24 : 25.

Rue Dessus. Feux solvables 2, misérables 6, mendians 3 : 11.

Les Bordes. Feux misérables 25, mendians 12 : 37.

Le Bourg. Feux solvables 3, misérables 25 : 28. Total, 217.

Total des feux du bailliage : 3,903.

X

Cerche des feux du bailliage d'Auxois, faite au mois de juin 1461, par J. Grignard procureur du Duc audit bailliage et M" Jehan Maistre Jehan, clerc notaire de la cour du Duc, à ce commis par les Elus de l'Aide de 10,000 frans, octroyée au Duc par les Etats. (B. 11,517).

LE BAILLIAGE D'AUXOIS.

Semur. Bonne ville ferme, où il y a chastel, 7 foires l'an et marchié chascun samedi. Estant avec nous Alexandre Boulet procureur des habitans dudit Semur, Jehan Le Mulier mayeur, P. Chareaul, Oudot Dampnon eschevins et Simon Perreaul sergent de la ville et commune dudit Semur pour

Monseigneur le Duc. Et sont tous les habitans dudit Semur et des feursbourgs, hommes frans et justiciables sans moyen de mondit seigneur le Duc, excepté que le jour de l'une d'icelles foires appelée la foire de la Myaoust, qui se tient chascun an le jeudi avant la feste de N. D. de Miaoust, le prieur de N. D. dudit Semur joy et à la juridiction durant ledit jour en ladite ville.

Le Chasteau 2 feux, parmi lesquels celui de André Blanchot recteur des Escoles. 2.

Le Bourg en la Ville ferme. Feux 87.
Les Vaulx. Feux 49.
Chaulmes es-Meseaulx Feux 24.
Chaulmes-es-Noirs. Feux 5.
Chaulmes-es-Chapeliers. Feux 17.
Chaulmes-es-Pertuisos Feux 42.
Rue Chaukle. Feux 53.
Bourg Ranvoisié. Feux 49.
Rue Dessus. Feux 17.
Les Bordes. Feux 55.

Total 300.

Prey à Jehan d'Avoul et à aultres, hommes frans et sers. Feux frans 4, sers 4 : 8

Thisy Où il a chastel fort est à l'abbé de Moustier-saint-Jehan. Hommes sers, feux : 9.

Bierry. A M° P. Bauldot et aultres. Hommes sers, feux : 14.

Tulley. A l'abbé de Moustier-saint-Jehan. Hommes sers, feux : 8.

Curey. Au même. Hommes sers, feux : 4.

Toultry. Au seigneur de Couches. Hommes tailliables, exemps de mainmorte, feux : 15.

Charnossaint et la Vernoye en-Morvant Au seigneur de Saint-Beurry. Hommes tailliables abonnez.

Crespy et Bouloy. A la dame d'Ouay. Hommes sers, feux : 6.

Montauchon. A Guillaume de Drées, hommes sers, tailliables abonnés, feux : 5.

Grantvaulx-en-Morvant. Il n'y demeure personne.

Chantault-en-Morvant A M. Michel de Saugey. Sers, tailliables abonnez, mainmortables, feux : 2.

Saint-Didier. Au même. Hommes sers tailliables abonnez, feux : 2

Molofey et Courtaspre Au Chapitre d'Avallon. Habitans tailliables hault et bas, exemps de mainmorte, feux ; 4.

Montmelien. A la dame d'Onay. Sers tailliables à volonté, feux : 5.

Romenault en-Morvant. A la dame de Montperroux, habitans sers tailliables à voulenté, feux : 7.

La-Roiche-du-Brenin Où il a maison fort, est au seigneur de Saint Burry et à Mile de Bourbon, deux foires l'an, l'une le jour de Saint-André, l'autre trois jours devant la Nativité de Saint-Jean-Baptiste, hommes sers tailliables hault et bas, réservé un qui est franc. Feux, franc 1, sers 16 : 17.

Bierre et La-Verne. A la dame de Montperroux et à autres, hommes sers, feux : 6.

Vernon A la dame de Montperroux, hommes sers, feux : 5.

Clermont. A la dame de Montperroux, hommes sers, feux : 3

Chamont. A Jehan de Varigny et à aultres, hommes sers, taillables abonnés, feux : 9

Les-Maigny Au seigneur de Dyo, hommes sers, taillables et corvéables, feux : 8.

Paultenier. Au seigneur de Saint-Burry, hommes sers, feux : 3.

Courcelottes-près-Dampierre. A M. Micheaul de Saulgey, chevalier, sers, feux : 8 hommes.

Dompierre en-Morvand Au seigneur de Chastel-Regnault et à autres, hommes sers, taillables abonnés, feux : 10.

Villers-Dompierre A M. de Cran, hommes taillables abonnés, exemps de mainmorte, feux : 9.

Geloigny. A M. de Cran et à autres, hommes sers, taillables hault et bas, feux : 15.

Beaul-Regart. A la dame de Demain. hommes frans, feux : 3.

Thote. Où il a maison for*, à Monseigneur de Lux et à aultres, hommes sers taillables hault et bas, feux ; 21.

Villiers-Fresmoy. A Geoffroy d'Aucerre et au seigneur d'Aulmont, hommes sers taillables à volonté, feux : 7

Courcelles-Fresmoy A monseigneur le Duc, hommes frans, feux : 10.

Fresmoy. A Monseigneur le Duc, hommes frans, feux : 6.

Moubertault. A Monseigneur le Duc, hommes frans, feux : 28.

Vieschastel Où il a forteresse, à Monseigneur le Duc hommes frans, feux : 28.

Forliens. A Monseigneur le Duc et au seigneur de Joigny. Hommes trans 5, sers 8, feux : 13.

Foulx. Au seigneur de Joigny, hommes sers taillables, hault et bas, feux : 4.

Torcey Au seigneur de Coulches, hommes taillables hault et bas, feux : 20.

Changy-près-Epoisses. Au Seigneur de Joigny, hommes taillables à volonté et mainmortables, feux : 10.

Plumeron-près Epoisses. Au seigneur de Joigny, taillables à volonté et mainmortables, feux : 11.

Epoisse. Où il a forteresse forte, au seigneur de Coulches, hommes taillables hault et bas, exemps de mainmorte, feux . 38.

Espoissotte. Au même, hommes comme ci-dessus, feux : 7.

Corombles. Au même, hommes comme ci dessus, feux : 50.

Bart. A l'abbé de Moustier-saint-Jehan, hommes taillables hault et bas, feux : 14

Thivaiche-les-Moustier. Au même, hommes sers, taillables hault et bas, feux : 13.

Moustier-saint-Jehan Où il y abbaye qui est maison fort, aux abbé et religieux dudit lieu et y à quatre foires en l'an ; l'une le second vendredi de Karesme, l'autre le mercredi après Penthecoste, l'autre le jour de la décollation Saint-Jehan et l'autre le jour de Saint-Morise et y a marchié chacun mercredi de l'an, les quel es foires et marchié sont à présent en ruyne et ne vaillent riens, et sont les hommes taillables hault et bas et mainmortables, excepté deux que par coustume contribuent en fait d'aydes avec les sers. Frans 2, sers 31, feux : 33

Fains. A l'abbé de Moustier-saint-Jehan, hommes sers taillades hault et bas, feux : 23.

Saint-Jeux Audit abbé, hommes sers taillabes et mainmortables, feux : 7.

Athies. Audit abbé, hommes sers taillables et mainmortables, feux : 14.

Viserney. A M⁰ de Blaisey et à l'abbé de Moustier-saint-Jehan, hommes sers taillables hault et bas, feux : 22.

Villenes-les-Prévostes Où il y a forteresse qui gueres ne vault, à M⁰ le conte de Charny, et sont les hommes sers taillables hault et bas excepté un. Franc 1, sers 39, feux : 40.

Jeux. A l'abbé de Moustier-saint-Jehan, hommes sers, feux : 11.

Poloigny. A M⁰ de Coulches et à autres, hommes sers, feux : 15.

Le Vy de Chassenay. A M⁰ de Coulches, et sont les hommes taillables hault et bas, exemps de mainmorte, feux : 21.

Bourboilly. Où il y a chastel fort à M⁰ de Joigny et sont les hommes sers. Feux : 13.

Montaigny-saint-Bertholomier A M. de Cran, hommes sers taillables hault et bas, feux : 17.

Ruffey. A M⁰ de Cran, hommes sers taillables hault et bas, feux : 10.

Savoigny. A M⁰ de Joigny, hommes sers taillables, hault et bas, feux : 4.

Courcelles-les-Semur Où il a chastel fort, hommes à M⁰ de Cran, hommes sers, feux : 22.

Sernois. A M⁰ le Duc et à Jacot de Thoisy, les hommes du Duc frans, et ceux de Jacot sers, frans 3, sers, 4 feux : 7.

Monnestoy. A M⁰ de Coulches, hommes taillables abonnez, feux : 9.

Monnestreul et Collonges. A M⁰ de Coulches et autres et sont les hommes, les aucuns frans, les aucuns frans tailliables abonnez et les autres sers. Franc 1, frans tailliables 16, sers 3, feux : 19.

Genay et le Clour. A Mʳ de Charny et autres, et sont les hommes taillables hault et bas, feux : 40.

Chevigny. Où il a chastel fort, à M. Thiebault de Plessy et au prieur de Saint Jehan de Semur, hommes taillables hault et bas, feux : 17.

Chevaigny. Il n'y demeure personne. Néant.

Charentois. Au seigneur de Chevigny, hommes sers, taillables hault et bas, feux : 12

Villenotes près Semur. Au seigneur de Vitcaulx, hommes sers taillables hault et bas : 13.

Villiers-les-Semur A la dame de La Roiche et à chapitre d'Ostun, hommes taillables hault et bas et mainmortables, excepté deux qui sont frans Frans 2, sers 17, feux : 19.

La Courtine A Mʳ de Saint-Burry, homme sers taillables hault et bas, feux : 6.

Massingey près Semur. A M. de Blaisey, hommes frans abonnez, feux : 20.

Juilley-les-Semur. Où il a chastel fort, à Mʳ de Brion et sont les hommes sers, taillables hault et bas, feux : 23.

Souhey. A Mʳ le Duc et à Jean Cotier de Flavigny, hommes frans 2, sers 6, feux : 8.

Maigney. A Mʳ le Duc et à Oudot de Molain, hommes frans 5, sers 9, feux : 14.

Saint-Euffraigne. A Mʳ le Duc, hommes taillables hault et bas, feux : 21.

Macenes. A la veuve de maistre Pierre Brandin, hommes sers taillables hault et bas, feux : 7.

Pons. A Mʳ de Cran, hommes sers, taillables hault et bas, feux : 9.

Allerey A Mʳ le Duc et à Anthoine Dubois, hommes frans 1, sers 5, feux : 6.

Fley. A Mʳ de Thalemer, hommes sers, taillables hault et bas, feux : 13

Roilley-soubz-Thil: A Etienne de Champmergy et à autres, hommes sers, taillables hault et bas, feux : 15.

Chenaul soubz-Thil. A Mʳ de Navilly, hommes sers, taillables hault et bas, feux : 19.

Bieres. A Mr de Cran et autres, hommes sers, taillables hault et bas, feux : 11.

Lucenay. A M. de Cran, hommes sers, taillables hault et bas, feux : 4.

Aisey-soubz-Thil. A Demoiselle Chrestienne de Drées et et sont les hommes sers, taillables hault et bas, feux : 22.

Arcenay. A M. de Joigny et à autres, hommes sers, taillables hault et bas, feux : 7.

Le Pont d'Aisey. A Jehan Le Mairet, escuyer, seigneur de Chastel Regnaut, hommes sers, taillables et abonnez, feux : 5.

Le Bruillat. A Mr de Balabre, hommes sers, taillables hault et bas, feux : 7.

Vy-soubz-Thil Au seigneur de Thil, hommes taillables abonnez, feux : 31.

Juillenay Ce qu'est en Bourgogne est à M le Mareschal et les hommes ; les uns frans, les autres sers, et tous taillables, feux ; 14.

Monlay. A Mr de Chastel-Villain, hommes sers taillables, feux : 16.

Saincte-Segrault. A Mr de Coulches, et sont les hommes sers, taillables abonnez, feux : 15

Chaselles-en Morvant. Au seigneur de Ternant, hommes sers, taillables abonnez, feux : 12.

Chaulce-Rose ensemble *Le May* Au même et à aultres, habitans sers, taillables habonnez, feux : 14.

La-Mothe de-Thoisy. Où il y a forteresse, est à Mr de Ternant, hommes frans 8, taillables abonnez 6, sers 6, feux : 20.

Mercueil et le Bois du Mex. Au même, et sont les habitans frans, feux : 27.

Varennes. Ce qui est au duchié, hommes frans, feux ; 6.

Misserey. Où il a forteresse à messire Ferry de Cusance, chevalier et à aultres, hommes sers, feux ; 26.

Molins et la Comme-soubs-Mont-saint-Jehan A M. le comte de Charny. hommes taillables, feux : 13.

Flurey-soubs-Mont saint-Jehan. Au même, hommes sers, feux : 4.

Ormancey-sur-Mont-saint-Jehan. Au même, et sont les hommes : frans 4, sers 7. Feux, 11.

Mairey près Mont-saint-Jehan. A l'abbé de Saint-Martin d'Ostun, hommes sers taillables à volonté. Feux : 6.

Les Davrées. Où il a chastel qui n'est tenable à M' de Senoilly et à aultres, hommes sers, taillables hault et bas. Feux, 17.

Marcigny et Saulx-soubz-Thil. Est à l'abbé de Saint-Pierre de Châlon, hommes frans 21, sers 5. Feux, 26.

Briannay Est à Oudot de Molain, seigneur de Lux, les hommes sont sers taillables hault et bas. Feux, 24.

Montaigny-sur-Armanceon Est à M. de Lux, hommes sers, taillables hault et bas. Feux, 13.

Villeneufve les Montaigny-sur-Armanceon A M. de Lux, hommes sers, taillables hault et bas Feux, 8.

Charrigny. Est à Guillaume Poinsot et aultres, hommes sers, taillables hault et bas. Feux, 9.

Prissey-soubz-Thil Où il a trois foires l'an et marchié chacun mercredi qui, guères ne vault, est à M. de Chastel-Villain les hommes : frans 3, sers 23. Feux, 26.

Thil et la Maison-Dieu. Où il a chastel fort, est au même, les hommes sont frans taillables. Feux, 10.

Thil la-Ville et le Ruaul. Au même, sont les hommes sers, taillables et mainmortables. Feux, 19.

Nan soubs-Thil. A M de Ternant, hommes sers. Feux, 26

Pluvier et Montaignerot Sont ledit Pluvier à M. le comte d'Aloiz, et ledit Montaignerot à M. Hugues Vignaul ; hommes sers. Feux, 17.

Faultangey. Est à M. le comte d'Aloiz et à chapitre d'Ostun, hommes sers. Feux, 14.

Chazelles Lescot Est à Arart de Nysy et à aultres, hommes sers. Feux, 14.

Saiserey A Messire Ferry de Cusance et à aultres, hommes sers. Feux, 19.

Noidan-soubs-Charny. A M le comte de Charny, hommes sers. Feux, 27.

Normiers. Aux seigneur de Saint-Jehan de Jhérusalem, hommes frans. Feux, 16.

Mont-saint-Jehan. Où il a forteresse, trois foires l'an et marchié chacun mercredi, est à M. le comte de Charny, hommes frans. Feux, 45.

Thorey. Au même, habitans sers. Feux, 33.

Villeneufve-sous Charny. Au même, hommes sers. Feux, 5.

Charny. Où il a forteresse forte, au même, hommes sers. Feux, 16.

Braulx et la Maison-aux-Croisiez. Où il a chastel fort, à M. de Viteaul, frans 31, sers 19. Feux, 50.

Marrigny le Caouhet. Où il a chastel fort, à la dame de La Roiche, vefve de feu Messire Pierre de la Baulme, et à Messire Claude de Inteville, seigneur d'Eschannay, et sont les hommes frans. Feux, 85.

Chassey. A M. d'Aulmont et à aultres, hommes sers, taillables hault et bas. Feux, 13.

Pouillenay. A l'abbé de Flavigny, hommes frans. Feux, 27.

La Grange-des-Préaulx. A M. Jehan de La Perrière et à Guillaume de La Perrière, hommes frans. Feux, 2.

Mussy-la-Fosse. Où il a forteresse, à M. d'Aulmont, hommes sers, taillables à volenté. Feux, 11.

LA PRÉVOSTÉ DE SECCEY.

Jailly. A M. l'abbé de Flavigny, hommes sers, taillables à volenté. Feux, 28.

Veilly. A M. de Saint-Bris, hommes, les uns frans et les autres sers, taillables hault et bas, frans 7, sers 46. Feux, 53.

Villeberny. A Monseigneur le Duc, à Guillaume Poinsot et à autres, hommes sers, tailliables hault et bas. Feux, 40.

Dompierre. A Monseigneur le Duc et à l'abbé d'Oigny, hommes tailliables abonnez. Feux, 12.

Sainte-Colombe. A Monseigneur le Duc et à la dame de La Roiche, hommes frans. Feux, 11.

Veloigny. A la dame d'Aisey et à maistre Regnaud Le Breton, hommes sers, tailliables hault et bas. Feux, 11.

Saulsys. A Natole de Montagu, hommes sers, tailliables hault et bas. Feux, 10.

Clamerey. A M. de Saint-Burry et aultres, hommes sers, tailliables à volonté Feux, 14.

Creusot. A la dame Douay, hommes tailliables abonnez. Feux, 10.

La-Maison-au-Moigne. A Messire Anthoine de Dyo, chevalier, hommes sers, tailliables hault et bas. Feux, 3.

Saint-Thiébault. Où il a une foire le jour de Saint-Martin d'iver, qui riens ne vault, et le Moustier fort, à M. de Saint-Burry et à autres, hommes frans Feux, 33.

Verchizy. Où il a forteresse, es hoirs de M. de Plancy, hommes sers. Feux, 8.

Lées-soubz-saint-Burry. A Messire Claude de Tholonjon, chevalier hommes tailliables hault et bas, exemps de mainmorte. Feux frans, 2

Saint-Burry. Où il a forteresse, à Messire Anthoine de Dyo, chevalier et es seigneurs de Tholonjon, hommes tailliables hault et bas, exemps de mainmorte. Feux frans, feux, 7.

Linières-soubz-saint-Burry. A Messire Claude et Tristand de Tholonjon et à Messire Hugues de Vauldrey, hommes tailliables hault et bas. Feux, 15

Burrisot. A M. de Saint-Burry, à M de Raigny et à aultres, hommes tailliables hault et bas, exemps de mainmorte, feux frans. Feux, 28.

Vesvre A Monseigneur le Duc, hommes sers, tailliables abonnez Feux, 7.

Boussey. A M. de Viteaul, hommes sers, tailliables, hault et bas. Feux, 4.

Ys-sur-Viteaul. Au Prieur de Troal (Trouhaut), hommes sers, tailliables hault et bas. Feux, 2.

Saffres. Où il a forteresse, à M. Anthoine de Saigny et à Guillaume de Sercey, escuyer, hommes sers, tailliables hault et bas. Feux, 35

Marcelois A M de Viteaul et à Jehan de Baissey, hommes sers, tailliables hault et bas. Feux, 6.

Courcelotte A M. de Scey et à Mme de Pralon, hommes sers, tailliables hault et bas. Feux, 4.

Uncy. Au Commandeur dudit lieu, hommes tailliables abonnez, exemps de mainmorte. Feux frans, 30.

Gros-Bois. Aux seigneurs de Montoillot, d'Aguilly, Beauvoir, de Drées et à aultres, hommes frans 3, sers 34. Feux, 37.

Geligny. Au seigneur de Montoillot, hommes sers, tailliables hault et bas Feux, 3.

Vielz-Molins. Au même, hommes sers. Feux, 2.

Viteaul, Où il a maison fort, deux foires l'an et marchié chascun jeudi, est à Messire Jehan de Châlon seigneur dudit Viteaul, et sont les hommes frans. Feux, 126.

Flavigny. Bonne ville ferme, où il y a foires et marchié c'est assavoir: ung chascun lundi marchié, est à Monseigneur le Duc, habitans frans.
  Le feursbourg, 4 feux ;
  La ville ferme, 97 feux ;
    Total — 101 feux.

Aulte-Roiche. A l'abbé de Flavigny, hommes sers, tailiables hault et bas. Feux, 8

Escorsains et la Grange-de-Bornay. Au même, hommes sers, tailliables hault et bas. Feux, 9.

Clirey. Au même, hommes sers, tailliables hault et bas. Feux, 9.

La Roiche-du-Vannneaul. Où il a forteresse qui guères ne vault, est à Guy de la Baulme, hommes sers, tailliables hault et bas. Feux, 17.

Lugny. Es hoirs de feu Messire Pierre de la Baulme, et sont les hommes sers, tailliables hault et bas. Feux, 7.

Brin A M. le comte de Charny et à aultres, hommes frans. Feux, 14.

Villeferry. Aux mêmes, hommes frans. Feux, 12

Arnay-soubz-Viteaul. A Monseigneur le Duc, hommes frans 21, sers 3 Feux, 24.

Posanges. Où il a forteresse forte, est à Authoine Du Bois, escuyer, hommes sers 37, franc 1 Feux, 38

Dracey-les-Viteaul. A M. Claude et Tristand de Tholonjon et à aultres, hommes sers, tailliables hault et bas. Feux, 14.

Marcilly-les-Viteaul A Monseigneur le Duc, hommes frans abonnez Feux, 23.

Seccey. A Monseigneur le Duc, hommes tailliables abonnez. Feux, 6

Massaingy. A M. de Viteaul, hommes tailliables abonnez. Feux, 17.

Baraing. A Pierre de Saigny et à Arvier de Chassey, hommes frans tailliables. Feux, 11.

Avone. Es seigneur de Saint-Jehan de Jhérusalem, hommes frans abonnez. Feux, 12.

La-Grange-de-Chevannay. A Guillaume Poinsot Feu, 1.

Chevannay. A M. de Saint-Bris et à aultres, hommes sers, excepté un, hommes frans 1, sers 21. Feux, 22.

Champ-Regnault-sur-Saint-Hélier. Où il a maison fort, à M. Philippe de Vienne, hommes sers, tailliables hault et bas. Feux, 6.

Saint-Hélier. A Bernard Damas, prieur dudit lieu, hommes frans, tailliables jusques à ung marc d'argent au dessoubz Feux, 7.

Verrey-soubs-Drée. Où il a une tour fort à Jehan de Fontetes, escuyer, hommes frans 1, sers 9. Feux, 10.

La Chaleur. Au seigneur de Montoillot, hommes sers, tailliables à volontez. Feux, 2.

Saint-Antot. A M. de Scey, hommes sers abonnez. Feux, 9.

Godan. A l'abbé de Saint-Sene, hommes frans tailliables à volontez jusques à ung marc d'argent au dessoùbz. Feux, 4.

La-Villote-soubs-Sombernon. A M. de Scey et à l'abbé de Saint-Bénigne de Dijon, hommes frans 3, sers 1. Feux, 4.

Fontetes. A Jehan de Fontetes et à Jacques de Chasen, hommes sers, tailliables hault et bas. Feux, 8.

Saint-Memin-et-Bonidan. A M de Saint-Sene, hommes tailliables à voulenté, jusques à ung marc d'argent, exemps de mainmorte Feux, 12.

LA PRÉVOSTÉ DE POILLY.

Drées. Où il a chastel fort, à Ville de Saint-Sene, vefve de feu Jehan de Drées, hommes sers, tailliables hault et bas. Feux, 18.

Chasilly-le-Bas. A Messire Philippot et à aultres, hommes sers, tailliables hault et bas. Feux, 17.

Saverange. A la dame de Drées, hommes sers, tailliables abonnez. Feux, 2.

Buxi. Où il a chastel qui gueres ne vault, à Guy de la Baulme, seigneur de La Roiche, hommes sers, tailliables, haut et bas. Feux, 10.

Savigny-sous-Maulain. A M. de Scey et autres, hommes sers, tailliables, abonnez. Feux, 35.

Sombernon Où il à forteresse, deux foires et marchée chacun venredi, au même, hommes francs, 2, sers 27. Feux, 29.

Maulain. Où il a forteresse, au même et au seigneur de Rougemont, hommes sers, tailliables hault et bas. Feux, 21.

Pràlon A l'abesse dudit lieu, hommes sers et mainmortables. Feux, 6.

La Sarrée. A M. de Scey et à Thiébault de Rougemont, hommes sers. Feux, 6.

Miémont. A Monseigneur le Duc et au seigneur de Sombernon. hommes du duc frans 4, ceux du seigneur, sers 9. Feux : 13.

Baulmote. Aux seigneurs de Maulain, hommes sers, tailliables, hault et bas. Feux néant.

Coyon. Aux dits seigneurs, hommes sers, tailliables hault et bas. Feux, 8.

Remilley. A M. de Scey et à aultres, hommes sers. Feux, 33.

Aigey. Où il a forteresse, à Thiébault de Rougemont et aux seigneurs de Thalemer, hommes sers. Feux, 19.

Gissey-sous-Ouche. A M. de Coulches, hommes sers. Feux, 19.

Barbirey. u même, A et à Jean de Fussy, hommes sers. Feux, 5.

Marrigney-sur-Ouche. Où il a forteresse fort désolée. Néant.

Saint-Victour. A M. de Coulches, habitans. sers, courvéables et mainmortables. Feux, 11.

Paultenier et la *Grange-de-la-Forest* A l'abbé de la Boissière, et sont les manans audit lieu locatifs. Feux, francs 2, et en la grange néant, que les couvers des dits religieux. Feux, 2.

Crainsey (Créancey) et le *Molin-de-la-Lauchière*. Où il y a une tour forte, aux enfants de Jehan de Fussy, hommes frans, à Monseigneur le Duc. Feux, 37.

Baulme-soubz-Pouilly. A Monseigneur le Duc et à aultres hommes tailliables a bonnés exemps de mainmorte. Feux, francs, 17.

Villiers-soubs-Pouilly. A M. le comte de Charny, hommes tailliables, et paient chacun an de taille, 42 livres d'argent et autres charges, frans. Feux, 19.

Bellenoul. Ou il a moustier fort, au même, hommes frans. Feux, 53.

Poilly. Ou il a ville ferme qui n'est pas eschevée, deux foires l'an et marché chacun samedi, hommes frans, du même. Feux, 41 ;

La Mothe dudit *Pouilly.* Feux, 9, total, 50.

Dyone. A la vefve Etienne de Champmergy, hommes sers. Feux, 2.

Chailly. Au seigneur de Lorges, hommes tailliables, hault et bas, frans. Feux, 20.

Trambloy. A M. de Scey et à Thiébault de Rougemont, hommes sers, tailliables hault et bas. Feux, 2.

Charmoy et Grenan. Au seigneur de Thalemer, à Jehan de Fonteles, et à aultres ; hommes sers, tailliables hault et bas. Feux, 15.

Jaulgey. A M. de Coulches, hommes sers, tailliables abonnez. Feux, 7.

Vaulx. Au même, hommes sers. Feux, 2

Fschannay. A Anthoine de Villers. hommes sers. Feux, 2.

Montoillot. Où il a chastel qui gueres ne vault, à Aubert de Stainville et à aultres, hommes sers. Feux, 22

Les Bordes-soubs-Chastel-Neuf. A Phelippe Pot, chevalier, hommes sers, tailliables abonnez. Feux, 17.

Saule près de *Courmarien.* A M. Claude de Tinteville chevalier, hommes sers, tailliables abonnez. Feux, 32

Courmarrien. Ou il a chastel fort, au même, hommes sers tailliables, abonnez. Feux, 19.

Semarrey. Au même, hommes sers, tailliables abonnez. Feux, 23.

Sivres-en-Montagne. A Jehan de Fussy et à aultres, hommes frans. Feux, 17.

Pantiers. A la dame de Drées, hommes sers, taillables, abonnez. Feux, 8.

Vendenesse-soubz-Chastel-Neuf. A Messire Philippe Pot et à aultres, hommes tailliables exemps de main morte, francs. Feux, 25.

La Repe-soubs-Chastel-Neuf, au même, hommes sers. Feux, 8.

Chauldenay-le-Chastel. où il a maison fort, à M. de Saint-Bris, hommes sers, tailliables abonnez. Feux, 12.

Les Bordes-soubz-Chauldenay, au même, hommes sers, tailliables abonnez. Feux, 2.

Boyer Où il a maison fort, au seigneur de Montjeu et à aultres, hommes sers tailliables à volenté. Feux, 19.

Saincte-Sabine A M. de Saint-Bris, hommes sers, tailliables abonnez. Feux, 37.

Chastel-Neuf. Où il a maison fort, deux foires l'an, l'une le mercredi après Penthecoste, l'autre le jour de Toussains et marchié chacun lundi, à Messire Phelippe Pot, hommes francs. Feux, 38.

Rouvre-soubz-Meilly. Au seigneur dudit Meilly, aux hartreulx de Dijon et à aultres; les hommes sont tailli...es, à volenté et exemps de mainmorte, francs. Feux, 32.

Maconge et le Molin-des-Commes. A M. de Meilley, hommes francs abonnez Feux, 18.

Thoisy-le-Désert. Es seigneurs de Saint-Jehan de Jherusalem, hommes sers. Feux, 21.

Chastoillenot. Où il a chastel qui gueres ne vault, à Anthoine du Colombier et à aultres, hommes sers. Feux, 19.

Aubigny. A M. de Champfort et à Girard de Brazey, habitants sers, tailliables habonnez. Feux, 25.

Sorcey. Où il a chastel qui gueres ne vault, au seigneur de Clomo, habitant sers, tailliables abonnez. Feux, 14.

Martrois, A Guiart Poinsot, hommes sers, tailliables hault et bas. Feux, 19.

Soucey dessus Grand-Champt. Où il a une tour fort à Messires Claude et Tristant de Tholoujon et à aultres, hommes sers tailliables, abonnez. Feux, 28.

Grant-Champ Où il a chastel fort, à Kathelin de Falerans, hommes sers, tailliables abonnez. Feux, 4.

Aguilly. Où il a maison fort, à Messire Guiart Poinsot, chevalier, hommes sers, tailliables abonnez. Feux, 12.

Gissey-le-Veul Où il a maison fort, qui guéres ne vault, à Guillaume de Drées et aultres, hommes sers, tailliables abonnez Feux, 23.

Lantillière A Jehan de Fontetes, escuyer, hommes sers. Feux, 6.

La Grange de Lantillière dite *Laborde*, audit Fontele et y demeure. Feux, 1.

Blancey. A Monseigneur le cardinal d'Ostun, hommes sers. Feux, 9.

Saulceaul. A M. le comte de Charny, hommes sers. Feux, 4.

LA PRÉVOSTÉ D'ARNAY.

Meilley. Où a forteresse, à Claude de Gellant, hommes tailliables abonnez, exempt de mainmorte, frans. Feux, 58.

Colonges-les-Marcilly. A M. le comte de Charny, hommes tailliables hault et bas, exemps de mainmorte, frans. Feux, 9.

Thoriseaul-les-Mont-Saint Jehan. A Huguet de Clugny, hommes sers. Feux, 5.

Marcilly-soubz-Mont-Saint-Jehan. A M. le comte de Charny, hommes tailliables hault et bas, exemps de mainmorte. Feux, 15.

Moillon. A la dame de Aulxerain, hommes sers, tailliables abonnez. Feux, 13.

Avencey. Au prieur du Fete, hommes sers. Feux, 3.

Accey. A M. de Thalemer et à aultres, hommes sers. Feux, 32.

Villeneuf-les-Accey Où il a forteresse, à M. de Thalemer, hommes sers. Feux, 11.

Le Fête. Au Prieur du Fête, hommes sers. Feux, 7.

Musigny. A Odille de Montjeu et à Guillaume de Mont-Rambert, hommes sers. Feux, 21.

Torroille. A Monseigueur le Duc, hommes sers Feux, 24.

Mymeure Où il a forteresse, à Geoffroy de Thoisy, chevalier, hommes sers. Feux, 12.

Solonge. A Odille de Montjeu, à Guillaume de Mont-Rambert et à autres, hommes sers. Feux, 10.

Sivrey-les-Arnay. A M. le comte de Charny et à M. de Joigny, hommes sers. Feux, 12.

SaintPrix. A M. de Corrabeuf et à aultres, hommes sers. Feux, 22.

Marcey. Où il à forteresse, à M. de Joigny et aultres, hommes francs, taillables. Feux, 15.

Nuilly. A M. de Joigny, hommes sers, 10; franc, 1. Feux, 11.

Nanteul. A Jehan de Nanteul, hommes sers. Feux, 10.

Maligny. A M. de Cran, hommes tailliables, abonnez, exemps de mainmorte. Feux, 26.

La Chaulme. A M. le comte de Charny et à l'abbé de la Fertée, hommes tailliables abonnez, exemps de mainmorte. Feux, 11.

Ma'ynien et la *Grange de Chasson*. A Philippe Broichart et à aultres, hommes sers. Feux, 19.

Juilley-lez-Arnay le-Duc. Aux seigneurs d'Oigny et de Courbeton et à aultres, hommes sers. Feux, 11.

Chassigny. A M. le comte de Charny et aultres, hommes sers. Feux, 18.

Fontaignes. A l'abbé de Saint-Martin d'Ostun et au prieur d'illec, hommes sers. Feux, 13.

Blangey. Où il a forteresse, à Thiébaut de Champmole, hommes sers. Feux, 11.

Suze. Au chapitre d'Ostun, hommes tailliables abonnez, exempt du mainmorte. Feux, 5.

Les Bordes-les-Arnay et la *Grange du Trainbloy*. Au chapitre d'Ostun, hommes francs. Feux, 4.

Jonchery. Au prieur de Bar-le-Régulier et à aultres, hommes sers. Feux, 9.

La Roichete. Au seignsur de Viauges, hommes sers. Feux, 4.

Dyancey. Au prieur de Bar, hommes sers. Feux, 8.

Chaulvirey. A Guiot Ocle, hommes sers. Feux, 6.

Rolin. A M. de Cran, hommes sers. Feux, 4.

Dracey-Chaloys. Au même. hommes francs. Feux, 10.

Vouvroilles. A M. de Courbeton, hommes sers. Feux, 6.

Vesignol. A Guillaume de Sercey, escuyer, hommes tailliables et exemps de mainmorte. Feux sers. Feux, 7.

Essertines près la forteresse de Lailley, est à Loys Breschart, escuyer, hommes sers. Feux, 7.

La Buxière. Près de la forteresse d'Aulserain, à la dame dudit Aulserain, hommes sers. Feux, 1.

Tillot. A M. de Cran et a Lital de Baulchereaul, hommes sers. Feux, 3.

Sanserey. Au seigneur de Montjeu et à aultres, hommes sers, taillables, abonnez. Feux, 14.

Arnay-le-Duc. Où il a forteresse, six foires l'an et marchié chacun jeudi, à M. le comte de Charny, hommes francs. Feux, 102.

Dornay. A Ferrey de Saint-Sene, escuyer, hommes sers, tailliables, hault et bas. Feux, 4.

La Croix, au même, hommes sers, 2.

Oigny et la *Grange de Poix.* A Anthoine du Colombier, escuyer et à autres, hommes sers. Feux, 8.

Burry-Beaulguey. A Ferry-de-Saint-Sene, hommes sers. Feux, 26.

Juilly-la-Chenaul. Hommes frans, de la (Ste) Chapelle de Dijon. Feux, 5.

Arconcey. Où il a forteresse, à Philibert de Villers et à Geoffroy d'Aucerre, hommes tailliables abonnez Feux francs, 34.

Laneaul. Aux seigneurs d'Arconcey, hommes frans. Feux, 7.

Bussillon. Où il a forteresse, à la vefve de Champmergy, hommes sers. Feux, 10.

Clomoulx Où il a maison fort, est à Girard de Rossillon, au seigneur du Rousset et à aultres, hommes sers. Feux, 21.

Alerey-les-Arnay. Au chapitre d'Ostun et à aultres, hommes sers. Feux, 29.

Pochey et la *Grange de Tremblay.* Au seigneur de Rousset et à aultres, hommes frans, tailliables abonnez. Feux, 9.

Treney. A Monseigneur le cardinal d'Ostun et à aultres, hommes sers. Feux, 8.

Premeney. Au chapitre d'Ostun et de Saint-Simphorien, hommes sers. Feux, 13.

Joy. Au prieur de Saint-Simphorien d'Ostun, hommes sers. Feux, 6.

Angoste. Au chapitre d'Ostun, hommes sers. Feux, 10.

Huilley. Au même, hommes sers, tailliables, hault et bas. Feux, 38.

Vidcourt. Au même, hommes frans. Feux, 17.

Malcrey et Chalecey. Au même, hommes frans. Feux, 20.

Argy. Au même, hommes frans. Feux, 9.

Secey. Au même, hommes frans. Feux, 21.

Maulpas. Au même, hommes frans. Feux, 6.

Vouvre. Au même, hommes frans. Feux, 15.

Nailly. Au seigneur de Cusance et à aultres, hommes sers. Feux, 21.

Chappes. Au seigneur du Rousset, hommes sers. Feux, 4.

Ruillon. Au seigneur d'Ocle et à aultres, hommes frans abonnez. Feux, 6.

Maisières. A Messire Girard d'Aguilly, chevalier, au seigneur de Vianges et à autres, hommes sers. Feux, 8.

Vouldenay le-Moustier. Où il a forteresse, à M. de Lux, hommes sers. Feux, 5.

Villeneuve-les-Vouldenay. A Guillaume de Sercey, escuyer, et à aultres, hommes sers. Feux, 4.

Chevigny les-Viévy. A Guillaume de Sercey, escuyer, hommes sers, tailliables, abonnez. Feux, 9.

Viévy et la Bruère. A la dame d'Aulserain et à aultres, hommes sers. Feux, 14.

Chevannes-les Arnay. A M. le chancelier Rolin et à Guiot de Rossillon, hommes sers. Feux, 3.

Torroillotes et le *Deffend*, où est la forteresse de Deffend, à Guillaume Poinsot, hommes sers. Feux, 9.

Vellerot. Où il a chastel fort, à Claude de Loyson, escuyer. hommes tailliables abonnez. Feux, 15.

Thurey. A M. de Beaulchampt et à aultres, hommes sers abonnez. Feux, 44.

Huchey. A M. de Joigny, à M. le chancelier et à aultres, hommes sers abonnez. Feux, 23.

LA PREVOSTÉ DE MONTBARD

Lantilly. A M. de Blaisey et à Jehan de Crissey, hommes sers. Feux, 9.

Courmaillon. A Jehan Buhot, hommes sers. Feux, 13.

Venarrey. Où il a forteresse, à M. de Viteaul, à Jean de Mandelot et à aultres, hommes sers. Feux, 27.

Lames-soubz-Grignon (Les Laumes). Au seigneur de Thalemer, hommes sers. Feux, 20.

Monestreul le Pitoix. A Jehan de Cressey et à aultres hommes sers. Feux, 16.

Les Granges-soubz-Grignon. Au seigneur de Viteaul, hommes frans. Feux, 34.

Grignon. Où il a chastel fort, aux enffans de M. de Viteaul, hommes frans 13, sers, 6. Feux, 19.

Saigney en la valée de Grignon. A M. de Viteaul et à aultres, hommes sers. Feux, 15.

Benoisey A M. de Viteaul et à M. de Besanceon, hommes sers. Feux, 18.

Noigent-sur-Montbard. A M. de Thalemer, hommes sers, tailliables à volenté. Feux, 13.

Marmaigne-sur Montbard A M. de Fontenois, hommes sers. tailliables à volenté Feux, 16.

Fraigne. A l'abbe de Fontenoys, hommes sers, tailliables à volenté. Feux, 14.

Estées A Guy de la Baulme et à Jehan de Mandelot, hommes frans, 10, sers, 5. Feux, 15

L'Espineuse, où il ne demeure personne : Néant.

Courcelles-soubz-Grignon. Où il a forteresse, au seigneur de Thalemer et à d'aultres, hommes sers, tailliables à volenté. Feux, 15.

Le Fain en la valée de Grignon. A M. de Saint-Paule, hommes tailliables à volenté, fran 1, sers 12. Feux, 13.

Les Granges de Flacy-soubz Seigny A l'abbé de Fontenoy. Il n'y demeure personne. Néant.

Savoisy. Où il a forteresse, à M. le chancelier, hommes sers, tailliables à volenté. Feux, 36.

Quincerot. A M. de Fontetes et à aultres, hommes sers, tailliables, hault et bas. Feux, 8.

Saint-Germain ou Vaulx-de-Senoilly. Aux religieuses de Saint-Andoche d'Ostun et à Messire Jehan de Senoilly, chevalier, hommes sers, tailliables à voulenté. Feux, 15.

Senoilly. Où il a forteresse, à Messire Jehan de Senoilly et à aultres, hommes sers, tailliables, hault et bas. Feux, 19.

Crespant. A M. le duc et à aultres, hommes sers, tailliables à voulenté. Feux, 12.

Pois. Où il à forteresse, à Symou de Granson, hommes frans, courvéables et tierceables. Feux, 15.

Nesles Où il à forteresse, à la dame de la Roiche, hommes mainmortables abonnez, frans. Feux, 12.

La Grange de Planay Il n'y demeure personne Néant.

La Grange de Cêtre. A l'abesse du Poys d'Orbe, hommes frans. Feux, 3.

La-Grange-de-Fontaines-les-Seches. Es religieux de Fontenoys, hommes frans Feux, 4.

Verdonnay. A l'abesse du Puys d'Orbe, hommes frans. Feux, 20.

Saint-Remy et Blaisey. Joignans ensemble, à l'abbé de Fontenoys, hommes sers, tailliables à voulenté. Feux, 15.

Montfort. Où il a forteresse, à M. le comte de Charny, hommes sers, tailliables, hault et bas. Feux, 8.

Champdoiseaul. Où il à une tour fort, à la damoiselle dudit lieu et à aultres, hommes sers. Feux, 12.

Montaigny-Merdereaul. A Guillaume Poinsot, escuyer, hommes sers, tailliables à volenté. Feux. 17.

Villers-soubz-Montfort A M. le comte de Charny, hommes sers, tailliables, hault et bas à voulenté. Feux, 16.

Montbard. Bonne ville fermée, où il à chastel fort et marchié, est à M. le duc nuement, hommes frans bourgeois de Monseigneur chargées de 300 francs de mars, deuz chacun an à mondit seigneur le duc. Feux frans, 107, exempts 5. Feux : 112.

Courbeton-les-Montbard. A Monseigneur le Duc, hommes sers. Feu, 1.

Solchey près dudit Montbard. Au même, hommes frans. Feux, 3.

La Grange-de-Barges, près de Buffon. A l'abbesse de Rougemont, frans Feu, 1.

Buffon. Au seigneur de Roichefort, hommes frans. Feux, 6.

LA PRÉVOSTÉ DE CHASTEL-GIRARD.

Nuys-soubz-Rougemont. A Monseigneur le Duc et à aultres, hommes frans Feux, 20.

Mereul-soubz-Nuys. A Monseigneur le Duc, hommes frans. Feux, 2.

Villers-les-Haulx. Où il a forteresse, à Monseigneur et à aultres, hommes frans 25, sers 8. Feux, 33.

Pazilly. A M. de Raigny et à aultres, hommes frans 1, sers 9. Feux, 10.

Solongy. A Monseigneur le Duc, hommes frans, tailliables abonnez. Feux, 13.

Sarrey. A Monseigneur le Duc, hommes frans, tailliables abonnez. Feux, 26.

Sens Vignes. A Hugues de Clugny, hommes sers, tailliables à voulenté. Feux, 7.

Estivey. A l'abbé de Moustier-saint-Jehan, hommes sers. Feux, 11.

Chasteaul-Girard. Où il a forteresse, à Monseigneur le Duc, hommes frans. Feux, 19.

Annoul. A Monseigneur le Duc et à aultres, homme fran 1, sers 9. Feux, 10.

LA TERRE DE NOYERS.

Saucy. A la vefve de Etienne Garrelet, hommes sers, tailliables hault et bas. Feux, 5.

Joancy. A Monseigneur le Duc et à aultres, homme fran 1, sers 4. Feux, 5.

Cours. A Monseigneur le Duc, hommes frans. Feux, 7.

Parrigny-soubs-Noyers. Au même, hommes frans. Feux, 8.

Noyers. Bonne ville ferme, où il a chastel fort, une foire l'an. le jour de Saint-Memer et marchié chascun lundi, hommes frans de Monseigneur le Duc Feux, 82.

Noyers-la-Ville près de ladite ville ferme de Noyers. Hommes frans de mondit seigneur le Duc. Feux, 8.

Fraigne. Au même, hommes sers. Feux, 5.

Yroul. Où il a une tour forte, à Claude de Mandelot, hommes tailliables abonnez, exemps de mainmorte. Feux, 14.

Fley-sous-Noyers. A Monseigneur le Duc, hommes frans. eux, 5.

Tanlay. Où il a chastel fort, à Amey de Tanlay, hommes sers abonnez. Feux, 19.

Sarrigny. Où il a une tour de bois qui n'est guéres forte, à Jehan d'Avoul, hommes frans, feux frans 6, nobles 4. Feux, 10.

Echemilly. A Thiébault Dasnel, hommes frans, 16.

Molay-soubs-Noyers. A Monseigneur le Duc, hommes frans. Feux, 8.

Montot et Champsu. Il n'y demeure personne Néant.

Grimault. A Monseigneur le Duc. hommes frans Feux, 7.

LA PRÉVOSTÉ DE MONTRÉAL.

Blacey. A Monseigneur le Duc, hommes frans. Feux, 28.

Charisy-soubz-Montréal. A Lancelot et à Laurent Philibert, frans. Feux, 2.

Pancy. Où il a tour ung peu forte, à Monseigneur le Duc, hommes francs. Feux, 10.

Angely A Monseigneur le Duc, hommes sers, tailliables hault et bas. Feux, 9.

Froideville-soubz-Montréal. Au même, hommes frans 2, sers, 2. Feux, 4.

Mont-Réal. Où il a chastel fort, cinq foires l'an et marchié chascun mercredi qui guères ne vaillent, au même, hommes frans. Feux, 49.

Athies-soubz-Montréal. A M. de Coulches, hommes sers. Feux, 5.

Montjalain. A M. de Villarnoul, hommes sers. Feux, 5.

Savigny-le-Bois. Au seigneur de Saint-Parise, hommes sers. Feux, 9.

Bierry. Au seigneur de Praelles, hommes sers. Feux, 9.

Saulx-soubz-Montréal. A M. de Villarnoul, hommes sers. Feux, 12.

La Boucheresse. Au seigneur de Raigny, hommes sers. Feux, 2.

Treviselot. Au même, hommes sers. Feux, 6.

Trevilly. Au même, hommes sers. Feux, 3.

Montelon. A Pierre Gruyer et à la femme Jehan Flamant, hommes frans. Feux, 3.

Parrigny. A Monseigneur le Duc, hommes tailliables hault et bas, exemps de mainmorte, frans. Feux, 3.

Tollecey. Au seigneur de la Boucheresse et à aultres, hommes sers Feux, 10.

Montceaulx. A Monseigneur le Duc et à d'aultres, hommes sers, 5.

Marmeaulx. Au seigneur de Raigny, hommes frans Feux, 17.

Santigny. A Monseigneur le Duc et à aultres, hommes frans 2, sers 22. Feux, 24

Vaissey. A dame Katherine d'Avantois, hommes sers, 15.

Corsains. A M. de Coulches et à aultres, hommes sers. Feux, 8.

Mouestreul-soubz Pisy. A l'abbé de Moustier-saint-Jehan et à aultres, hommes sers. Feux, 9.

Pisy. Où il a forteresssse, à Messire François de Surrenne, hommes frans. Feux, 51.

Courmarrien-soubz-Pisy. A Monseigneur le Duc et à l'abbé de Moustier-Saint-Jehan, hommes sers. Feux, 10.

Montot. A Monseigneur le Duc, hommes sers tailliables à volenté. Feux, 9.

Vignes. Au seigneur de Coulches et à l'abbé de Moustier-saint-Jehan, hommes sers. Feux, 15.

La Grange-de-Charbounières. A l'abbé de Raigny, frans. Feux, 3.

La Maison-Dieu-de-Valerot. A Monseigneur le Duc et au seigneur de Villarnoul, hommes frans. Feux, 15.

Courterolles. A Monseigneur le Duc, hommes frans 5, sers 2. Feux, 7.

Chaulmot. A M. de Raigny, hommes sers. Feux, 9.

Sizerey. Où il a maison fort, à dame Jehanne de Saigey, hommes sers. Feux, 14.

Savogny-le-Beruhart. A Geoffroy d'Aucerre et à aultres, hommes. Feux, 16.

LA PRÉVOSTÉ D'AVALLON.

Chammeillain-en-Morvant. A M. de Villarnoul, hommes sers. Feux, 5.

Ausson. A M. de Villarnoul, hommes sers. Feux, 8.

Monchanyn. A Monseigneur le Duc et au seigneur de Viteaul, hommes frans. Feux, 4.

Saint-Aubin-et-Durot. A M. de Champien et à aultres, hommes frans. Feux, 4.

Soilly. A Monseigneur le Duc, homme franc 1, au seigneur de Villarnoul, homme ser 1. Feux, 2.

Tronsois-les-Guillon. Où il ne demeure personne. Néant.

Saint-Blanchier. A M. de Villarnoul, hommes sers. Feux, 6.

Villers-Nonnains. Au même, hommes sers. Feux, 16.

Villarnoul. Où il a forteresse, au même, hommes sers. Feux, 6.

Beaulvillers. A Monseigneur le Duc et à aultres, hommes frans 3, sers 6. Feux, 9.

La Grange-de-Courtemeaul. A l'abbé de Raigny, hommes sers. Feu, 1.

Corbigneul. A M de Villarnoul, hommers sers. Feux, 2.

Saint-Légier-de Foulcheroy. A Monseigneur le Duc, hommes sers, 21.

Ruieres. Où il a forteresse qui guères ne vault, au seigneur de Villarnoul, hommes sers. Feux, 13.

Ferrières. Aux seigneurs de Tholonjon, hommes réservés 1, sers 3. Feux, 4.

Bussière. Au seigneur de Villarnoul et Courdoix, à Monseigneur le Duc, hommes sers. Feux, 8.

Villeneuf. Au seigneur de Villarnoul, hommes sers. Feux, 6.

Praelles. A Guillaume de Ferrières, escuyer et à aultres, hommes sers, exemps de mainmorte. Feux, 12.

Saint-Andrier-en-Terre-Plaine. A Monseigneur le Duc, hommes frans. Feux, 30.

Brecey. A M. de Villarnoul et à l'abbé de Moustier-saint-Jehan, hommes frans. Feux, 11.

Vallerot. Au chapitre d'Avalon, hommes sers. Feux, 6.

Guillon Où il a quatre foires l'an et marchié chascun vendredi, nouvellement mis sus, qui guères ne vaillent, hommes frans. Feux, 30.

Raigny. Où il a forteresse, à Oudot de Raigny, escuyer, et sont les habitans, les ung frans, les aultres sers. Feux, 13.

Savigny-les-Raigny. A Monseigneur le Duc et à aultres, hommes frans, 13, sers 2. Feux, 15.

Cheuvannes A M. de Viteaul et aultres, hommes frans. Feux, 21.

Saincte-Maignance. A M. de Coulches, hommes tailliables hault et bas, exemps de mainmorte, excepté ung franc. Feux, 21.

Saincey. A l'abbé de Moustier-saint-Jehan, hommes sers, tailliables à voulenté. Feux, 22.

Rouvroy Où il a foire chascun an le jour de Saint-Jehan, et marchié chascun jeudi, à M. de Villarnoul et à aultres, hommes, les uns frans, et les autres frans tailliables abonnez. Feux, 35.

Empoigne-Pain. A M. de Coulches, hommes frans. Feux, 3.

Joux-en-Morvand. A M. de Villarnoul, hommes sers, tailliables hault et bas, exemps de mainmorte. Feux, 17.

Saint-Anduix Au seigneur de Tholonjon, hommes tailliables abonnez, exemps de mainmorte, réservés 2. Feux, 17.

Saint Germain-de-Modéon. A Monseigneur le Duc, hommes frans. Feux, 5.

Romannay-en-Morvant. A M. de Besançcon, hommes sers, tailliables à voulenté. Feux, 4.

Bornoul. A Monseigneur le Duc et aux seigneurs de Saint-Jehan de Jhérusalem, hommes frans 2. sers 4. Feux, 6.

Valency-soubz-Vieschastel. A Monseigneur le Duc, hommes sers. Feux, 2.

Chaumellain et-Touchebeuf-soubz-Vielchastel. Au même, hommes frans. Feux, 9.

Chassigny. Au chapitre d'Avalon, hommes frans 4, sers 6. Feux, 10.

Maigny-les-Avalon. A M. de Villarnoul, hommes sers. Feux, 28.

Estrée. A Monseigneur le Duc et au seigneur de Villarnoul, hommes frans 13, sers 2. Feux, 15.

Cussy-les-Forges. A M. le Duc, à M. de Coulches et à aultres, hommes frans 9, sers 26. Feux, 35.

Le Pont-de-Cussy. A M. de Charny, hommes sers. Feux, 4.

Avalon. Bonne ville ferme où il a forteresse, foire et marchié, à Monseigneur le Duc, hommes frans bourgeois dudit Duc. Feux, 138 ;
Le bourg dudit Avalon, feux, 2 ;
Total, — 140.

Estaule-près-d'Avalon. A Monseigneur le Duc, au chapitre d'Avalon et à d'aultres, hommes frans 13, sers 6 Feux, 19.

Marcilly-les-Avalon. Au seigneur de Senoilly, hommes sers. Feux, 8.

Thory. A M. le Duc, hommes frans. Feux, 11.

Vaissey-sur-Estaule. A Monseigneur le Duc et à aultres, hommes frans Feux, 9.

La Vaize. A Monseigneur le Duc, hommes frans. Feux, 2.

Cosain-la-Roiche. Au même, hommes frans. Feu, 1.

Cosain-le-Pont près Avallon. Au même, hommes frans. Feux, 2.

Annay-la-Coste. Au même, hommes frans Feux, 49.

Anneot-soubz-Annay. A M. l'abbé de Saint-Martin d'Ostun et à aultres, hommes sers. Feux, 15.

Boichat. Y demeure seulement Guillaume Segault, mitanchier. Feu, 1.

Taizot-les-Girolles. A Monseigneur le Duc et au seigneur de Viteaul, hommes frans. Feux, 14.

Girolles-les-Forges. Où il a ung chastel fort, à M. l'abbé de Saint Martin d'Ostun, hommes sers. Feux, 36.

Sermiselles-sur-la-Rivière-de-Cure. A M. de Cran, et à M. de Saint-Martin d'Ostun, hommes sers. Feux, 21.

Domecey dessuz le-Vaul. A Etienne de Salins, hommes frans. Feux, 11.

Vermoron. A M. de Villarnoul, hommes frans. Feux, 13.

Valoux. A M. de Villarnoul, hommes sers. Feux, 14.

Le Vaul-de-Lugny. Où il a forteresse, à M. de Villarnoul, hommes sers. Feux, 10.

La Chapelle-du-Vaul. Au seigneur de Vaut, hommes sers. Feux, 3.

Champien. Où il a forteresse déserte, au seigneur d'Uisselet, hommes sers. Feux, 5.

Orbigny sur-Pontaubert. Au Commandeur de Pontaubert, hommes frans. Feux, 5.

Le Saulce-l'Illand. Où sont deux granges de la Commanderie de Pontaubert. Feux frans, 2.

Torisraul-près-Vezelay. A M. le Duc et au chapitre d'Avalon, hommes frans. Feux, 23.

Pressy-soubz-Pierre-Pertuys. A Monseigneur le Duc, hommes sers. Feux, 13.

Usy-sur-Cure. A M. de Chastellux et à aultres, hommes sers. Feux, 10.

Mcaade. A M. de Viteaul, hommes sers. Feux, 15.

Illand. A Guillaume Ferrière, escuyer, hommes sers. Feux, 10.

Pontaubert. Aux seigneurs de Saint-Jehan de Jhérusalem, hommes frans. Feux, 51.

Ylland. Au seigneur de Chastellux, hommes sers. Feux, 11.

Seres. A M. de Chastellux et à aultres, hommes sers. Feux, 5.

Villeurbain. Au seigneur de Digoigne et à aultres, hommes sers. Feux, 9.

Oiches. A Claude de Mandelot et à aultres, hommes sers Feux, 9.

La Rivière-soubz-Chastellux. Près du chastel dudit Chastellux, est à Jehan de Barges, hommes sers. Feux, 4.

Montot-et-Mulos. Il n'y demeure personne. Néant.

La Rue-de-la-Croix-soubz-Chastellux. Au seigneur dudit Chastellux, hommes sers. Feux, 2.

Lingos. A Claude de Railly, escuyer, hommes sers. Feux, 2.

Chiselles. Au même, hommes sers. Feux, 2.

Montigny-en-Morvand. Au même, hommes sers. Feux, 3.

Roilly-en-Morvand. A Otelin Bourgoing, hommes sers Feux, 3.

Saint-Germain-des-Champs. Au seigneur de Chastellux et à aultres, hommes sers. Feux, 12.

Le Mex. Ou est la forteresse du Mex, au seigneur de Chastellux et aux seigneurs de Saint Jehan de Jherusalem, hommes sers. Feux, 9.

Mommardelin. Es seigneurs de Chastellux, de Villarnoul et à aultres, hommes sers. Feux, 6

La Grange-du-Bois A Jacot Barreaul, ou demeure un mitanchier franc. Feu, 1.

La grant et petite Chassellaine. A M. le duc, hommes frans. Feux, 7.

Repousot Au même, hommes frans. Feux, 2,

Melusien. A M. le comte de Charny, hommes sers Feux, 3.

Les Granges et la Vesere. A M. le duc, hommes frans. Feux, 4.

Marraulx. Où il a forteresse, à M de Villarnoul, hommes sers. Feux, 15.

Vaulpitre, à M de Villarnoul, hommes sers. Feux, 8.

Roissotes. A M. le duc, et n'y demenre personne Néant.

Villainnes-en-Morvand. Au seigneur de Villarnoul, hommes sers. Feux, 5.

Lavtrerille. Au seigneur de Uisselot et à aultres, hommes sers. Feux, 5.

La Grange Rataoul et Tronsoye. Au seigneur de Chastellux, hommes sers. Feux, 5.

Montarrien. Au seigneur de Villarnoul, hommes sers. Feux, 2.

Saint-Georges-de-Quarrey et Mongaulquier. Au seigneur de Chastellux et à l'abbé de Raigny, hommes sers. Feux, 5.

Bousson. Au seigneur de Chastellux, hommes sers. Feux, 3.

Mont et Champelois. A Hugues de Fonteles et à aultres, hommes sers. Feux, 3.

Nemois et Menemois. Au seigneur de Villarnoul, hommes sers. Feux, 6.

La Forestière et la Gorge. A M. de Villarnoul et à autres, hommes sers. Feux, 7.

Veliart. A M. de Villarnoul et à Guillaume de la Mothe, hommes sers. Feux, 7.

Villers-le Conte. Au seigneur de Demain, hommes sers, abonnez. Feux, 3.

Total : 7,725.

XI.

Cerche des feux du Chatillonnais, vers l'an 1389. B. 11,560.

C'est la cerche des feux du bailliaige de la Montaigne faite par moy Nicholas de Ceriley commissaire en ceste partie de Messieurs les esleuz cy-devant nommez selon leur instruction et leur commission cy-devant escriptes.

LA PRÉVOSTÉ D'AIGNAY.

Aignay. Abonnez 49 feux : 49. Mendiants 21 feux. Réservez 4 feux : 25.

Estalante. Abonnez 38 feux, mendiants 15 feux, réservez 2 feux : 55.

Beaunote. Sers 14 feux : 14.

Melesson. Sers 18 feux : 18.

LA PRÉVOSTÉ DE SALIVE.

Salive Abonnez 73 feux, misérables 1 feu, réservez 3 feux : 77.
Lasson Sers 16 feux, abonnez 1 feu : 17.
Montarmé. Abonnez 14 feux, mendiant 1 feu : 15.
Pregellant. Abonnez 25 feux : 25.
Mignou (la signorie de Vantoux) Sers 5 feux, misérables 1 feu : 6.
   Les hommes à Jehan de Saux. Sers 10 feux : 10.
   Les hommes feu Fourqual. Sers 21 feu : 21.
   Les hommes M{{r}} Eude de Sanoise. Sers 15 feux : 15.
   Les hommes Girart de Quincoy. Sers 6 feux : 6.
   Les hommes de l'Ospitaul (Saint-Jean-de-Jérusalem).
     Abonnez 30 feux, misérables 3 feux : 33.

Thoirey. Hommes feu Fourqual. Sers 11 feux : 11.
   Les hommes Guignant Buart. Sers 6 feux : 6.

Escholon Abonnez 3 feux, sers 51 feux, misérables 3 feux, réservez 1 : 55.
Lery Abonnez 27 feux : 27.
La Margelle. Abonnez 11 feux, misérables 2 feux : 13.
Fraignoy Abonnez 21 feux : 21.
Les Maisons Milot Abonnez 5 feux : 5.
Mouloy Abonnez 16, sers 5 feux : 21.
Labergement Abonnez 6 feux, misérable 1 feu : 7.
Avelanges Abonnez 9 feux, sers 1 feu : 10.
   Les hommes Perrenot de Chastealneuf. Sers 2 feux : 2.

Bargeon. Sers 22 feux, abonnez 1 feu, misérables 2 feux : 25.
Poincenot. Sers 9 feux : 9.
Chaugey. Sers 13 feux, abonnez 2 feux, misérable 1 feu, réservez, 1 feu : 17.
Benevre. Sers 25 feux, misérable 1 feu, réservez 1 feu, abonnez 2 feux : 29.
Pervinge Sers 23 feux, misérables 6 feux : 29.
Montenailles. Sers 4 feux, réservez 1 feu : 5.
Buxères. Sers 11 feux, abonnez 9 feux : 20.
Fraignoy Sers 15 feu, misérable 1 feu : 16.
Vavrotes. Sers 4 feux, abonnez 3 feux : 7.
Buxerotes. Sers 6 feux, abonnez 7 feux, misérable 1 feu : 14.

LA PRÉVOSTÉ DE CHASTOILLON.

Balaon (Belan). Abonnez 30 feux, misérable 1 feu, sers 34 feux : 65.
    Les hommes Perrin de Vaul, escuier. Sers 2 feux, misérable 1 feu : 3.
Moucon. Abonnez 11 feux : 11.
    Les hommes du seigneur de Touey. Sers 16 feux : 16.
    Les hommes du seigneur de Jours. Sers 2 feux : 2.
    Les hommes du seigneur de Saffres. Sers 21 feux : 21.
    Les hommes Mgr (l'évêque) de Langres. 21 feux : 21.

Massingy Abonnez 35 feux, misérables 2 feux : 37.
Chamont le-Bois et Vannaires. Sers 22 feux : 22.
    Les hommes M. Jehan de Maison Comte. Sers 7 feux : 7.
    Les hommes de Vannaires dudit M. Jehan. Sers 6 feux, misérable 1 feu : 7.

Graveres Abonnez 9 feux : 9.
Courcelles. Sers 19 feux, misérable 1 feu, abonnez, 2 : 22.
Montlion Abonnez 16 feux : 16.
Sainte-Colome Sers 35 feux, réservez 1 feu : 36.
Charoigne Sers 4 feu : 4
Cerilley. Abonnez 36 feux, réservez 1 feu, sers 26 feux, misérables 2 feux : 65
Poissons (Poinçon). Sers 48 feux : 48.
    Les hommes de Larrey. Sers 20 feux : 20.
Larrey Sers 40 feux : 40
Marcennai Abonnez 29 feux, sers 2 feux : 31.
Bire. Abonnez 34 feux, réservez 1 feu : 35
Barlon (Balot) Abonnez 8 feux, réservez 1 feu : 9.
    Les hommes de Bromoy. Abonnez 12 feux : 12.
    Les hommes de Pierre d'Aligne Abonnez 4 feux : 4
    Les hommes de Gros bos Abonnez 3 feux : 3

Ampile Abonnez 45 feux, sers 1 feu, réservez 2 feux : 48
Bace. Abonnez, 38 feux, sers 8 feux : 46.

LA PRÉVOSTÉ ET CHASTELLENIE D'AISEY.

Aisey. Abonnez 30 feux : 30.
Le Chemin-d'Aisey Abonnez 49 feux, misérables 3 feux : 52.
Nod Abonnez 23 feux : 23.
Bremur et Varrois. Abonnez 14 feux, sers 6 feux : 20.

Bureaut. Sers 19 feux, misérables 2 feux : 21.
Saint-Maart (Marc). Abonnez 36 feux : 36.
Colomes-le Sac (Coulmier-le-Sec). Abonnez 82 feux, misérables 2 feux : 84.
 Les hommes de (la Chartreuse de) Luigni dudit lieu. Sers 4 feux : 4
 Les hommes de Chanteloup. Sers 2 feux : 2.
 Les hommes de Pois. Sers 5 feux : 5.
 Les hommes Monseigneur le Duc. Sers 14 feux, réservez 1 feu : 15.

Chamesson. Sers à l'abbé de Chasteillon 14 feu : 14
 Les hommes Guillaume Chamesson. Sers 1 feu.
 Les hommes Jacot de Villers. Sers 1 feu : 1.
 Les hommes à la dame de Chamesson. Sers 8 feux, misérable 1 feu : 9.

LA PRÉVOSTÉ DE VILLOIGNES.

Villoingnes. Abonnez 87 feux, misérables 3 feux, réservez 3 feux : 93
Vaugmois. Sers 11 feux, misérable 1 feu : 12.

LA PRÉVOSTÉ DE BAINGNEUX.

Maroilley. Sers 27 feux, misérables 5 feux, abonnez 3 feux : 35.
Bellenou. Sers 16 feux : 16.
Origne. Sers 11 feux : 11.
La Borde. Sers 9 feux : 9
La Montaigne. Sers 7 feux, misérable 1 feu : 8.
Mersanges. Sers 2 feux : 2.
Ampile. Abonnez 43 feux, réservez 1 feu, sers 4 feux : 48
Jours. Sers 27 feux, misérables 3 feux : 30.
Chalecoursson (Chalvosson). Abonnez 6 feux, misérable 1 feu : 7.
Fontaigne en Duesmois. Sers 40 feux, abonnez 1 feu : 41.
Chaumes. Sers 39 feux, misérables 7 feux : 46
Bury et Savoigny. Sers 113 feux, abonnez 4 feux : 117.
Gesigne. Sers 48 feux, misérables 9 feux, abonnez 1 feu : 58.
Darcey. Abonnez 62 feux, misérables 5 feux : 67.
 Les hommes Monseigneur le Duc au dit lieu. Abonnez 8 feux : 8.
 Les hommes de (l'abbaye de) Fontenoy. Sers 5 feux : 5.

Maquois. Sers 4 feux : 4.
Corpoic-la-Chapelle et la Maulle-Maison. Sers 12 feux : 12.
Vilenove-les-Convers. Abonnez 5 feux, misérable 1 feu : 6.
Fraulois, Vaulbusin, Corpoié-le-Moigne, Corpoié-le-Roi, Chaux, Corpoié-le-Jaoglouax. Abonnez 16 feux, sers en ladite paroiche. 79 feux, misérable 1 feu, réservez 1 feu : 97.
Gissey. Sers 48 feux, misérables 7 feux, abonnez 1 feu : 56.
Chavance. Sers 5 feux, misérable 1 feu : 6.
Chanceaux. Abonnez 85 feux, misérables 4 feux, réservez 7 feux : 96.
Saint-Germain. Sers 19 feux, misérables 2 feux, réservez 1 feu : 22.
Blassey. Sers 13 feux, abonnez 1 feu : 14.
Pontvaray. Sers 3 feux : 3.
Bdé (Billy). Sers 45 feux, réservez 1 feu : 46.
Puiseulx. Abonnez 31 feux, sers 1 feu : 32.
La Perrère. Abonnez 19 feux, misérables 7 feux, réservez 2 feux : 28.
Baigneux. Abonnez 56 feux, misérables 5 feux, réservez 4 feux : 65.
Duisme. Sers 29 feux, misérable 1 feu : 30.
   Les hommes du Prieur du dit lieu. Abonnez, 7 feux, sers 1 feu : 8.
   Les abonnez 3 feux : 3.

Cognes. Sers 28 feux, misérables 3 feux, réservez 2 feux : 33.
Cumigne. Sers 9 feux : 9.
Cumignerel. Sers 8 feux, misérables 2 feux, réservez 1 feu : 11.
Saulmaise. Abonnez 22 feux, sers 9 feux, réservez 1 feu : 32.
Verré. Sers 26 feux : 26.
Les Bordes. Sers 18 feux : 18.
Busot. Sers 14 feux : 14.
Boux. Sers 28 feux, abonnez 3 feux, misérables 4 feux, réservez 1 feu : 36.
Prusié. Sers 20 feux : 20.
Saint-Seigne (l'abbaye). Abonnez 96 feux, misérables 21 feux, réservez 7 feux : 124.
Le Mont-Saint-Martin. Abonnez 63 feux, misérables 3 feux, réservez 3 feux : 69.
Fraincheville. Abonnez 40 feux : 40.
Praalay. Abonnez 20 feux, misérables 3 feux, réservez 1 feu : 24.

Vaulx. Abonnez 17 feux, réservez 1 feu : 18
Cheneroiles. Abonnez 8 feux, misérables 1 feu : 9.
Cinfons. Abonnez 11 feux : 11
Pelere. Abonnez 23 feux, misérables 2 feux : 25.
Poncé. Abonnez 16 feux, misérables 2 feux : 18.
Champoigny. Abonnez 14 feux : 14
Turcey et la Roichote. Sers 9 feux, abonnez 37 feux, misérables 2 feux : 48.
Vilote. Abonnez 32 feux : 32.
Troncule. Sers 42 feux, abonnez 1 feu, misérables 2 feux : 45.
Baumes. Abonnez 27 feux : 27.
Pauges. Abonnez 13 feux : 13
Blaisé et Chacmoy. Abonnez 48 feux, sers 4 feux : 52.
Demi sers et demi frans, en la ditte ville, 19 feux : 19.

LA PRÉVOSTÉ DE VILLERS LE-DUC.

Oétricourt. Sers 37 feux, misérable 1 feu : 38
Toire. Sers 12 feux : 12.
Brion (de la Seigneurie de Monseigneur le Duc). Sers 18 feux : 18.
   Les hommes M. Jehan d'Avon. Sers 8 feux : 8
   Les hommes M. de Maigny. Abonnez 12 feux, misérable 1 feu : 13.
Vilote. Abonnez 20 feux, sers 10 feux, demi sers et demi frans 3 feux, réservez 3 feux : 36.
Maicey. Abonnez 15 feux, misérables 5 feux : 20.
Laie. Abonnez 11 feux, réservez 3 feux : 14
Baré la Coste. Abonnez 49 feux, réservez 5 feux, misérable 1 feu : 55
Corboron. Abonnez 48 feux, misérable 1 feu, réservez 5 feux : 54.
Loisme. Abonnez 34 feux, misérable 1 feu, réservez 3 feux : 38.
Vouloignes. Abonnez 38 feux, misérables 8 feux, réservez 1 feu : 47.
Recey. Hommes de M. Guillaume de Rosières. Sers 21 feux : 21.
   Les hommes Jacote de Bars. Sers 6 feux : 6.
   Les hommes des religieux de Luigny, en la ditte ville.
     Sers 7 feux : 7.
   Les hommes de l'Hospitaul. Abonnez 3 feux : 3.

Meniébles Hommes M Jehan Burot. Abonnez 7 feux : 7
Les hommes Guiot Deslorges. Abonnez 6 feux : 6.
La Maison de Concloies Abonnez 1 feu : 1.
Bures Abonnez 49 feux, misérables 8 feux : 57
Romprey Sers 14 feux : 14.
Terrefondrée. Abonnez 8 feux : 8
La Fourest. Abonnez 18 feux, miséraubles 3 feux : 21.
Chastaillenot Abonnez 15 feux, sers 3 feux, misér 1 feu : 19.
Saint-Beroing. Abonnez 45 feux, misérables 4 feux : 49.
Moyccon (Meulson). Abonnez 27 feux, misérables 3 feux : 30.
Montmoien Sers 12 feux, misérables 3 feux : 15
Essaroy. Sers 30 feux : 30.
Beaulieu. Sers 17 feux : 17.
Le Puisset Sers 22 feux, misérables 4 feux : 26.
Roiche fort. Abonnez 14 feux, misérable 1 feu : 15.
Saint-Germain. Sers 9 feux : 9.
Les hommes de Chappitre. Abonnez 11 feux : 11
Villers-le-Duc Abonnez 100 feux, misérables 5 feux, réservez 1 feu : 136.
Vanvey. Abonnez 65 feux : 65.
Tarnai. Abonnez 24 feux, misérables 2 feux : 26
Courcelles Sers 11 feux : 11.
Roueles Sers 19 feux, misérables 2 feux : 21
Gie et la Ville-ou Bois Abonnez 56 feux, misér. 6 feux : 62.
Arc. Abonnez 66 feux, misérables 24 : 90.
Monsterot. Abonnez 11 feux, misérables 2 feux : 13
Vaubrumt Sers 30 feux, misérables 2 feux : 32.
Montribour. Sers 18 feux, misérables 2 feux : 20.
Créancé Sers 48 feux : 48
Latrecey Sers 63 feux, abonnez 22 feux, demi sers et demi frans en ladite vi'le 4 feux, misérables 6 feux : 99.
Bugnéres Sers 33 feux, miséraubles 3 feux : 36.
Chamerois. Abonnez 29 feux, miséraubles 1 feu : 30.
Court-Evesque Sers 20 feux : 20.
Ruchebour Sers 31 feux, misérables 2 feux : 33.
Soubsmoutier Sers 6 feux, abonnez communs en la ditte ville 4 feux : 10.
Les hommes Philippe de Baloncourt. Abonnez 25 feux : 25.
Les hommes messire de Rey. Abonnez 17 feux, misérable 1 feu : 18.
Praiais. Sers 22 feux, misérables 2 feux : 24
Apprey Sers 20 feux, misérables 5 feux : 25

Total : 5,127.

XII.

Cerche des feux du Chatillonnais en 1423. (M. 11,369.)

C'est le papier de la cerche des fouaiges du bailliaige de la Montaigne, de l'octroy des xx mille frans. octroyés à Mgr le duc de Bourgoingne, en son dit Duché, au mois d'avril mil cccc et xxiii.

ET PREMIÈREMENT LA PRÉVOSTÉ DE CHASTILLON-SEUR-SEINE.

Chasteillon, où il a ville fermée, foires et marchiez. Abonnez en la ditte ville, a Mgr le duc de Bourgoingne et à Mgr l'Evesque et duc de Lengres. Feux solvables 13, misérables 218, mandians 57 : 288.

Rue de Chamont, dudit Chasteillon, liges à Mgr le duc de Bourgoingne. Feux solv. 6, misérables 132, mandians 31 : 169.

Courcelles-Prévoires. Abonnés à Mgr le Duc. Feux, solvable 1, misérables 2, mandians 2 : 5.

Sers à l'abbey de Chasteillon. Feux, misérable 1, mandians 1 : 2.

Sers et communs à Mgr le duc de Bourgoingne, à Mgr de Lengres et à l'abbé de Chasteillon. Néant pour ce que ce présent il ny demeure aucun.

Sers à messire Aymé de Choiseul. Néant, combien que par inadvertance à la serche passée ilz en furent chargiés et ilz devoient estre inscriptz seur la maison aux malaudes de Chasteillon cy-après escript.

La maison aux malades emprès Chasteillon. Sers à Mgr le duc de Bourgoingne et à messire Aymé de Choiseul. Feux misérables 3, mandiant 1 : 4.

Item demi sers et demi frans. Néant.

Parragey. Abonnez à Mgr de Lengres. Mandiant 1 feu : 1.

Cerilley. Abonnés à M. l'abbé de Poulthières. Feux solvables 2, misérables 18, mandians 5 : 25.

Abonnez à M. Lancelot de Semur. Feux, solvable 1, misérables 4, mandians 4 : 9.

Abonnez à Mr de Bourgoingne, MM de Larrey et de Poulthières. Feux misérables 2 : 2.

Poinsson. Sers à M. Guillaume de Grancey et à l'abbey de Chasteillon Feux solvables 6, misérables 39, mendians 10 : 55

Larrey Sers à M. Guillaume de Grancey, chevalier. Feux solvables 6, misérables 34, mandians 11 : 51.

Bialon Abonnez à Messire Phelebert de Saint-Ligier. Feux solvables 2, misérables 4, mandians 3 : 9.

Abonnez à Mademoiselle Katherine de Saingney. Feux solvables 3, misérables 5, mandians 4 : 12

Abonnez à Jehan de Drées 1 feu misérable : 1.

Marcenay Abonnez à Mr l'abbé de Moulesmes. Feux solvables 2, misérables 9, mendians 3 : 14

Sers au Chambrier dudit Molesmes. Néant pour ce que à présent il ny demeure nulz.

Bissey les-Pierres Abonnez aux hoirs de feu Guiot de Saingney. Feux solvables 2, misérables 11, mandians 3 : 16

Abonnez à M. de Commarien. Feux solvable 1, misérables 6, mandians 2 : 9.

A la Grange-du-Loige. Néant pour ce que à présent il ny demeure nulz.

A la Grange-du-Masson. Néant pour ce que à présent il ny demeure aucune personne.

Montliot. Abonnez à Mr le duc de Bourgoingne. Feux solvables 2, misérables 6, mandians 3 : 11.

Abonnez à l'abbé de Chasteillon. Feux, solvable 1, misérables 2, mandians 2 : 5

Gravères Sers à Jaquot d'Aumoncourt Feux misérables 3 : 3.

Courcelles-les-Rins. Sers à Messire Aymé de Choiseul. Feux solvables 4, misérables 18, mandians 4 : 26

Estroichey. Abonnez à Mr le duc de Bourgoingne Feux solvables 2, misérables 4, mandians 2 : 8.

Abonnez à l'abbé de Poulthieres Néant.

Sers audit abbé de Poulthières. Néant.

Saincte-Colombe. Sers à M. Aymé de Choiseul Feux solvables 4, misérables 16, mandians 3 : 23.

Charoigney Sers à M Aymé de Choiseul Feux, solvable 1, misérable 3 : 4.

Sers à l'abbé de Chasteillon. Néant.

Au Moulin-Rouge. Néant, pour ce que à présent il ny demeure nulz

Chamont-le-Bois. Sers aux hoirs feu Fouquet de Montigny. Feux solvables 4, misérables 13, mandians 6 : 23.

Sers à Guillaume de la Tournelle. Feux solvable 1, misérables 2, mandians 2 : 5

Sers à l'abbé de Chasteillon. Néant.

Vannières Sers au devant dit Guillaume de la Tournelle et au Bureau de Maisencontre. Feux, solvable 1, misérables 4, mandiant 1 : 6.

Massingey. Abonnez à Girart et Jehan de Maingney. Feux solvables 4, misérables 25, mandians 6 : 35

Mousson Abonnez à M⁵ʳ le duc de Bourgoingne. Feux, solvable 1, misérables 3, mandians 3 : 7.

Sers à Anthoine de Saingney Feux, solvable 1, misérables 2 : 3.

Sers aux hoirs feu Jaquot de Chenus. Feux, solvable 1, misérables 3, mandians 2 : 6.

Sers et communs à Mʳ de Bourgoingne. Mʳ de Lengres et à tous les autres seigneurs d'illecques. Feux solvables 3, misérables 4, mandians 3 : 20.

Balaon Abonnez à Mʳ de Rey Feux solvables 4, misérables 16, mandians 7 : 27

Sers à Thomas de la Roichelle. Feux solvables 3, misérables 12, mandians 5 : 20

Item demi sers et demi frans et communs à tous les seigneurs d'illec. Feux, solvable 1, misérables 2 : 3.

Ampilley-le-Sec Abonnez à Mʳ le duc de Bourgoingne. Feux solvables 2, misérables 3, mandians 2 : 7.

Abonnez à Madame d'Ampilley Feux solvables 3, misérables 6, mandians 4 : 13.

Sers à M. l'abbé de Chasteillon. Feux misérables 4, mandiant 1 : 5.

Buncey. Abonnez à Mʳ le Duc de Bourgoingne. Feux solvables 3, misérables 15, mandians 4 : 22.

Sers à l'abbé de Chasteillon. Feu misérable 1 : 1.

A la Grange-de-la-Borde-l'Abbé, près de Chasteillon-seur-Seine, abonnez au Chambriez de Flavigny. Feu misérable 1 : 1.

LA PRÉVOSTÉ DE VILLIERS-LE-DUC.

Brion. Sers à M⁰ʳ le duc de Bourgoingne. Feux solvables 3, misérables 9, mandians 4 : 16.

Sers à Guiot de Biars. Feux, solvable 1, misérables 4, mandians 3 : 8

Sers à Thomas de la Roichelle. Feux solvable 2, misérables 6, mandiant 1 : 9.

Thoire Sers à Mᵐᵉ Ysebeau de Saingney. Feux solvables 2, misérables 8, mandians 3 : 13.

Octricourt Sers à M. de Rup. Feux solvables 4, misérables 16, mandians 4 : 24.

Sers à Messire Symon de la Chaulme. Feux, solvable 1, misérables 3, mandiant 1 : 5.

Sers à Nicolas de Mamay. Feu misérable 1 : 1.

A la Grange-de-Champoingne. Néant.

Villote Abonnez à Mᵉʳ le duc de Bourgoingne. Feux solvables 2, misérables 5 : 7.

Sers à mon dit seigneur. Feu mandiant 1 : 1.

Item demi sers et demi frans à mon dit seigneur et à Mᵉʳ de Lengres. Feux solvables 3, misérables 4, mandians 3 : 10.

Sers à l'abbé de Chasteillon. Feux, solvable 1, mandiant 1 : 2

Villiers-le-Duc Où il a foire, marchiez et forteresse. Feux solvables 3, misérables 31, mandians 17 : 51.

Vanvy. Abonnez à Mᵉʳ le duc de Bourgoingne. Feux solvables 2, misérables 19, mandians 7 : 28.

Voulennes-les-Templiers Abonnez à M. le grant prieur de Champaigne. Feux solvables 3, misérables 27, mandians 10 : 40.

Maisey Abonnez à Mᵉʳ le duc de Bourgoingne. Feux, solvable 1, misérables 4, mandians 3 : 8.

LA TERRE D'ESPAILLEY.

Coumbaon. Abonnez au prieur de Champaingne Feux solvables 5, misérables 24, mandians 10 : 39

Bissey-la-Coste. Abonnez au dit prieur de Champaingne. Feux solvables 5, misérables 38, mandians 19 : 62.

Loyesme. Abonnez au dit prieur de Champaingne. Feux solvables 2, misérables 16, mandians 4 : 22.

Leyet Abonnez audit prieur de Champaingne. Feux solvables 2, misérables 9, mandians 3 : 14

LA TERRE D'ARC-EN-BARROI

Luctrecey Abonnez à Jehan de Gand, qui furent de la seignorie de M. de Chastelvillain. Feux solvables 2, misérables 5, mandians 2 : 9.

Atées Abonnez aux feux Messires Hugue, Eude d'Angoulevant et à Jehan de Montot. Feux solvables 2, misérables 13, mandians 4 : 19.

Item demi sers et demi frans aux seigneurs d'illecques. Feux solvables 7, mandians 2 : 9.

Sers aux seigneurs d'illecques. Feux solvables 7, misérables 36, mandians 8 : 51

Créancey Sers à Mme de Grancey. Feux solvables 5, misérables 31, mandians 6 : 42.

Montriboux. Sers à M de Saint-George Feux solvables 4, misérables 8, mandians 2 : 14.

Arc-en-Barrois. Où il a foires, marchiez et forteresse. Abonnez à M. de Saint-George. Feux solvables 4, misérables 38, mandians 20 : 62.

Court-Evesque Sers à M de Saint-George. Feux, solvable 1, misérables 6, mandians 5 : 12

Gicy seur-Augeon. Abonnez à M. de Saint-George Feux solvables 4, misérables 21, mandians 9 : 34.

Bugnères. Sers à M. de Saint-George. Feux solvables 2, misérables 10, mandians 8 : 20.

Vaubruant. Sers à M. de Saint-George. Feux solvables 2, misérables 8, mandians 3 : 13.

Monsterot. Abonnez au prieur d'illec Néant.

Seimonstier. Abonnez à M. de Cusance et à Joffroy d'Aubouville. Feux solvables 2, misérables 9, mandians 4 : 15.

Sers à Jehan de Mailley et à Symon de Bovigny. Feu misérable 1 : 1.

A la Grange-de-la-Luxine. Néant.

Richebourc Sers à M. de Saint-George. Feux solvables 2, misérables 14, mandians 4 : 20.

Apprey Sers à Nicolas de Marnay, qui furent à Jehan de Saint-Beroing. Feux, solvable 1, misérables 2, mandians 2 : 5.

Sers à Jehan de Brillon. Feu misérable 1 : 1.

Sers aux Alixandre de Blaisey. Feux solvables 2, misérables 3, mandians 3 : 8.

Pralay. Ce qui est en la duchié de Bourgoingne. Sers à Mgr le duc de Bourgoingne. Feux solvables, 2, misérables 4, mandians 5 : 11.

Rouelles Sers aux seigneurs de Blaisy et aux hoirs Guichart. Feux, solvable 1, misérables 3, mandiant 1 : 5.

Courcelles-sem-Augeon. Sers à M. de Ray. Feux solvables 2, misérables 7, mandians 6 : 15.

Turnay Abonnez au même. Feux solvables 2, misérables 9, mandians 6 : 17.

Chamerois. Abonnez au même. Feux solvables 2, misérables 13, mandians 4 : 19.

Recey Abonnez à MM. de l'Hospitaul Saint Jehan de Jherusalem. Feux, misérable 1, mandiant 1 : 2.

Sers à M. Estienne de Saint-Louix. Feux solvables 4, misérables 6, mandians 4 : 14

Sers à Jehan de Lougnon Feux misérables 2 : 2.

Sers aux religieux de Luiney (Lugny). Feux misérables 3, mandiant 1 : 4.

Meniébles Abonnez aux hoirs Guillaume Covillon. Feux solvables 2, misérables 3, mandians 3 : 8.

A la Grange-de-Concloge. Abonnez aux diz religieux de l'Ospitaul Saint-Jehan de Jérusalem. Feux misérables 2 : 2.

LA TERRE DE BURES.

Bures Abonnez aux religieux de l'Ospitaul Saint-Jehan de Jhérusalem. Feux, solvable 1, misérables 9, mandians 6 : 16.

Sers à Guiot de Lougnon. Néant.

Romprey. Sers à Philipe Bassaut Feux, solvable 1, misérables 5, mandians 2 : 8.

Sers aux seigneurs de l'Ospitaul Saint-Jehan de Jérusalem. Feu mendiant 1 : 1.

Chastoillenot. Abonnez aux mêmes. Feux solvables 2, misérables 2, mandians 3 : 7.

Terrefondrée. Abonnez aux mêmes. Feux, solvable 1, misérables 2 : 3

Laforest. Abonnez aux mêmes. Feux, solvable 1, misérables 3, mandiant 1 : 5

LA TERRE DE BEROING-LES-MOINNES.

Moietron Abonnez au prieur de Saint-Beroing. Feux solvables 2, misérables 9, mandians 7 : 18.

Saint-Beroing. Abonnez au même. Feux solvables 3, misérables 19, mandians 8 : 30

A la Grange-de-Grant-Bois. Néant

LA TERRE DE ROICHEFORT.

Le Poinsat. Abonnez à M Jehan de Roichefort Feux solvables 2, misérables 7, mandians 3 : 12.

Beaulieu. Abonnez au même. Feux misérables 4, mandians 3 : 7.

Roichefort. Abonnez au même Feux, solvable 1, misérables 6 : 7

Essaroy. Abonnez au même. Feux solvables 3, misérables 15, mandians 8 : 26.

Montmoyen. Sers à Thomas de la Roichelle. Feux, solvable 1, misérables 2, mandiant 1 : 4

Sers à M. Girart de Saint-Loup. Feux, solvable 1, misérables 2 : 3

Sers à Philipe Bassaut Feux solvable 1, misérables 2 : 3.

Sers à Guillaume de Foissy. Feux misérables 2 : 2.

Saint-Germain-le Roicheux. Abonnez aux seigneurs de chapitre de Lengres Feux, solvable 1, misérables 5, mandians 4 : 10.

La Grange-de-Voisins. Sers à Mgr le duc de Bourgoingne Néant.

LA PRÉVOSTÉ DE SALIVES

Chaugey. Sers aux religieux de l'Ospital Saint-Jehan de Jhérusalem. Feux, solvable 1, misérable 1, mandiant 1 : 3.

Sers à Guiot Rigoingne. Feux, solvable 1, misérables 3, mandiant 1 : 5.

Abonnez aux seigneurs de l'Ospital Saint Jean-de-Jhérusalem. Feux, solvable 1, misérables 2 : 3.

Beneuvre. Sers aux mêmes. Feux, solvable 1, misérables 5, mandians, 3 : 9.

Sers à Thomas de la Roichelle. Feux, solvable 1, misérables 3, mandians 3 : 7.

Montenailles. Abonnez aux devant diz Seigneurs de Saint-Jehan-de Jhérusalem. Feux, solvable 1, mandians 2 : 3.

Buxères. Abonnez à Mme de Grancey. Feux, solvable 1, misérables 3, mandians 2 : 6.

Sers à Philippe d'Igney Feux, solvable 1, misérables 6, mandians 2 : 9.

Buxerolles. Abonnez aux devant diz seigneurs de l'Ospital Saint-Jehan de-Jhérusalem. Feux, solvable 1, misérables 3, mandiant 1 : 5.

Sers à Mme de Grancey. Feux misérables 4, mandians 3 : 7.

Vevrottes. Abonnez aux hoirs feu Guiot de Saingney. Feux, solvable 1, misérables 3, mandiant 1 : 5.

Sers à Mme de Grancey. Feu misérable 1 : 1.

Fraignou. Sers aux devant diz religieux de l'Ospital Saint-Jehan-de Jhérusalem. Feux solvables 3, misérables 4, mandians 5 : 12.

Mignou. Abonnez aux mêmes Feux solvables 4, misérables 8, mandians 7 : 19.

Sers à Oudot Rigoingne. Feux solvables 3, misérables 19, mandians 5 : 17.

Sers à Messire Jehan de Saulx. Feux, solvable 1, misérables 3, mandians 2 : 6.

Sers à Messire Aimart Bouton. Feux, solvable 1, mandiant 1 : 2.

Sers aux enffants de Ventoux Feux, solvable 1, misérable 1, mandiant 1 : 3.

Sers à Jehan de Chauffour. Feux, solvables 2, misérables 6, mandians 1 : 9.

Thorrey. Sers à Girart de Maingney. Feux misérables 4, mandiant 1 : 5.

Eschalou et Loichières. Sers à Jehan de Chauffour. Feux solvables 7, misérables 15, mandians 13 : 35.

Abonnez au dit seigneur. Feux misérables 3 : 3.

Bargeon. Sers à M. Hue de Billigniville Feux, solvable 3, misérables 7, mandians 5 : 15.

Abonnez à Chapitre de Lengres. Néant

L'Arceon Sers à M. l'abbé d'Oingney. Feux, solvable 1, misérables 3, mandians 4 : 8.

Arellanges. Abonnez à Aymé d'Arbon Feux solvable 1, misérables 4, mandians 2 : 7

Sers à Guillaume d'Arbon. Néant.

Salive. Où il a foires, marchiés et forteresse. Abonnez à M⁵ʳ le duc de Bourgoingne. Feux solvables 4, misérables 29, mandians 28 : 61

Lery. Abonnez à M. l'abbé de Saint-Seigne. Feux, solvable 1, misérables 5, mandians 8 : 14.

Fraignoy et les Maisons Millot. Abonnez au même. Feux, solvable 1, misérables 4, mandians 8 : 13.

Mouloy et Labergement. Abonnez au cuisenier de Saint-Seigne. Feux, solvable 1, misérables 9, mandians 7 : 17.

La Margelle. Abonnez à l'abbé de Saint-Seigne. Feux-solvable 1, misérable 5, mandians 6 : 12.

Proingey Sers à Mᵐᵉ de Beaudoncourt. Feux solvables 2. misérables 11, mandians 5 : 18.

Vevres. Sers à la même. Feux, solvable 1, misérables 5, mandians 4 : 10.

LA TERRE DE SAINT-SEIGNE EN LA PRÉVOSTÉ DE BAIGNEUX.

Champoigney. Abonnez à M. l'abbé de Saint-Seigne. Feux misérables 2, mandians 4 : 6.

Le Mont Saint-Martin et les Bordes-Brizart. Abonnez au même. Feux, solvable 1, misérables 12, mandians 3 : 16.

Seestre. Abonnez au même. Feux, solvable 1, misérable 6, mandians 5 : 12.

Trouuaux et Froitmanteaul. Sers aux prieur d'illecques. Feux solvables 3, misérables 15, mandians 3 : 21.

Abonnez au dit prieur. Néant.

Pelerey. Abonnez à l'abbé de Saint-Seigne. Feux misérables 5, mandians 5 : 10.

Vaulx Abonnez au même. Feux, solvable 1, misérables 3, mandians 6 : 10.

Froideville. Abonnez au même. Feux misérables 4, mandiant 1 : 5.

Valocte. Abonnez au même. Feux, solvable 1, misérables 9, mandians 9 : 19.

Sers à M{{gr}} le duc de Bourgoingne. Feux, misérable 1, mandiant 1 : 2.

Poncey. Abonnez à l'abbé de Saint-Seigne. Feux, solvable 1, misérables 8, mandians 10 : 19.

Turcey. Abonnez au même. Feux, solvable 1, misérables 5, mandians 2 : 8.

Sers au même. Feux, solvable 1, misérables 2 : 3.

Sers à Perre de Quarires. Feux misérables 2, mandiant 1 : 3.

Sers à George d'Aignay. Néant.

La Roichocte. Abonnez à l'abbé de Saint-Seigne. Feux misérables 4, mandians 3 : 7.

Les Bordes-Pillot et Chaude-Robe. Abonnez au même. Feux, solvable 1, misérables 4, mandians 3 : 8.

Les Bordes-Gaudot. Néant.

Les Bordes-Margot et Champ-Perbuef. Abonnez au même. Feux mandians 2 : 2.

Francheville et Praalay. Abonnez au même. Feux solvables 3, misérables 18, mandians 14 : 35.

Chenerailles. Abonnez au même. Feux misérables 4, mandians 6 : 10.

Cinq-Fons. Abonnez au même. Feux, solvable 1, misérables 2, mandiant 1 : 4.

Panges. Abonnez au même. Feux, solvable 1, misérables 5, mandians 3 : 9.

Baulmes-la-Roiche. Abonnez au même. Feux solvables 2, misérables 8, mandians 6 : 16.

Saint-Seingne. Où il a foire, marchiez et forteresse. Abonnez au même. Feux solvables 2, misérables 22, mandians 35 : 59.

Beligney-le-Sec. Abonnez au même. Feux misérables 14, mandians 7 : 21.

Cheaurain. Abonnez au même. Feux, misérable 1, mandiant 1 : 2.

Blaisey-la-Ville, le *Chastel* et *Charmoy*. Abonnez aux enffants de Blaisey et à Jehan de Cierey. Feux, solvable 1, misérables 2, mandians 2 : 5.

Sers aux diz seigneurs. Feux solvables 12, misérables 17, mandians 8, 37.

LA CHASTELLENIE DE SAULMAISE, EN LA PRÉVOSTÉ D'ILLEC.

Boux. Sers à Mᵍʳ le duc de Bourgoingne. Feux, solvable 1, misérables 9, mandians 4 : 14.

Sers au prieur de Saulmaise. Néant.

Abonnez à Mᵍʳ le duc de Bourgoingne. Feux solvable 1, misérables 2 : 3.

Les Bordes-sous-Saumaise. Sers à Mᵍʳ le duc de Bourgoingne. Feux, solvable 1, misérables 7, mandians 2 : 10.

Blecey. Sers à Mᵍʳ le duc et aux hoirs Thiébault de Vaissey. Feux, solvable 1, misérables 5, mandians 2 : 8.

Varrey-soubz-Saumaise. Sers à Mᵍʳ le duc. Feux, solvable 1, misérables 5, mandians, 2 : 8.

Sers aux hoirs de la femme feu Robert de Dracey. Feux, solvable 1, misérables 4, mandians 3 : 8.

Sers à Philippe de Crecey. Feux misérables 2, mandians 2 : 4.

Charancey. Sers à M. Jacues de Courtiambles. Feux misérables 5, mandians 2 : 7.

Bousot. Sers à MM de Chaulemin. Feux, solvable 1, misérables 7, mandians 2 : 10.

Presilley. Sers à Mᵍʳ le Duc. Feux solvables 2, misérables 9, mandians 4 : 15.

Sers à mon dit seigneur et au prieur de Saulmaise. Feux, solvable 1, misérables 2 : 3.

Saumaise. Abonnez à Mⁱ le Duc. Feux, solvable 1, misérables 18, mandians 5.

Sers au même. Feux misérable 1, mandiant 1 : 2.

LA PRÉVOSTÉ DE BAINGNEUX.

Frolois et Vaulbusin. Sers à M. Anthonne de Vergey. Feux solvables 10, misérables 21, mandians 9 : 40.

Sers qui furent aux hoirs feu Richard de Chissey. Néant

Sers aux hoirs feu Thiébault de Belingney. Feux, solvable 1, misérables 3, mandians 2 : 6.

Abonnez à Pourpoye le Monne, à l'enfermier de Molesmes Feux solvables 2, misérables 4, mandians 3 : 9.

Saint-Germain-de-la-Fuelle. Sers à l'abbé de Flavigney. Feux solvables 2, misérables 7, mandians 4 : 13.

Chanceaux. Abonnez à M⁺ l'abbé de Flavigny. Feux solvables 5, misérables 23, mandians 13 : 41.

Jugny-la-Grange. Néant.

Gissey. Sers à M. Philippe de Chaulemin. Feux misérables 3 : 3.

Abonnez Néant

Sers aux hoirs Marguerite de Varrey. Feux, solvable 1, misérables 4 : 5.

Sers à Jehan de Chaulfour, qui furent à Guillaume de Courcelles. Feux misérables 3, mandiant 1 : 4

Sers à Fromont de Charmoillez, qui furent à Regnault de Moilleraucour. Feux misérables 2, mandiant 1 : 3

Sers à Mᵐᵉ de Saffres. Feux, misérable 1, mandiant 1 : 2.

Sers à Oudot d'Authées Néant.

Sers au Chambrier de Flavigney Feu misérable 1 : 1.

Sers aux hoirs feux Guillaume Poussot. Néant.

Sers à Estienne le Poulot Feu solvable 1 : 1.

Sers à Jean d'Estrabonne Feux misérables 2 : 2.

Sers à Catherine, vefve de feu Oudot Navoilley. Feux misérables 2 : 2.

Sers à M⁺ le Duc. Feu misérable 1 : 1.

Gresigney. Sers à M. de Blaisey. Feux solvables 2, misérables 8, mandians 3 : 13

Sers aux hoirs feu Jaquot de Chemis Feux solvables 2, misérables 3, mandians 2 : 7.

Sers à Claude de Tonneure, qui furent à Pierre, son frère. Feux, solvable 1, misérable 1, mandiant 1 : 3.

Sers à Jeoffroy de Saisserey, qui furent à Pierre d'Alemi. Feux misérables 2 : 2.

Sers à Oudot Rigoingne. Feux misérables 3 : 3

Sers à Fromont d'Arbon. Néant.

Sers à Jehan d'Avoud. Feux, solvable 1, misérables 4, mendians 2 : 7

Sers à Guillaume d'Ocle. Feux misérables 2 : 2.

Sers aux seigneurs de Blaisey et à Joffroy de Saiserey, à cause de Simonne, sa femme. Néant.

Abonnez aux seigneurs d'illec. Néant.

Thenissey. Sers à Philippe de Chaulemin. Feux misérables 2 : 2.

Sers à Guillaume de la Tournelle. Feux solvables 3, misérables 11, mandians 3 : 17.

Sers à Guibert Poussot, qui furent à Jehan le Boiteux. Feux misérables 3 : 3

Sers qui estoient à Pheliberte, fille feu Aalis de la Tournelle, à Guillaume Damas, Marguerite de Vairey. Néant

Darcey. Abonnez à Messire de Beauvoir et M. de Listenay, qui furent à Mme de Chaudenay. Feux solvables 6, misérables 32, mandians 12 : 50.

Sers à Mgr le duc de Bourgoingne Feux, solvable 1, misérables 7, mandians 4 : 12.

La Villeneure-aux-Convers Abonnez à l'abbé de Fontenoy. Feux, solvable 1, misérables 3, mandians 2 : 6

Sers au dit seigneur. Néant.

Courpoyé-la Chapelle et les Males-Maisons. Sers à Amiot Roppin, qui furent à Mgr de Bourgoingne. Feux misérables 3, mandians 2 : 5

Mugnoys. Sers à Regnault d'Orges Feux, solvable 1, misérables 3, mandiant 1 : 5.

Baigneux-les-Juifs. Abonnez à Mgr le duc de Bourgoingne. Feux solvables 2, misérables 35, mandians 7 : 44

Laperrière. Abonnez à M Anthoine de Vergy et à l'abbé de Flavigney. Feu solvable 1, misérables 9, mandians 5 : 15.

Poiseulx Abonnez au seigneur de Froloiz et à l'abbé de Flavigney. Feux solvables 3, misérables 20, mandians 7 : 30.

Billey. Sers à Mgr le duc de Bourgoingne. Feux solvable 1, misérables 7, mandians 2 : 10.

Sers aux enffants Richart de Chissey. Feux misérables 2 : 2.

Sers à Guibert Poinssot. Feux, solvable 1, misérables 3 : 4.

Sers au bastart de Cessey. Feux solvables 2, misérables 3, mandians 3 : 8.

Sers à Guillaume Bugnot. Feux, solvable 1, misérables 4, mandiant 1 : 6.

Sers à Jehan de Prenoy. Feux, solvable 1, misérables 2 : 3.

A Pontnaroy Néant.

Busy et Savoigney. Sers à Mgr de Roichefort. Feux solvables 17, misérables 47, mandians 24 : 88.

Ampilley-les-Bordes Abonnez au Chambrier de Flavigney. Feux solvables 2, misérables 22, mandians 5 : 29.

Joires Sers à Jehan de Drées, et à Messire Estienne de Saint-Loup Feux solvables 2 misérables 9, mandians 5 : 16.

Chaulmes. Sers à l'abbé de Chasteillon. Feux solvables 3, misérables 15. mandians 7 : 25.

A la Grange de Tout-y-Faut Néant.

A la Grange-de-Mersauges. Néant.

LA CHASTELLERIE DE DUESME.

Le Chemin-d'Ampiller. Abonnez à Mgr le duc de Bourgoingne. Feu misérable 1 : 1.

Abonnez aux Religieux de l'Ospitaul Saint Jehan-de-Jhérusalem. Feux misérables 4, mandiant 1 : 5.

Sers à Mgr le Duc. Néant.

Duesme. Feux solvables 2, misérables 16, mandians 5 : 23.

Abonnez aux Religieux de l'Ospitaul Saint-Jehan de Jhérusalem. Néant.

Abonnez au prieur d'illec. Néant.

Quemigney. Abonnez à Mgr le Duc. Feux misérables 3, mandians 2 : 5.

Abonnez à Jehan de Roichetaillie Feux. solvable 1, misérable 1 : 2.

Sers à Jehan Puret. Feux misérables 4, mandiant 1 : 5.

Quemignerot. Sers à Mgr le Duc. Feux solvables 2, misérables 7, mandians 3 : 12.

Sers à mon dit seigneur, au molin de la Roiche. Feux misérables 2 : 2

Cosnes. Sers à Mgr le Duc Feux solvables 3, misérables 20, mandians 8 : 31.

LA TERRE DE BELLENOUD, EN LA DITTE PRÉVOSTÉ DE DAIGNEUX.

Bellenoud. Sers à Guillaume de la Tournelle. Feux solvables 3, misérables 9, mandians 6 : 18.

Origney. Sers au même. Feux solvables 2, misérables 5, mandiant 1 : 8.

Vaulx. Sers au même. Feux solvables 2, misérables 2, mandians 3 : 7.

La Montagne. Sers au même. Feux, solvable 1, misérables 4, mandians 2 : 7.

A la Grange-de-Possoral appartenant aux héritiers de Quincey. Néant.

LA PRÉVOSTÉ ET CHASTELLERIE D'AINGNAY.

Etalente. Sers à Mgr le duc de Bourgoingne. Feux solvables 2, misérables 23, mandians 14 : 39.

Aigna y. Où il a foires, marchiés et forteresse. Abonnez au même. Feux solvables 2, misérables 23, mandians 13 : 38.

Beaunote. Sers aux seigneurs de Mavoilley. Feux solvables 2, misérables 23, mandians 3 : 17.

Mellesson. Sers aux mêmes. Feux solvables 4, misérables 16, mandians 4 : 24.

Mavoilley. Sers aux mêmes. Feux solvables 4, misérables 7, mandians 5 : 16.

LA PRÉVOSTÉ ET CHASTELLERIE D'AISEY-LE-DUC.

Bremure. Abonnez à Mgr le Duc. Feux, solvable 1, misérables 3, mandians 2 : 6.

Varroys. Sers au même. Feux, solvable 1, misérables 3 : 4.

Sers à Jaquot d'Arbon. Feu misérable 1 : 1.

Saint-Germain. Sers à Mgr le Duc. Feux misérables 2, mandiant 1 : 3.

Buzeau. Sers au même. Feux solvables 2, misérables 6, mandians 4 : 12.

A la Grange-de-Voisins. Néant.

Noud. Abonnez au même. Feux misérables 3, mandiant 1 : 4

Aisey-le-Duc. Abonnez au même. Feux, solvable 1, misérables 10, mandians 6 : 17.

Le Chemin-d'Aisey. Abonnez au même. Feux solvables 2, misérables 18, mandians 6 : 26

Chamesson. Sers à Pierre de Foissy, escuer. Feux, misérable 1 mandiant 1 : 2.

Sers à M^{er} l'abbé de Chasteillon Feux, solvable 1, misérables 5, mandiant 1 : 7.

Saint-Maar. Abonnez à Messire Henry Valée. Feux solvables 2, misérables 11, mandians 9 : 22.

A la Grange-de-Semond Appartenant aux religieux de Quincey Néant.

LA PRÉVOSTÉ ET CHASTELLERIE DE VILLANES.

Villanes-en-Duismois Où il a foire, marchiez et forteresse. Abonnez à M^r le Duc. Feux solvables 3, misérables 48, mandians 11 : 62.

Chalorreson. Abonnez à Regnault d'Orges Feux, solvable 1, misérable 1 : 2.

A la Grange-de-Moreaulx. Néant.

Fontannes. Sers à Guiot de Brais Feux solvables 3, misérables 18. mandians 6 : 27.

Vauginois. Sers à Messire Humbert de Villers. Feux solvables 2, misérables 5, mandians 2 : 9.

Colomeix-le-Sec Abonnez à M^r le Duc. Feux solvables 5, misérables 31, mandians 10 : 46.

Sers au dit Duc. Feux misérables 5, mandians 3 : 8.

Total : 3,699.

Nous, Huguet Boullart et Phelippe Voichot, avant nommez commis quant ad ce. Certiffions la cerche et invantoire des feux du bailliage de la Montaigne avoir esté faite par nous en et par la manière qui est contenu en cest présent registre. Et les feux estre telz et de telle nature comme cy-devant est escript tant en bonnes villes d'icellui bailliage, où il n'a que

Chasteillon comme es villes ou il a foires, marchiez et forteresse. C'est assavoir Villers-le-Duc, Arc-en Barrois, Salive, Saint-Seinne, Eignay et Villeinnes-en-Duesmois, et es autres villes abonnées et serves d'icellui bailliaige, esquelles villes de Villers-le-Duc, Salive, Saint-Seinne, Eignay et Villeinnes-en-Duesmois et es autres villes abonnées et serves à Monseigneur le duc de Bourgoingne, aux seigneurs d'Eglise et de l'Gspital Saint-Jehan-de-Jherusalem. Avons trouvés icelles villes estre moult gastées et appovries et plusieurs des habitans avoir délaissée le lieu et appovriz par les loigers des gens d'armes qui plusieurs foys y ont esté. Et en la ditte ville de Chasteillon plusieurs des habitans estre absentez tant pour cause de plusieurs passaiges des seigneurs et de plusieurs grosses tailles abonnez et autres quils doivent chascun an à Monseigneur le duc de Bourgoingne et à Monseigneur de Langres, et autres charges d'aydes emprumps comme autrement, et que les picars de la compaingnie de Monseigneur de Lisle-Adan en ont mené ceste saison dix-sept chavaulx de la ville de Bugnières en la terre d'Arc, qui là ont été loigiez et n'en y ont laissié que deux dont les labouraiges demourent et aussi pareillement en ont mené dix-neuf chavaulx de Richebourc en la ditte terre d'Arc. Comme rapporté nous a esté par les personnes escriptes es rappors d'une chacune d'icelles villes à chascun desquelz nous avons diz et exposé le contenu es ordonnances. Dont mencion est faite en l'arengue et commencement de cest présent registre En tesmoing de ce nous avons mis noz seings manuelz en la fin d'icellui le xix° jour du mois de juing, l'an mil iiii^c et xxiii.

Signé : Boulart. Boichot.

XIII.

Cerche des feux du comté d'Auxonne et des terres d'outre-Saône en 1442. (B. 11,521.)

Cerche des feux des terres d'oultre Soone, faite par maistre Girard Mareschal, conseiller de Monseigneur le duc de Bourgoingne, et Symon Odebert, gouverneur de la prévosté de Saint-Jean-de-Loone, au mois d'octobre 1442, pour faire le giest et assiete de 3,000 francs octroiez à mondit seigneur par les habitants des dites terres d'oultre Soone, au mois d'aoust précédent.

Auxonne. Bonne ville fermée, où il y a foire et marchié.

Rue du Pont. Feux solvables 4, misérables 25, mendians 2.

Rue de Soone. Feux solvables 5, misérables 42, mendians 3.

Rue du Bourg. Feux solvables 26, misérables 24, mendians 10.

Rue Saint-Germain. Feux solvables 3, misérables 41, mendians 10

Rue es Fevres, Feux solvables 6, misérables 42, mendians 3.

Rue Perdue Feux solvables 3, misérables 21, mendians 5.

Rue de Chesnoy. Feux solvables 9, misérables 89, mendians 6.

Rue de la Copperie. Feux solvables 2, misérables 22

Rue des Lices. Feux misérables 13.

Feurbourg de la porte de Pautesson Feux solvables 1, misérables 28, mendiant 1

Feurbourg de la porte d'Amont Feux misérables 7.

Total : 453.

Labergement, près d'Auxonne. A Monseigneur le Duc. Feux francs abonnés, solvables 7, misérables 46, mendians 5 : 58.

Flamerans. Hommes de Monseigneur le Duc et autres. Feux francs solvables 6, misérables 40, mendians 3 : 49.

Billey Hommes sers de plusieurs seigneurs, taillables à volonté hault et bas, où mon dit seigneur a la justice. Feux solvables 6, misérables 21, mendians 3 : 30.

LA CHASTELLERIE DE PONTAILLER.

Pontailler Ville fermée, où il a forteresse, foire et marchié, qui est à mon dit seigneur Feux francs solvables 11, misérables 45, mendiant 1 : 57.

Soissons Hommes de Monseigneur Feux francs solvables 16, misérables 69, mendians, 5 : 90.

Viesverges. Hommes à Monseigneur Feux francs abonnés, solvables 12, misérables 69, mendians 5 : 86.

Parrigny-sur-l'Oignon. Hommes de Monseigneur Feux francs abonnés, solvables 18, misérables 73, mendians 2 : 93.

Les Brulos. Hommes de Monseigneur. Feux francs abonnés, solvable 1, misérables 5 : 6.

Fraigne-Saint-Memez. Ville plate où il a forteresse et y souloit avoir marchié A Monseigneur. Feux sers, de mortemain, taillables abonnez, feux solvables 10, misérables 44, mendians 4 : 58.

CHASTELLERIE DE LA PERRIÈRE.

La Perrière. Ville plate, où il a forteresse. Hommes de Mme la duchesse Feux francs abonnés, solvables 3, misérables 7 : 10.

Feux sers taillables à volonté, solvables 6, misérables 33, mandiant 1 : 37.

Total : 47.

Saint-Seigne. Homme de Mme la Duchesse. Feux francs abonnés, solvables 2, misérables 5 : 7.

Feux sers taillables à volonté, hault et bas, solvables 7, misérables 27, mendians 2 : 36.

Total : 43.

Saint-Simphorien. Hommes sers de la dite duchesse. Feux taillables à volonté, solvables 6, misérables 25, mendians 3 : 34.

Samerey. Hommes sers, taillables à volonté, hault et bas, à la Duchesse. Feux solvables 4, misérables 12, mendians 2 : 18.

Françot. Hommes de la Duchesse, qui souloient estre de morte-main, et à présent sont affranchis. Feux francs abonnés, solvables 5, misérables 16 : 21.

Flaigey Hommes de Jacques de Rochefort, et y a la Duchesse la haute justice. Feux francs abonnés, solvables 2, misérables 4 : 6.

Feux sers, taillables à volonté, solvables 2, misérables 14 : 16.

Total : 22.

CHASTELLERIE DE CHAUCINS.

Chaucins Ville fermée, où il a forteresse, foire et marchié Feux francs à Mme la Duchesse. Solvables 21, misérables 136, mendians 8 : 165.

La Villeneufve, qui est feurbourg du dit Chaucins. Feux francs, solvables 6, misérables 21, mendiant 1 : 28.

Vevre A la dite Duchesse. Feux francs, misérables 3

Saint Beroing. A la dite Duchesse. Feux francs, solvables 5, misérables 29 : 34.

Servote A la dite dame. Feux francs, solvables 3, misérables 7 : 10.

Asnans. A la dite Dame. Feux francs, solvables 11, misérables 38 : 49.

Montalegre. A la dite dame. Feux francs, solvables 2, misérables 8 : 10.

Belvoisin A la dite dame. Feux francs abonnés, solvables 3, misérables 4 : 7.

Chaigne-Bernard. A la dite Duchesse. Hommes mainmortables abonnés. Feux solvables 4, misérables 13 : 17.

Chalonges. Hommes à la dite dame, mainmortables abonnés. Feux solvables 2, misérables 6 : 8.

Thichey. Hommes à la dite dame. Francs abonnés. Feux solvables 9, misérables 48, mendians 5 : 62.

Vorne. Hommes mainmortables abonnés, de Anthoine de Brancion et de Jehan de Vorne, escuiers, où madame la duchesse a la haulte justice. Feux solvables 7, misérables 23 : 30.

Parrelois. Hommes mainmortables abonnés à Jehan de Vorne, où la dite dame a la haulte justice, qui ont aussi accoustumé de contribuer es aydes. Feux solvables 3, misérables 6 : 9.

CHASTELLERIE DE SAIGEY.

Saigey. Ville plate, où il a forteresse, foires et marchié. Feux francs, solvables 5, misérables 10 : 15.

Parmain. Hommes à Monseigneur. Feux francs abonnés, solvable 1, misérables 2 : 3.

Feux mainmortables abonnés, solvables 2, misérables 3 : 5. Total : 8

Jussoz. Hommes de mon dit seigneur, mainmortables abonnés. Feux solvables 3, misérables 4 : 7.

Novillars. Hommes de mondit seigneur. Feux francs abonnés, solvables 5, misérables 11, mendians 2 : 18.

Feux mainmortables abonnés, misérables 1 : 1. Total : 19.

Joux. Hommes à Monseigneur. Feux frans abonnés, solvables 2, misérables 2 : 4.

Feux mainmortables abonnés, solvables 4, misérables 12 : 16. — Total : 20.

Viaige. Hommes à Monseigneur. Feux frans abonnés, solvable 1, misérables 2 : 3.

Feux mainmortables abonnés, solvables 2, misérables 4 : 6. Total : 9.

La Valée. Hommes à Monseigneur. Feux francs abonnés, misérables 2.

Feux mainmortables abonnés, solvables 4, misérables 6 : 10. Total : 12

Mons Hommes à Monseigneur. Feux francs abonnés, solvable 1.

Feux mainmortables abonnés, solvables 2, misérables 3 : 5. Total : 6

Perrier-Meffroy. Hommes à Monseigneur. Feux francs abonnés, solvable 1, misérables 2 : 3.

Feux mainmortables abonnés, solvables 2, misérable 1 : 3. Total : 6.

Villers Barnoul. Hommes à Monseigneur. Mainmortables abonnés, solvables 4, misérables 8 : 12.

Fontenassoz. Hommes à Monseigneur. Feux francs abonnés, solvable 1.

Feux mainmortables abonnés, solvables 2, misérables 2 : 4. Total : 5

Chantemerle. Hommes à Monseigneur. Feux francs abonnés, solvables 2, misérables 6 : 8.

Feux mainmortables abonnés, solvables 2, misérables 3 : 5. Total : 13.

Cornièvre. Hommes à Monseigneur. Francs abonnés, feux solvables 2, misérables 2 : 4.

Les Prots. Hommes à Monseigneur. Francs abonnés, feux solvables 3, misérables 8 : 11.

Servaigney. Hommes de Monseigneur. Francs abonnés feux solvables 3, misérables 8 : 11.

Beaufou. Hommes de Monseigneur. Francs abonnés ; feux, solvable 1, misérable 2 : 3

Deforains. Hommes de Monseigneur, de mortemain de sa terre et chastellenie de Seigey, qui sont demourans hors la dite terre soubs aultres seigneurs. Feux solvables 8, misérables 49 : 57.

CHASTELLENIE DE CUISEREY.

Cuiserey. Ville plate où il a forteresse, foires et marchié. A Monseigneur. Feux frans, solvables 15, misérables 38, mendians 4 : 57.

La Pommerée. Hommes de Monseigneur, francs. Feux solvables 3, misérables 8 : 11.

Montrerost. Hommes de Monseigneur, francs abonnés. Feux solvables 5, misérables 8 : 13.

Ratenelle. Hommes de Monseigneur, francs a I oué. Feux solvables 9, misérables 40, mendians 2 : 51.

Courertefontaine. Hommes de Monseigneur, francs abonnés. Feux solvables 5, misérables 14 : 19.

Lafroidière. Hommes de Monseigneur, francs abonnés. Feux solvables 5, misérables 14, mendiant 1 : 20.

Labergement. Hommes de Monseigneur, francs abonnés. Feux solvables 15, misérables 52, mendiant 1 : 68.

La Catenière. Hommes de Monseigneur, francs abonnés. Feux solvables 4, misérables 11 : 15.

Les Bordes. Hommes à Monseigneur, francs abonnés. Feux solvables 2, misérables 10, mendiant 1 : 13.

Le Roupoy. Hommes de Monseigneur, francs abonnés. Feux solvables 2, misérables 4 : 6.

Laigreloy. Hommes de Monseigneur, francs abonnés. Feux solvables 3, misérables 8 : 11.

Varennes. Hommes de Monseigneur, francs abonnés. Feux solvables 5, misérables 11, mendiant 1 : 17.

Brienne. Hommes de Monseigneur, francs abonnés. Feux solvables 10, misérables 27, mendians 2 : 39.

Layé. Hommes de Monseigneur, francs abonnés. Feux solvables 5, misérables 17 : 22.

La Faye. Hommes de Monseigneur, francs abonnés. Feux solvables 4, misérables 8, mendiant 1 : 13.

Vantantenée. Hommes de Monseigneur, francs abonnés. Feux solvables 2, misérables 4, mendiant 1 : 7.

Tresoires. Hommes de Monseigneur, francs abonnés. Feux solvables 2, misérables 4 : 6.

— 208 —

Les Croses. Hommes de Monseigneur, francs abonnés. Feux solvables 2, misérables 5 : 7.

Lestrée. Hommes de Monseigneur francs abonnés. Feux solvables 1, misérables 7, mendians 2 : 15.

La Geneste. Hommes de Monseigneur, du commandeur du Temple de Chalon et du sire de la Chambre, ces derniers ne contribuent en riens es aydes Francs et abonnés, feux solvables 3, misérables 8, mendians 2 : 13.

Jorençon. Hommes de Monseigneur et du commandeur du Temple. Feux francs abonnés, solvables 2, misérables 7 : 9.

Gisouges. Hommes de Monseigneur, francs abonnés. Feux solvables 2, misérables 5 : 7.

Plainchamp Hommes de Monseigneur, francs abonnés. Feux solvables 3, misérables 6, mendiant 1 : 10.

Lafontenelle Homme du seigneur de la Baulme, où Monseigneur à la haulte justice. Francs abonnés, feux solvables 3, misérables 10 : 13.

LA TERRE DE LA SARRÉE, que tient le moyne de Neufville, qui est des membres de la chastellerie de Cuiserey, et composée comme suit :

La Sarrée. Feux francs et abonnés, solvables 3, misérables 8 : 11.

Arcy. Feux francs et abonnés, solvable 1, misérables 6, mendiant 1 : 8

Chastenay. Feux francs et abonnés, solvables 4, misérables 6 : 10.

Symandres. Feux francs et abonnés, solvables 2, misérables 4 : 6.

Le Moulay. Feux francs et abonnés, misérables 7 : 7.

LA CHASTELLERIE DE SAINT-LAURENT LEZ-CHALON.

Saint-Laurent. (Foires et marchié). Feux francs, solvables 14, misérables 45, mendians 6 : 65.

Eschevannes. Feux francs, solvables 5, misérables 15, mendiant 1 : 23.

LA PRÉVOSTÉ DE SAINT-MARCEL, membre de la chastellerie de Saint-Laurent.

Saint-Marcel. Hommes du prieur du dit lieu, de Messire Jehan de Salins et du commandeur de la Romaigne. Feux francs abonnés, solvables 6, misérables 25 : 31.
Feux sers, solvables 7, misérables 25 : 32.
Total : 63.

Lavilleneufve. Hommes du dit prieur et du dit Jehan de Salins. Feux francs abonnés, solvable 1, misérables 5 : 6.
Feux sers, solvables 2.
Total : 8.

La Thieullerie du Bois de-Verdenay. Hommes du commandeur de la Romaigne. Feux francs abonnés, solvables 2, misérables 5 : 7.

Chastenay. Hommes du dit prieur et du dit commandeur. Feux francs abonnés, solvables 3, misérables 14 : 17.
Feux sers, solvables 4, misérables 10 : 14.
Total : 31.

Olon. Hommes du dit prieur. Feux sers, solvables 4, misérables 7, mendians 3 : 14.

Le Tertre. Hommes du dit prieur. Feux sers, solvables 2, misérables 6 : 8.

Au Bos. Hommes francs, qui souloient estre à la dame de Roland et de présent sont à M d'Authume, chancellier de Bourgogne. Feux solvables 5, misérables 25 : 30.

Laon. Hommes sers du dit prieur. Feux solvables 6, misérables 18, mendiant 1 : 25.

Courtot. Hommes sers du dit prieur de Saint-Marcel. Feux solvables 3, misérables 3, mendiant 1 : 7.

Esparvan. Hommes du dit prieur et d'autres seigneurs. Feux francs abonnés, solvable 1, misérables 2 : 3.
Feux sers, solvables 5, misérables 21, mendians 4 : 30.
Total : 33.

La Rongière. Hommes sers du dit prieur. Feux solvables 4, misérables 9 : 13.

LA CHASTELLENIE DE VERDUN.

Verdun. Bonne ville fermée, où il a forteresse, foires et marchié A Madame la Duchesse et au seigneur de La Cueille.

Feux francs de la Duchesse, solvables 12, misérables 36, mendians 3 : 51.

Feux francs du Seigneur où la dite Duchesse a la 5ᵉ partie. Solvables 14, misérables 60, mendians 5 : 79.

Total : 130.

Saint-Jehan-de-Verdun. Hommes de l'Evesque de Chalon, du seigneur de la Cueille et de l'abbé de Saint-Pierre du dit Chalon. Feux francs, solvables 6, misér. 15, mendians 2 : 23.

Vergent. Non comprins les hommes de M de Saint-George. Feux francs abonnés, solvables 5, misér. 12, mendians 5 : 22.

Parrigny. Hommes de la dite Duchesse et du dit de La Cueille, par moitié. Feux francs abonnés, solvables 4, misérables 12 : 16.

Guiersfans Hommes aux mêmes, par moitié Feux francs abonnés, solvables 3, misérables 7 : 10.

Les Montos. Hommes de ma dite dame et autres Feux francs abonnés, solvable 1, misérable 1 : 2.

Chaurort. Hommes dudit de La Cueille, où la duchesse a la 5ᵉ partie. Feux francs abonnés, solvables 3, misérables 9, mendiant 1 : 13.

Syé. Hommes au dit de La Cueille, où Madame a la 5ᵉ partie. Feux francs abonnés, solvables 7, misérables 25, mendiant 1 : 33.

Colenans, Chassaignes, Chassaignotes et Cremelon. Hommes à la Duchesse Feux mainmortables abonnés, solvables 5, misérables 17 : 22

Sonnières. Hommes de la dite Duchesse. Feux francs abonnés, solvables 7, misérables 28 : 35.

Les Barres-de-Sonnières Hommes à ma dite dame. Feux francs abonnés, solvables 3, misérables 10, mendiant 1 : 14.

Sermaisses. Hommes à la même, francs abonnés. Feux solvables 4, misérables 14, mendiant 1 : 19.

Chappot Hommes à la même, francs abonnés. Feux, solvable 1, misérables 4 : 5.

CHASTELLENIE DE FRONTENAY.

Frontenay. Hommes de Mʳ le Duc et du seigneur de Rolan, sur lesquels Mʳ a la haute justice; francs abonnés. Feux solvables 7, misérables 21 : 28

Labergement. Hommes aux mêmes. Feux francs abonnés, solvables 3, misérables 6, mendiant 1 : 10.

Marvin. Hommes à Monseigneur, francs abonnés. Feux solvables 1, misérables 3 : 4.

La Culière. Hommes de Monseigneur et à plusieurs autres seigneurs, sur lesquels Monseigneur a la haulte justice Feux francs abonnés, solvables 2, misérables 9 : 11.

Total : 3,041.

XIV.

Cerche des feux du comté d'Auxonne et des terres d'outre-Saône en 1490. (M. 11,523.)

« Cerche des feux du comté d'Auxonne Terres d'oultre-Soone et ressort de Saint-Laurent-lez-Chalon, » faite en 1490, de l'autorité de Me de Baudricourt, lieutenant du Roi en Bourgogne, par les délégués des Etats du dit comté.

La Ville Neufve, prez de Seurre. Hommes de Monseigneur de la Batie et de M^{er} de Soye. Rapportés par les échevins et Messire Gelin, vicaire du lieu. Feux 41.

Clux, perroiche de la Ville-Neuve. Hommes de M. de Gevry. Rapportés par les échevins. Feux 14.

Jallanges. Hommes de M le marquis de Seurre. Rapportés par les échevins du dit lieu. Feux 28.

La Bruyère. Hommes de Philippe et Michiel Mangerolz. De la parroiche. Feux 43.

Trugney. Hommes de M. le marquis de Rothelin, paroiche de Seurre. Rapportés par les échevins du dit lieu. Feux 46.

Les Nouhes. Le grangier du dit lieu. Feu 1.

Saint-George, parroiche de Seurre Hommes de M. le Marquis. Feux 12.

Paigney-la-Ville. Hommes de M. de Givry. Feux 47.

Chamblans Hommes de M de Balancon et autres seigneurs. Rapportés par les échevins du dit lieu. Feux 65.

Montaigney. Hommes de M. de Givry Feux 15.

Montaigney. Hommes de M. de Montmoyen. Feux 12.

Le Chastellet. Hommes de Messire de Givry, paroiche de Paigney. Feux 45.

Chaselles. Hommes de M. de Montmoyen, perroiche de Mons. Feux 22.

Mons et Meschin. Hommes de M. le marquis et de plusieurs autres. Feux 30.

Narilley la-Ville. Hommes de M. le marquis et autres Rapportés par les échevins. Feux 16.

Narilley-le-Chastel. Appartient à M. le marquis et aultres. Rapportés par les eschevins. Feux 48.

Lanthes. Hommes de Messires de Ray et de Feneul frères. Feux 9.

Bousselanges. Hommes de M. d'Avillers. Feux 34.

Grosbois. Hommes de mon dit seigneur d'Avillers. Feux 18.

Longepierre. Hommes de divers seigneurs. Rapportés par les échevins. Feux 124.

Poullans. Hommes de M⁰ d'Avillers. Rapportés par les échevins. Feux 45.

La ville de Seurre, laquelle a esté brouillée par le temps de la guerre, comme chascun sait. Rappourté par Perrenin Tecourt, Huguenin Druet, J. Helley, Robin Jolicœur, eschevins. Feux 226.

Terrant. Appartient à plusieurs seigneurs. Rappourté par Messire Jehan Rogerot, prebtre vicaire du dit lieu. Feux 25.

Pontoux. Hommes de Monseigneur de Saint-Marceaul et y comprins Coronne. Feux 46.

Montot, de la perroiche du dit Pontoux. Hommes de M. de Bart. Feux 7.

Frontenay. Hommes du Roy et de M. de Saint-Bonot. Rappourtés par Messire Philibert Juhandot, vicaire, et les eschevins du dit lieu. Feux 74.

Paigney-le-Chaisteaul. Hommes de M. de Givry. Rappourtés par les eschevins du dit lieu. Feux : 34.

Varrennes-sur-Doubz, en la perroiche de Charrètes. Hommes de M. de Lugny. Rappourtés par Messire Jehan Rougeroux, vicaire du dit lieu. Feux 14.

Charretes. Hommes de M⁰ de Bryon. Rappourtés par Messire Jehan Rogeroux, vicaire du dit lieu. Feux 42.

Saint-Bonnet Hommes de noble homme Jehan de Sabie, seigneur du dit lieu Rappourtés par Messire Claude Barbey, vicaire du dit lieu. Feux 41.

Bouhans. Hommes de divers seigneurs. Rappourtés par Messire Pierre Galand, vicaire du dit lieu et les eschevins Feux 43.

La Racineuse. Hommes de M. de Branges. Rappourtés par les vicaires Feux 15.

Dampierre. Hommes de divers seigneurs Rappourtés par Messire Anthoine Fevre, curé du dit lieu et les eschevins. Feux 26.

La Chaulx. Hommes de plusieurs seigneurs. Rappourtés par Messire Philibert Berthelon, curé du dit lieu, et les eschevins. Feux 26

Marrans Où y a marchiefz et deux foites l'an à la perroiche d'ilec Hommes de M d'Esmeriez et de plusieurs aultres seigneurs. Rappourtés par Messire Jehan Guichard et Claude Tavernier, vicaires du dis lieu, et les eschevins. Feux 99.

Le Fay, en la perroiche de La Chaulx. Hommes de plusieurs seigneurs Rappourtés par les eschevins du dit lieu. Feu 33.

Derrouse, en la perroiche de Dyconne Hommes de plusieurs seigneurs. Rappourtés par les eschevins du dit lieu. Feux 38.

Dyconne, perroiche. Hommes de plusieurs seigneurs. Rappourtés par Messire Jehan Coury, vicaire du dit lieu Feux 35.

Saint-Germain-du-Bois. Hommes de plusieurs seigneurs. Rappourtés par Messire Claude Bernard, prebtre au lieu du vicaire du dit lieu. Feux 63.

Selley. Hommes de plusieurs seigneurs. Rappourtés par Messire Anthoine Paponet, vicaire du dit lieu. Feux 49.

Ville-Gaudin, perroiche. Hommes de plusieurs seigneurs. Rappourtés par Messire Pierre Duryn, vicaire du dit lieu Feux 13

La Chapelle-Saint-Saulveur. Hommes de divers seigneurs. Rappourtés par les eschevins Feux 84

Saint-Martin-en-Braisse, perroiche. Hommes de plusieurs seigneurs. Rappourtés par Messire Pierre Moisson, vicaire du dit lieu, et les eschevins. Feux 84

Les Bordes-lez-Verdung. Hommes de Madame de la Chuylle. Feux 27.

Les Montoux-lez-Verdung Rappourtés par le vicaire de Verdung. Feux 4.

Melley, en la perroiche de Sielz Hommes de plusieurs seigneurs. Rappourtés par Messire Anthoine Symon, vicaire du dit Sielz Feux 29.

Sielz Hommes de plusieurs seigneurs Rappourtés par Messire Anthoine Symon, vicaire du dit lieu. Feux 45.

Chesaulx, en la perroiche de Sielz. Rappourtés par le vicaire du dit Sielz. Feux 4.

Tontenans-les-Sielz. Rappourtés par Messire Pierre Rouhyer, vicaire du dit lieu. Feux 13

Sonières. Hommes du Roy. Rappourtés par Messire Claude Karesmentrant, vicaire Feux 40.

Vergeulx. Hommes de Claude de Vianne, bastart de Saint-George, seigneur du dit lieu. Rappourtés par Messire Thevenin Mallot, vicaire du dit lieu. Feux 68.

Sermaisse, perroiche Hommes de Madame de la Cuylle. Rappourtés par Messire Pierre Royer, vicaire du dit lieu. Feux 12.

Chaulvort Hommes de Madame de la Cuylle Rappourtés par Messire Jehan Tornelle, vicaire du dit lieu. Feux 21.

Saint-Jehan-de-Verdung. Lequel a esté brullée par les guerres Hommes de M. de Chalon. Feux 22.

Saint-Moris-lez-Verdung, *Chevrey et Cholley*. Hommes de plusieurs seigneurs. Feux 77.

Vaulery, de la perroiche de Sielz. Hommes de M. de Rup. Rappourtés par Messire Anthoine Symon, vicaire du dit Sielz. Feux 5.

Charney, perroiche. Hommes de M. de Rup Rappourtés par Messire Thiébault Bourgeois, vicaire dudit lieu. Feux 72.

Saint-Didier, perroiche. Hommes de plusieurs seigneurs. Rappourtés par Messire Jehan Turmeaul, vicaire. Feux 25.

Verdung. Bonne ville, laquelle a esté brullée par les guerres. Hommes de divers seigneurs Rappourtés par Messire Jehan de la Tornelle, vicaire. Feux 21.

Damerey. Hommes de M. de la Cuylle et de plusieurs autres seigneurs. Rappourtés par les eschevins Feux 47.

Planche. Hommes de plusieurs seigneurs. Feux 6.

Bey. Hommes de M. de Soye. Feux 39.

Saint-Laurent-lez-Chalon. Pouvre bourg qui a esté brullée par la guerre. Rappourté par Messire Hugue Perreaul, curé du dit lieu. Feux 79.

Aleriot, Montaigny et Pronderault. Hommes de chapitre de Chalon. Rappourtés par Messire Claude Randeaul, vicaire du dit lieu. Feux 55.

Mont-Couhet. Hommes de M. de Soye et de M. de Montmartin. Rappourtés par les prodommes du dit lieu. Feux 21.

Labergement-Sainte-Columbe. Hommes de Saint-Martin-de-Tours, et dient estre exemps par certains tiltres. Feux 50.

Le Tartre, en la dite perroiche. Hommes de M. de Saint-Marceaul. Feux 2.

Saint-Christofle. Hommes de plusieurs seigneurs. Feux 8.

Villargeaul. Hommes de M. du Mex. Feux 10.

Facygney. Feux 4.

Courtault. Hommes de M. de Saint-Marceaul. Feux 17.

Salvigney-le-Petit. Hommes de M. de Saint-Marceaul. Feux 7.

L'Abbaye, perroiche du dit Saint-Christofle. Hommes des dames de Molaise. Feux 13.

Salvigney-le-Grant. Hommes de M. de Saint-Marceaul. Feux 12.

Servylle. Hommes de M. de Saint-Vincent. Feux 14.

Castenoy, perroiche de Saint-Christofle. Rappourtés par Jehan Pierre, sergent. Feux 3.

Guyerffant. Hommes de plusieurs seigneurs. Rappourtés par Messire Jehan Guyonnet, curé. Feux 9.

Saint-Marceaul et la perroiche. Hommes de M. le prieur du dit Saint-Marceaul, et a plusieurs aultres seigneurs. Rappourtés par André Pugeaul, eschevin. Feux 79.

Le Bourg-Saint-Marceaul. Hommes de M. du dit lieu. Rappourtés par les eschevins. Feux 13.

Olon, en la ditte perroiche. Hommes du prieur du dit lieu. Feux 13.

Chaistenoy, en la ditte perroiche. Hommes du prieur du dit lieu. Feux 16.

— 216 —

La Thiellerie, en la ditte perroiche de Saint-Marceaul. Hommes du dit prieur de Saint-Marceaul. Feux 6.

Lans, en la ditte perroiche de Saint-Marceaul, en la rue d'Amont Hommes du dit prieur de Saint-Marceaul. Feux 14.
Hommes de M. de Beauchamps. Feux 19
Total : 33.

Saint-Germain-du-Plain. Hommes de plusieurs seigneurs. Feux 95.

Colombier, en la perroiche d'Oroux. Hommes de M. de Chalon Feux 26.

Oroux. Hommes de plusieurs seigneurs. Feux 99.

Le village d'Ormes. Rappourtés par Messire Claude Fournier, vicaire du dit lieu. Feux 48.

La ville de Cusery. Rappourtés par Messire Anthoine Andrey, curé du dit lieu, honnorable homme Jehan Ragon et Pierre Maire, eschevins de la ditte ville Feux 60.

La Pomerée, en la perroiche du dit Cusery. Rappourtés par le dit curey Guillaume Loche. Feux 9.

La Fontenelle Rappourtés par les prudoumes de la perroiche du dit Cusery. Feux 9.

Couverte-Fontaine. Rappourtés par les prebtres de la perroiche du dit Cusery. Feux 21.

Montrevost, en la perroiche du dit Cusery. Rappourtés par les dessus dits prebtres de la ditte perroiche Feux 18.

La Perroche-de-Loisy. Rappourtés par Messire Pierre Pasqual, vicaire du dit lieu. Feux 87.

Labergement-lez-Cusery. Rappourtés par les eschevins du dit lieu. Feux 70.

Huylley. Appartenant à M. de Loisy. Rappourtés par les eschevins du dit lieu. Feux 44.

La Geneste, à la parroiche d'ilec. Rappourtés par Messire Claude Chaippenet, vicaire de la ditte perroiche. Feux 59.

La perroiche de Rastenelle. Hommes du Roy. Rappourtés par Messire Claude Garthey, vicaire du dit lieu. Feux 59.

La Truchière. Hommes de M. de la Villeneuve. Rappourtés par les eschevins du dit lieu. Feux 40.

Briainne et Genenson. Hommes de plusieurs seigneurs.

Rappourtés par Messire Jehan Perret, vicaire du dit lieu. Feux 93.

Louhans. Hommes de .... Rappourtés par Messire Pierre Equitain, prebtre vicaire du dit Louhans. Feux 98.

La Chappelle-Tecle. Rappourtés par Messire Pierre Vichart, vicaire du dit lieu. Feu 51.

Bantanges et la perroiche. Rappourtés par les eschevins du dit lieu. Feux 45

Bauldrières. Hommes de plusieurs seigneurs Rappourtés par Messire Claude Bouyer, prebtre, curé du dit lieu. Feux 102.

Chastel-Reynault Hommes de plusieurs seigneurs Rappourtés par Messire Philibert Estienne, vicaire du dit lieu. Feux 64

Bruailles. Hommes de plusieurs seigneurs Rappourtés par les eschevins du dit lieu. Feux 46.

Lessart et Tronchy Rappourtés par Messire Jehan Chandelus, vicaire du dit lieu Feux 19.

Tronchyn. Rappourtés par le vicaire de Lessard Feux 15.

Le Fay. Hommes de M. du dit Fay. Rappourtés par Messire Guillaume Millet, vicaire du dit lieu Feux 55.

Rathe, en la ditte perroiche. Rappourtés par Guillaume Millet, vicaire. Feux 28.

Frangey. Hommes de plusieurs seigneurs Rappourtés par Messire Anthoine Guychet, vicaire dudit lieu. Feux 116.

Saint-Useuge et la perroiche. Hommes de divers seigneurs Rappourtés par Messire Philibert Bolay, prebtre, vicaire du dit lieu. Feux 137.

Montaigney-en-Braisse. Hommes de plusieurs seigneurs. Rappourtés par Messire Pierre Thevenin, vicaire du dit lieu. et les eschevins. Feux 16.

Verisse. Hommes de divers seigneurs Rappourtés par Messire Potart, vicaire du dit Feux 22

Menestru. Hommes de divers seigneurs. Rappourtés par Messire Jehan Chapponel, vicaire du dit lieu. Feux 55.

La Chappelle-Naulde. Hommes de divers seigneurs. Rappourtés par Messire Claude des Fusses, curé du dit lieu Feux 63.

Mont-Pont. Hommes de M. de Blamont et de plusieurs aultres seigneurs. Rappourtés par Messire Guillaume Ponsart, vicaire du dit lieu. Feux 114.

La Vulpillière Rappourtés par le dessus dit. Feux 2.

Thurey Hommes de M. de Lugny et de plusieurs aultres seigneurs Rappourtés par Pierre Remassard, eschevin du dit lieu. Feux 46.

Branges. Hommes des seigneurs du dit lieu. Rappourtés par Messire Anthoine Berthet, vicaire Feux 49.

Saint-Andrey-en-Braisse. Hommes de M de Sauldon. Rappourtés par Messire Pierre Bonnet, vicaire du dit lieu. Feux 12.

Les villaiges frans de la perroiche de Branges Rappourtés par Messire Anthoine Berthot, vicaire. Feux 53.

Vincelles Hommes de M. de Vincelles Rappourtés par Messire Philibert Bolay, prebtre, vicaire du dit lieu. Feux 15.

Savigny-sur-Saille. Hommes de plusieurs seigneurs. Rappourtés par Messire Chrétien Monin, prebtre, vicaire du dit lieu. Feux 62.

Saint-Estienne-en-Braisse. Hommes de divers seigneurs Rappourtés par Messire Jehan Durandart, vicaire du dit lieu. Feux 45

La Frête Hommes de plusieurs seigneurs Rappourtés par Messire Pierre Rotier, vicaire du dit lieu. Feux 32

Symard. Hommes de divers seigneurs. Rappourtés par Messire Jehan Bridel, curé du dit lieu. Feux 44

Molaise. Hommes de M. de Loisy. Rappourtés par Messsire Guillaume de la Malle, curé du dit lieu. Feux 20

Rancey. Hommes de Jehan de Champaigne. Rappourtés par Messire Claude Monin, vicaire Feux 30.

Sornay Hommes de plusieurs seigneurs. Rappourtés par Messire Jehan Forestier, prebtre, vicaire du dit lieu. Feux 63.

Sainte Croix. Hommes de plusieurs seigneurs Rappourtés par Messire Claude Juffard, vicaire. Feux 63

Monteray. Hommes des seigneurs de Branges. Rappourtés par Messire Philippe Royer, vicaire Feux 51.

Symandres. Hommes de plusieurs seigneurs. Rappourtés par Messire Claude Fornier, vicaire Feux 114.

Sans. Hommes du seigneur de Boijuhan. Rappourté par Thiebault Lorin, eschevin du dit lieu. Feux 56.

Visargent, de la perroiche du dit Sans. Hommes de Claude de Brancion, seigneur du dit Visargent. Feux 10.

Boisjuhan. Hommes de M. de Chemilly et du dit lieu. Rappourtés par Messire Philibert-Jehan Moreaul, prebtre, vicaire du dit lieu. Feux 82.

Saillenay. Hommes de M. de Saint-Bonot. Rappourtés par Messire Aymé Mareschal, prebtre, vicaire du dit lieu. Feux 85.

Saigey. Hommes du Roy. Rappourtés par Messire Claude Vatel Gauthier, vicaire du dit lieu. Feux 116.

Saint-Martin-de-Mons, membre du dit Seigey. Rappourtés par les eschevins. Feux 10.

Beaul-Repaire. Hommes de M. de Chaistel-Guyon et de la Cuylle. Rappourtés par Messire Aymé Mareschal, vicaire du dit lieu. Feux 23.

Flacey. Hommes de M. d'Eymeriez et de Claude de Lurenz. Rappourtés par les eschevins du dit lieu. Feux 70.

Savigny en-Rerermont. Hommes de M. de la Cuylle et autres seigneurs. Rappourtés par les prudoumes du dit lieu. Feux 91.

Juy. Hommes de plusieurs seigneurs. Rappourtés par Messire Phelippot Ruyer, prebtre, vicaire du dit lieu. Feu 31.

Saint-Vincent-en-Braisse. Hommes de..... Rappourtés par Messire Benoy Lasne, vicaire du dit lieu. Feux 38.

Joudes. Hommes de... Rappourtés par Messire Benoy Fornier, curé du dit lieu. Feux 44.

Dompmartin-lez-Cuiseaulx. Hommes de M. de..... Rappourtés par Messire Pierre Guillin, curé du dit lieu. Feux 61.

Les Granges-du-Myreur. Feux 3.

Frontenny-les-Cuyseaulx. Hommes de..... Rappourtés par Messire Berrin Maire, curé du dit lieu. Feux 46.

Saint-Surpy. Hommes de plusieurs seigneurs. Feux 20.

Conda. Rappourté par Messire Guillaume Boichat, prebtre et vicaire dudit lieu. Feux 38.

Fleria, le Villers-de-Monroseaul et le bois devant. Hommes de M. de Ruffey. Rappourtés par Guillaume Benetru, eschevin. Feux 23.

Varennes Saint-Saulveur. Hommes de Madame du dit Varennes. Rappourtés par Messire Jehan Estienne, vicaire Feux 55.

Cuiseaulx, en la perroiche de Saint-Thomas, non comprins ceulx de la perroiche de Champaigne résidens en la fermeté de la ditte ville Rappourtés par Messire Guillaume Pignier, vicaire du dit lieu. Feux 103.

Champaigneaul, de la perroiche de Champaigne, tant ceulx qui sont en la fermete de la ville de Cuiseaulx que ceulx des villaiges de la ditte perroiche. Rappourtés par Guillaume Pignier, vicaire. Feux 89.

Crotenay et Beaufleur. Hommes de M. de Ruffey de Viannes. Rappourtés par Guiot Poncçot, eschevin du dit lieu. Feux 14

Belleresvre. Bonne ville qui a esté brullée par les guerres. Hommes de plusieurs seigneurs. Rappourtés par Messire Pierre Guillaume, vicaire du dit lieu. Feux 81.

Thorpes. Hommes de M de Coiches. Rappourtés par Messire Hogues Jouard, vicaire du dit lieu Feux 46

Aulthume. Hommes de M. d'Esmeries. Rappourtés par Messire Jehan Vatan, vicaire. Feux 33

Fraterans. Hommes de M. de Givry. Rappourtés par Philibert Chaleurel, maire du dit lieu. Feux 76.

Beaulvernoy. Hommes de M. d'Illan. Rappourtés par Messire Pierre Boyard, vicaire du dit lieu. Feux 28.

Moustier-en-Braisse, deça la rivière de Brainne Hommes de M. de Coiches Rappourtés par Messire Pierre Bérard, vicaire du dit lieu. Feux 65.

Dissey, perroiche de Moustier-en-Braisse de là l'eaul, ressort de Frontenay. Rappourtés par les eschevins Feux 49.

Laiz Hommes de M. de Bersy et d'aultres Rappourtés par Messire Claude Peletier, vicaire du dit lieu. Feux 54.

Pierre. Hommes de divers seigneurs Rappourtés par Messire Guy Chaleurel, vicaire. Feux 69.

Sancenans, Le Plaignoif et Le Deffay Hommes de plusieurs seigneurs. Feux 19.

Beaulvoisin. Rappourtés par Joseph Boissard et Huguenin Boissard, maire et eschevin du dit lieu. Feux 9.

Chaisne-Bernard. Terre de Chaulcins. Feux 7.

Vorne. Hommes de noble seigneur Claude de Brancion, seigneur de Visargent. Rappourtés par Messire Joseph Tardy, Feux 16.

Chalonges, de la terre de Chaussin Feux 3

Parrolois. Hommes de divers seigneurs. Rappourté par Messire Jehan Tardy, vicaire du dit lieu. Feux 3.

Poiset. Hommes de Guillaume de Coulon. Feux 2.

Estainnevoir. Hommes de Jehan de Borne Feux 3.

Chaulcins. Ville brulée par les guerre. Rappourtés par Messire Jaques Robert, vicaire du dit lieu. Feux 76

Villeneufve-les-Chaulcins. Feux 17.

Saint-Baroing, de la terre de Chaulcin. Rappourtés par Messire Jean Ouzannon, vicaire Feux 28.

Sarrote. Rappourtés par Messire Jehan Vannon, vicaire, et Jehan Bongain, eschevin. Feux 15.

Vesvres-Turies. Du dit Chaulcins Feux 4

Asnans. Rappourtés par Messire Jehan Tardy, vicaire. Feux 27.

Chavannes-les Saliéres. Rappourtés par Messire d'Ouroulx, vicaire Feux 6

Montaliégre. Rappourtés par Messire Jehan Tardy, vicaire d'Asnans Feux 10.

Tichey. Hommes de Madame L. Jouhagnière de la terre de Chaulcins. Rappourtés par les eschevir et Messire Jehan Jolyvois, vicaire du dit lieu Feux 30

Fran.raulx Hommes de divers seigneurs. Rappourtés par Messire Milot, vicaire. Feux 44.

Saint-Simphorien, de la terre de la Perrière. Rappourtés par Messire Loys Mugayer, curé du dit lieu Feux 20.

Chaugey. Hommes des abbés et convent de Cistaulx et d'aultres. Rappourtés par Henry Mesnard et Gerard Amyot, prudoumes de la perroiche de Losne. Feux 31.

La Maison-Dieu. Hommes que dessus. Feux 15

Loosne et les feubourgs Hommes des seigneurs de Cistaulx et prieur du dit Loosne Feux 7.

La Perrière. Hommes de Madame la douagnière. Rappourtés par Maistre Aymé Chisseret, curé du dit lieu. Feux 35.

Saint-Seigne Hommes de la ditte Perrière. Feux 31.

Samerey. Hommes de la terre de la ditte Perrière. Feux 15.

La ville d'Auxonne. Rappourtés par Jehan Farmot, eschevin. Feux 372.

Labergement, près d'Auxonne Hommes de noble seigneur Monseigneur Guy de Roichefort, président de Bourgogne. Feux 51.

Flamerans Hommes de divers seigneurs. Rappourtés par Messire Jehan Guigon, curé du dit lieu. Feux 36.

Flaige. Hommes de M. le chancellier Messire Guillaume de Roichefort. Feux 22.

Viller Rotain. Hommes de Messire Guillaume de Roichefort. Rappourté par Messire Jehan Goussyet, curé du dit lieu. Feux 9.

Billey. Hommes que dessus Rappourtés par Jehan Raison et Jehan Laignol, eschevin du dit lieu, pauvres gens qu'ilz ont esté brullez. Feux 10.

Foucherans, de la perroiche de Saint-Martin-lez-Dole. Hommes de plusieurs seigneurs. Feux 16.

La ville dudit Pontailler, pauvre ville, laquelle a esté brullée. Hommes de Messire Claude de Vauldrey. Rappourtés par Messire Anthoine Barbier, vicaire du dit lieu. Feux 42

Les Bruillotz-de-Broye. Rappourtés par les dessus dits. Feux 6.

Viezverges Hommes de. ... Rappourté par Messire Jehan Monet, curé du dit lieu. Feux 61

Soissons. Hommes que dessus. Rappourtés par Messire Jehan Monet, prebtre, curé de Viezverges. Feux 69.

Fraisne-Saint-Memor. Hommes de.... Rappourtés par Guillaume de la Mote, receveur au dit lieu pour Messire Claude de Vauldrey à Pontailler. Feux 20.

Perrigny-sur-l'Oignon. Feux 90.

Total : 8,052.